BIBLIOTHÈQUE INTERNATIONALE DE DROIT PUBLIC

publiée sous la direction de

Max BOUCARD
Maître des Requêtes
au Conseil d'État

Gaston JÈZE
Professeur agrégé à la Faculté de Droit
de l'Université de Lille

LE

DROIT ADMINISTRATIF ALLEMAND

PAR

OTTO MAYER

Édition française par l'auteur

AVEC UNE PRÉFACE DE H. BERTHÉLEMY
Professeur de droit administratif à l'Université de Paris

TOME DEUXIÈME

PARTIE SPÉCIALE

(POLICE, FINANCE)

PARIS

V. GIARD & E. BRIÈRE

Libraires-Éditeurs

16, RUE SOUFFLOT ET **12**, RUE TOULLIER

1904

LE

DROIT ADMINISTRATIF ALLEMAND

BIBLIOTHÈQUE INTERNATIONALE DE DROIT PUBLIC

(honorée d'une souscription du ministère de l'Instruction publique)

PUBLIÉE SOUS LA DIRECTION DE

Max BOUCARD	**Gaston JÈZE**
Maître des Requêtes au Conseil d'État	Professeur agrégé à la Faculté de droit de l'Université de Lille

SÉRIE IN-8º

BRYCE (J). — La République américaine, édition française revue et complétée par l'auteur, avec une préface de Chavegrin, professeur à la Faculté de droit de l'Université de Paris. 1902, 4 vol. in-8. Prix broché .   50 fr. »

— **Le même**, relié (reliure de la Bibliothèque) . . . .   54 fr. »

LABAND (P.), professeur à l'Université de Strasbourg. — **Le Droit public de l'Empire Allemand** avec une préface de F. Larnaude, professeur de droit public général à l'Université de Paris. Édition française, revue et mise au courant de la dernière législation par l'auteur : 1900-1904, 6 vol. in-8, brochés.   60 fr. »

— **Le même**, relié, reliure spéciale de la Bibliothèque . . . .   66 fr. »

DICEY (A.-V.). — Introduction à l'étude du droit constitutionnel, 1 vol. in-8, avec une préface de A. Ribot, député. Traduction française de A. Batut et G. Jèze, 1902, 1 vol. in-8 broché . . . .   10 fr. »

— **Le même**, relié reliure de la Bibliothèque) . . . .   11 fr. »

WILSON (W.). — L'État, avec une préface de Léon Duguit, professeur de droit à la Faculté de droit de l'Université de Bordeaux, traduction de J. Wilhelm. 1902, 2 vol. in-8, broché. . . . .   20 fr. »

— **Le même**, relié (reliure de la Bibliothèque). . . . .   22 fr. »

HAMILTON (A.), JAY, MADISON. — Le Fédéraliste. Commentaire de la Constitution des États-Unis, nouvelle édition française par Gaston Jèze, avec une préface de A. Esmein, professeur à la Faculté de droit de l'Université de Paris, 1902. 1 vol. in-8 broché. . . . .   14 fr. »

— **Le même**, relié (reliure de la Bibliothèque). . . . .   15 fr. »

KORKOUNOV (N. M.), professeur à l'Université de Saint-Pétersbourg. — **Cours de Théorie générale du droit**, avec préface de F. Larnaude, traduction Tchernoff. 1903, un vol. in-8 . . . .   10 fr. »

— **Le même**, relié (reliure de la Bibliothèque). . . . .   11 fr. »

MAYER (O.). — Le Droit Administratif Allemand, édition française par l'auteur avec préface de H. Berthélemy, 1904, 2 vol. in-8, brochés.   16 fr. »

— **Le même**, relié (reliure de la Bibliothèque). . . . .   18 fr. »

KOVALEWSKY (M.), ancien Professeur de droit public à l'Université de Moscou. — **Institutions politiques de la Russie**. Traduction Derocquigny. 1903, un vol. in-8, broché . . . .   7 fr. 50

— **Le même**, relié (reliure de le Bibliothèque). . . . .   8 fr. 50

ANSON (Sir William R.). — Loi et pratique constitutionnelles de l'Angleterre. — I. Le Parlement, avec une préface de G. Hanotaux de l'Académie française, traduction Gandilhon, 1903, un vol. in-8 . . . . .   10 fr. »

— **Le même** relié (reliure de la Bibliothèque). . . . .   11 fr. »

NITTI (F. S.). — Principes de science des Finances, avec une préface de A. Wahl, 1904, 1 vol. in-8 broché . . . .   12 fr. »

— **Le même**, relié (reliure de la Bibliothèque) . . . .   13 fr. »

SÉRIE IN-18

TODD (A.). — Le Gouvernement parlementaire en Angleterre. Traduit sur l'édition anglaise de Spencer Walpole. Avec une préface de Casimir-Périer, 1900. 2 vol. in-18, broché . . . .   12 fr. »

— **Le même**, relié (reliure de la Bibliothèque) . . . .   13 fr. »

WILSON (W.). — Le Gouvernement congressionnel avec une préface de Henri Wallon, de l'Institut, 1900, 1 vol. in-18 broché . . . .   5 fr. »

— **Le même**, relié (reliure de la Bibliothèque) . . . .   5 fr. 50

JENKS (Edward). — Esquisse du gouvernement local en Angleterre. Traduction de J. Wilhelm, juge au tribunal civil de Coulommiers, avec une préface de H. Berthélemy, professeur de droit administratif à l'Université de Paris, 1902, 1 vol. in-18 br. . . . .   5 fr. »

— **Le même**, relié (reliure de la Bibliothèque) . . . .   5 fr. 50

SOUS PRESSE

STUBBS. — Histoire constitutionnelle de l'Angleterre, 3 vol.

ANSON (sir W. R.). — Loi et pratiques constitutionnelles de l'Angleterre, la Couronne.

LE
DROIT ADMINISTRATIF ALLEMAND

PAR

OTTO MAYER

Édition française par l'auteur

AVEC UNE PRÉFACE DE H. BERTHÉLEMY
Professeur de droit administratif à l'Université de Paris

TOME DEUXIÈME

PARTIE SPÉCIALE

(POLICE, FINANCE)

PARIS

V. GIARD & E. BRIÈRE

Libraires-Éditeurs

16, RUE SOUFFLOT ET 12, RUE TOULLIER

1904

PARTIE SPÉCIALE

LIVRE PREMIER

SECTION PREMIÈRE

Le pouvoir de police

§ 18

La notion de police

La police est une espèce particulière d'activité administrative; le pouvoir de police est la manifestation de la puissance publique propre à cette activité.

Les institutions juridiques qui émanent de ce pouvoir forment l'objet de la présente section.

I. — La notion de police a une histoire pleine de vicissitudes (1). Le mot porte l'empreinte de son origine à l'époque de la Renaissance. Quand il passa en Allemagne, le mot police signifiait *le bon état de la*

---

(1) *Funke*, dans Ztschft f. R. W., 1863, pp. 489 ss.

chose commune (guter Stand des Gemeinwesens), ce qui doit être le but de l'autorité publique (2). Ainsi, il s'appliquait aux mesures par lesquelles l'autorité peut contribuer à atteindre ce but, *outre* la justice civile et pénale et les autres institutions d'intérêt public déjà existantes. Cette idée s'était, à l'origine, formée tout entière dans la *cité* et pour la vie communale de la ville (3). Même quand elle s'en fut détachée, la police n'embrassa d'abord qu'un cercle restreint d'objets que nous voyons figurer, avec une certaine régularité, dans les ordonnances de police de l'Empire et des territoires (4).

Toutefois, en arrivant aux temps modernes, la police prend un essor puissant ; c'est même elle qui caractérise l'Etat dans tous ses rapports avec le sujet : l'armée et la justice restent à part ; mais *tout* ce qui, à côté d'elles, peut être fait pour raffermir à l'intérieur et consolider la chose commune, est de la police ; celle-ci est infatigable pour préparer toujours de nouveaux moyens ; elle se laisse guider par la lumière des sciences camérales qui viennent de se développer (5). De plus, tout ce que l'autorité peut juger salu-

---

(2) *Seckendorff*, Fürstenstaat, III, chap. VIII, 2 ; *Reinkingk*, Biblische Polizei (1656) ; préface.

(3) *Loiseau*, Traité des Seigneuries (1609), chap. IX, n. 1 ; *Delamare*, Traité de la police (1722), I, n. 1 ; *Justi*, Pol. W., Introd., § 3, note. Comp. aussi *Mylius*, Const. March., V, p. 59. p. 71 (« Polizeiverordnungen » pour les villes) et V, p. 83 (les mêmes choses comme « Ordnung und Constitution für die Bauersleut ») ; V, p. 98, on trouve les fameux « Polizei-Ausreuter » chargés essentiellement de protéger contre la campagne l'industrie urbaine (städtische Nahrung) ; il s'agit « des affaires de la police et du bien-être des habitants des villes, qui en dépend ».

(4) *V. Berg*, Deutsch. Pol. R., I, p. 50.

(5) *Justi*, Pol. W., Introd., § 2 ; *Mosor*, Landeshoh. in Pol. S., ch. I, § 2 ; *Lolz*, Begriff der Pol. u. Umfang der Staatsgewalt, § 7 : « Par police, il est impossible de comprendre autre chose que l'activité directe et propre du gouvernement de l'Etat pour l'accomplissement du but de l'Etat dans toute son étendue ». La poste, par exemple, est également « affaire de police » ; *Moser*, Staatsrecht, V, p. 174 ; *Justi*, loc. cit., § 71. Dans une certaine mesure, il en est de

taire peut être maintenant réalisé par elle, au besoin par la force (Comp. tome I, § 4, I, n°s 1 et 2 ci-dessus).

La police, telle que nous l'entendons aujourd'hui, a, par comparaison avec ce qui précède, une signification et une délimitation plus strictes.

1) Dans l'ancien droit déjà, une certaine résistance se fait sentir. Le droit de la nature, qui avait porté la puissance publique au delà de toutes les bornes, est invoqué pour imposer des limites à la police. Il s'agissait surtout de déterminer son *pouvoir de contraindre*.

La philosophie du droit commence par établir la maxime que la puissance publique ne peut user de la contrainte que pour « la conservation de l'état de la sûreté », mais non pour « l'augmentation de la prospérité des citoyens ». On en déduit une différence entre la *police de sûreté (Sicherheitspolizei)* et la *police de prospérité (Wohlfahrtspolizei)*; la première seule est investie du pouvoir de contraindre (6).

Dans une autre opinion, on admet la contrainte au profit tant de la prospérité que de la sûreté, mais seulement pour les *défendre* contre les dangers dont elles peuvent être menacées. Mais comme le pouvoir de contraindre est de l'essence de la police, toute activité de l'Etat en vue *d'augmenter* la prospérité n'est pas de la police (7).

---

même en tant qu'il s'agit de « pourvoir à l'administration de la justice » : *Justi, loc. cit.,* § 844.

(6) La distinction est faite assez généralement ; quelquefois même, elle figure dans la définition de la police : *Moser*, Landeshoh. in Pol. S., ch. I, § 2 ; *Leist*, Staatsrecht, § 152. La distinction pour l'admissibilité de la contrainte est faite par *v. Hufeland*, Naturrecht, § 394 ; dans un ton plus populaire, l'écrit anonyme : Demophilos an Eukrates über die Grenzen der Staatsgewalt *(Broxtermann)*; *Pölitz*, Staatsw., I, p. 498, II, pp. 453 ss. Avec plus de réserve : *Klüber*, Off. R., § 386. *Lotz*, Begriff der Pol., pp. 79 ss., veut directement distinguer : la *police de contrainte* et la *police de secours*, ce qui ne donne plus de critérium pour savoir quand c'est l'une ou quand c'est l'autre qui doivent avoir lieu.

(7) *V. Berg*, Pol. R., I, pp. 12 ss. Sur la résistance opposée par *Drais*

Plus souvent, on réunit les deux formules : la police, dit-on, ne s'occupe que de la *sûreté*, et elle ne le fait que pour la *défendre* contre des troubles. On admet aussi que le développement de la prospérité n'est pas affaire de police. C'est une autre espèce d'activité de l'Etat, à laquelle on n'ose pas refuser le pouvoir de contraindre ; on se contente de constater qu'elle ne se sert pas de ce moyen « aussi facilement » que la police (8).

2) Après l'établissement du droit public moderne, la restriction de la notion de police est exigée au nom du « système constitutionnel » et du « régime du droit ». Pour formuler cette restriction, on s'appuie successivement sur l'un ou sur l'autre des éléments qui figuraient déjà dans les définitions des auteurs de l'ancien régime.

Et d'abord, on ne veut plus entendre parler d'une *police de prospérité*, qui doit rendre les hommes heureux. Le rôle de la police est négatif : elle a pour mission de *défendre* la société et les individus contre les dangers dont ils peuvent être menacés. On lui oppose la prévoyance administrative *(Pflege)* : prévoyance de la prospérité, de la civilisation, de l'Etat (9).

Insistant trop exclusivement sur ce but de la police — à savoir la défense contre les dangers — on y comprit toute sorte d'activités qui n'ont rien de com-

dans Bl. f. Pol. u. Kultur, 1803, p. 576, *v. Berg*, dans Pol. R., IV, p. 14, déclare simplement : « Il a raison », et renonce à toute distinction quant à l'admissibilité de la contrainte (p. 19).

(8) *Pütter*, Inst., § 331 ; *Goenner*, Staatsrecht, § 328 (l'opposé de la police est formé par « le droit du gouvernement en matière de prospérité », où, par principe, il n'est pas exercé de contrainte : § 273, n. IX : cependant, ce dernier droit comprend, par exemple, toute l'administration concernant l'industrie avec la contrainte qui y est exercée). A peu près dans le même sens : *Häberlin*, Staatsrecht, § 331.

(9) *V. Aretin*, Staatsrecht der Konstitutionellen Monarchie, II, pp. 180, 181 ; *Zachariae*, Vierzig Bücher, I, pp. 24, 120, II, p. 288 ; *Mohl*, Pol. W., I, p. 10 ; *Zimmermann*, Deutsche Pol. des 19. Jahrh., I, p. 133 ; *Rau*, dans Ztschft f. St. W., 1853, pp. 605 ss.

mun entre elles : construire des digues contre les inondations, faire soigner des maladies contagieuses dans les hôpitaux, acheter des pompes à incendie et organiser le service des pompiers, installer l'éclairage des villes dans l'intérêt de la sûreté ; — tout cela fut considéré comme faisait partie de la police.

Mais avec le progrès du développement du droit administratif, on s'habituait à mettre plus de valeur dans les formes et les moyens de l'action administrative. On se souvint alors de l'autre élément qui jouait toujours un rôle dans les définitions qu'on donnait de la police : on réclamait pour la police, comme étant la forme qui lui est propre, la contrainte et ce qui, d'après le droit nouveau, la précède pour la diriger et la déterminer : l'ordre, le commandement, la défense, la permission, en un mot, les formes qu'on réunit sous le nom de *puissance d'autorité* (*obrigkeitliche Gewalt*) (10).

On aurait pu en rester là. Mais, dans quelques ouvrages plus récents, on va maintenant à l'autre extrême, en insistant exclusivement sur cet élément de contrainte. La police, a-t-on dit, c'est l'administration avec la puissance de contraindre, ou même : *la puissance de contrainte dans l'administration* (11). Mais il est facile de voir qu'ainsi encore on embrasse trop ; il y a, dans l'administration, beaucoup de contrainte n'ayant pas le caractère d'acte de police. On ne peut pas négliger le but spécial de ce pouvoir. Nous

(10) C'est surtout *Bluntschli*, Allg. Staatsrecht, II, pp. 169 ss., qui a fait ressortir l'importance des *moyens* par lesquels la police opère. Dans son sens : *Medicus*, dans Staatswörterbuch, VIII, p. 131. v. *Sarwey*, Allg. V. R., a très bien démontré comment cet élément de la notion de police a dû augmenter de valeur par suite du développement de la doctrine du droit administratif.

(11) *V. Stein*, V. Lehre, I, pp. 196 ss., se sert, dans ce sens, de l'intitulé caractéristique : « Le droit de police (droit de contrainte) ». Dans son sens : *Lœning*, V. R., p. 8 ; *G. Meyer*, V. R., I, p. 72 ; *Gerland*, dans Arch. f. Öff. R., V, p. 74 ; on peut ajouter *Rosin*, Pol. Verord. R., p. 133.

verrons quelle est son importance pour justifier et pour
déterminer juridiquement les mesures de police ; le
but sert aussi à tracer les limites nécessaires de la
police. On a fait de vains efforts pour remplacer, dans
la définition, ce but, par d'autres conditions (12). On
a fait fausse route.

3) La notion de police, qui, en droit actuel, se dé-
gage de tout ceci, apparaît comme une combinaison
d'un but spécial vers lequel cette activité doit se diriger, avec des formes déterminées qui lui servent de
moyens. La police est *l'activité de l'Etat en vue de
défendre, par les moyens de la puissance d'autorité, le*

(12) *Lœning*, V. R., p. 8 : « La police est l'activité de la puissance
publique dans la sphère de l'administration intérieure, en tant qu'elle
exerce une contrainte contre les personnes ». En caractérisant la police
au moyen de la notion d'administration intérieure à laquelle elle doit
appartenir, on obtient une de ces définitions élastiques qui ne servent
pas à grand chose et qui, cependant, sont difficiles à combattre. Il
faut toutefois nous rappeler qu'il est souvent parlé de police en
dehors de l'administration intérieure : il y a des mesures de police
militaire (C. C. H., 4 juillet 1863, 9 juin 1866, 13 octobre 1866), des
dispositions de police des supérieurs ecclésiastiques (C. C. H., 12 octobre 1872), des pouvoirs de police de justice (pour supprimer une
personne morale : Sachs. Ztschr. f. Pr., I, p. 284) ; surtout, il est souvent question d'une police de finance (comp. le § 30, note 2, ci-dessous).
Pour combattre l'usage de ces termes, c'est vainement que l'on affirme
que la police doit être restreinte à l'administration intérieure. — D'un
autre côté, il y a, même dans la sphère de ce qu'on nomme l'administration intérieure, beaucoup de contrainte qui n'est pas de la police :
obligation de se charger de fonctions publiques, contrainte pour la
prestation de corvées en vue de l'entretien des chemins communaux
(O. V. G., 24 octobre 1876, 14 octobre 1882), expulsion de certaines
personnes qui pourraient devenir une charge pour la commune (O. V.
G., 24 février 1883 ; Samml., IX, pp. 372, 427), enfin toute la contrainte
qui s'exerce dans la discipline des écoles, des maisons d'aliénés, des
dépôts de mendicité. Nous pouvons également ajouter la contrainte
de payer les charges communales, les rétributions scolaires, les taxes
des postes et télégraphes (O. V. G., 1er février 1874). C'est pour ne pas
comprendre ces derniers cas qu'on a ajouté à la définition les mots
« contre les personnes ». Mais si cela suffit pour exclure l'enlèvement
d'objets corporels par la voie de saisie-exécution, cela exclut aussi la
démolition des bâtiments menaçant ruine, l'abatage d'animaux dans
les cas d'épizootie, la saisie d'aliments nuisibles. Tout cela ne serait
donc pas de la police : la définition irait donc plus loin, dans ses restrictions, qu'elle ne le voudrait.

bon ordre de la chose publique contre les troubles que les existences individuelles peuvent y apporter (13).

II. — La police est, comme toute autre activité administrative, soumise aux conditions de l'Etat constitutionnel et des principes du régime du droit. Pourquoi, dès lors, les juristes s'efforcent-ils, même depuis le commencement de l'époque constitutionnelle, de restreindre autant que possible cette notion ? Pourquoi leurs appréhensions particulières vis-à-vis de cette manifestation, pourtant si nécessaire, de la volonté de l'Etat (14) ? L'Etat du régime constitutionnel et du régime du droit n'a-t-il pas à sa disposition toutes les formes nécessaires pour concilier les exigences du salut public et la liberté individuelle ? Pourquoi, enfin, continuons-nous à désigner cette partie, ainsi délimitée, sous le vieux nom de *police*, au-

(13) Plus ou moins dans ce sens : *Schulze*, D. Staatsrecht, I, p. 620 ; *Pözl*, Bayr. V. R., p. 203 ; *Ulbrich*, Off. Rechte, p. 62 ; *Leuthold*, Sächs. V. R., p. 14 ; *v. Kirchenheim*, Einf., p. 81 ; *Ernst Meier*, V. R. dans *Holzendorff*, I, p. 885 ; *Frank*, Gutachten f. J. K. V. München, 1898, VIII, pp. 34 ss. ; *Seydel*, Bayr. Staatsrecht, V, p. 6. Ce dernier a, de son côté, constaté dans *Schonberg*, Handb., III, 2, p. 289, que nous sommes d'accord. Cela, d'ailleurs, n'empêche pas *Goldschmidt*, V. Stf. R., p. 481, note 107, d'affirmer le contraire. *v. Stein* présente, à lui seul, une collection de toutes les opinions divergentes. Après avoir, dans Lehre v. d. vollziehenden Gewalt (comp. la note 11 ci-dessus), défini la police « l'appareil de contrainte dans l'administration », il l'explique dans Handb. d. V. Lehre, p. 23, comme « la lutte organisée de l'administration contre le danger », tout à fait dans le sens des anciennes doctrines de *Zimmermann*, etc. (comp. la note 9 ci-dessus); enfin, dans l'article *Police* dans Wörterbuch, II, p. 248, cette lutte contre le danger se fait au moyen de commandements, de défenses et par le personnel d'exécution, ce qui est conforme à l'opinion que nous présentons ici : Il y a surtout un groupe de juristes prussiens qui professent encore les anciennes idées sur la nature et l'étendue de la police : *v. Roenne*, Staatsrecht, I, p. 550 ; *Primker*, Kompetenzkonfl., p. 57 ; *Bornhak*, Preuss. Staatsrecht, III, p. 157. On prétend que la notion de police est fixée par la législation prussienne et spécialement par A. L. R., II, 17, § 10. Mais la loi n'a fixé que les conséquences qu'elle a tirées de sa notion de police ; cette notion elle-même appartient à la doctrine et à son développement.

(14) On voit tout de suite le fanatisme de *C. S. Zachariæ* dans Vierzig Bücher, IV, pp. 296 ss. ; l'intitulé du chapitre dit déjà : « De ce que la police a de périlleux ».

quel se rattachent les souvenirs les plus cuisants de l'ancien régime et de sa puissance publique absolue et indéterminée, alors que, sous le régime du droit, elle a pris un caractère tout différent ? Pourquoi cela s'est-il seulement produit pour la police, et non pour les autres manifestations de l'activité de l'Etat, qui étaient aussi de la police et que nous en avons écartées ?

Nous répondrons à ces questions, quand nous montrerons que, en effet, dans la notion moderne de police, *il est resté quelque chose des idées juridiques fondamentales qui étaient à la base de l'ancien système du régime de la police.*

Cet ancien régime, chez nous, il faut le dire, ne fut jamais ce despotisme pur qui n'invoque et ne peut invoquer aucun titre juridique. Son titre — comme la philosophie du droit ne manque pas de le prouver — est la destination naturelle de l'homme et les *devoirs naturels* qui en résultent et que l'Etat est appelé et autorisé à faire valoir et à réaliser par la contrainte. Ce n'est qu'au moyen de ces devoirs généraux supposés, préexistants, que la maxime « l'autorité a le droit de faire tout ce qui est nécessaire pour l'accomplissement de ses tâches » cesse d'être une simple proposition de ce qui doit être, pour devenir une réalité du droit positif (15).

(15) Sur l'influence de ces théories : *Bluntschli,* Gesch. d. Allg. Staatsrecht, pp. 237 ss. ; *Roscher,* Gesch. der Nat. Oekonomie, p. 347 ; *Funke,* dans Ztschft. f. St. W., 1863, pp. 523 ss.; *Gierke,* Althusius, pp. 293 ss. Cette manière de comprendre le droit public se trouve exposée très clairement dans *Chr. v. Wolff,* Jus nat., VIII, p. 29 et Vernünftige Gedanken von dem gesellschaftlichen Leben, § 227 ; avec application spéciale à la police : *Jung,* Lehrb. d. Staats-Polizei, W. (1788). On rencontre la même argumentation chez des auteurs qui, du reste, ne sont pas du tout favorables aux conséquences que le régime de la police en tire, par exemple, chez *Gönner,* Staatsrecht, p. 426. Ici s'explique peut-être aussi une lubie de notre *Kant.* Cet apôtre du régime du droit et de la liberté répugne fortement, cela va sans dire, à l'idée des devoirs innés des sujets. Il lui est impossible d'écarter tout

C'est par un souvenir du régime de la police et de ses idées, que, aujourd'hui encore, on place en tête des cours de droit public une énumération des devoirs généraux des sujets, à savoir : le devoir général d'obéir, de faire le service militaire, de payer des impôts. Ces devoirs sont partout sans valeur juridique aucune ; ce sont des idées que la législation réalise plus ou moins ; mais elles ne fournissent pas, même pour l'interprétation de ce que la loi a voulu faire, la base solide d'un devoir préexistant (16).

Toutefois, il y a, aujourd'hui encore, *un* devoir général incombant aux sujets, vis-à-vis de la société et vis-à-vis de l'administration qui en défend les intérêts, un devoir que, d'avance, nous considérons comme existant et inné : c'est le devoir des sujets de *ne pas apporter de trouble* au bon ordre de la chose publique, le devoir d'éviter soigneusement et d'empêcher les troubles qui pourraient provenir de leur existence. Que ce soit là un commandement moral, la chose est évidente ; il y a plus ; il s'agit non pas seulement d'un devoir moral, mais d'un devoir de nature juridique.

Le caractère juridique spécial de ce que nous appelons aujourd'hui la police, ce qui distingue ses institutions de toutes les autres institutions du droit administratif, c'est justement l'existence d'un devoir général préexistant, devoir que la police n'a qu'à réaliser et à faire valoir.

On parle généralement, dans la législation comme

à fait la police. *Kant* ne peut pas contester qu'il existe, en réalité, un pouvoir général qui se charge de la « sûreté, commodité et convenance » publiques et se prévaut d'un devoir général correspondant des sujets. *Kant* se contente donc d'enlever à ce pouvoir le caractère personnel d'une absence de liberté innée ; il lui donne pour base un rapport réel, la propriété supérieure du prince sur le territoire (R. Lehre, II, sect. I, note gén. A). Ces finesses n'ont pas été appréciées à leur valeur par les contemporains ; comp., par exemple, *Rosshirt*, Begriff d. Staatspol., p. 53.

(16) Comp. t. 1, § 9, note 5 ci-dessus.

dans les actes des autorités, de *devoirs envers la police*, devoirs qui sont considérés comme juridiquement définis et valables, avant même qu'ils soient réglés d'une manière quelconque par le droit positif (17).

Dans notre régime du droit, où, d'ordinaire, on ne croit jamais avoir assez fait pour déterminer exactement les conditions et les objets des mesures d'autorité, on admet partout, en matière de police, les *pouvoirs les plus larges* et les *autorisations les plus générales* : le devoir supposé préexistant envers la police donne à ces autorisations une détermination juridique suffisante de leur mesure et de leur but (18).

(17) Ainsi, lors des débats du Pol. Stf. G. B. Bavarois de 1861, on a posé la maxime : « qu'on se borne à défendre les faits compromettant la sûreté, etc., mais qu'on écarte la contrainte pour des mesures édictées dans l'intérêt de la prospérité commune et de devoirs purement moraux ». Ainsi, la défense mentionnée en première ligne est censée ne pas s'appuyer sur des devoirs purement moraux. O. V. G., 10 novembre 1880 (Samml., VII, p. 351) : « Le propriétaire comme tel est obligé de tenir son immeuble dans un état propre à ne pas altérer des intérêts que la police est appelée à protéger ». Dans ce sens aussi, O. V. G., 5 décembre 1851, 15 avril 1884, 14 septembre 1885 ; spécialement encore O. V. G., 12 octobre 1889 (Samml., XVIII, p. 406) : le Stf. G. B. n'avait pas l'intention « de régler d'une manière complète les devoirs des individus en ce qui concerne la circulation de la monnaie ; ce règlement peut donc encore être fait par des dispositions individuelles de police ». Ainsi le devoir existe déjà, il n'est que déterminé plus exactement par l'ordre de police. A ce devoir naturel envers la police de ne pas troubler le bon ordre correspond, dans la sphère du droit civil, la maxime du droit de la nature : *neminem laede*. De là une affinité matérielle entre le délit privé qui dépend de cette maxime, et la contravention de police résultant de la violation de ce devoir.

(18) Ainsi, en Prusse, le pouvoir de police a son fondement dans l'A. L. R., II, 17, § 10, où l'on ne trouve qu'une mention extrêmement vague des tâches qui incombent à la police. De même, en France, on invoque la loi du 22 décembre 1789 qui dit simplement que l'administration départementale est chargée du maintien de la sûreté, de la salubrité et de la tranquillité publiques. Il est évident qu'il suffit du moindre contact avec un texte de loi, on dirait presque d'un prétexte que la loi puisse donner. En ce qui concerne ces autorisations générales, toute loi qui détermine plus exactement les obligations des individus envers la police devient une protection pour la liberté, puisque la police ne peut plus aujourd'hui, « pour des motifs de police généraux » (O. V. G., 10 novembre 1881, Samml., VIII, p. 318), « pour des motifs de droit public » (O. V. G., 2 janvier 1888, Samml., XVI, p. 326), exiger plus qu'il n'est dit dans la loi.

La réserve constitutionnelle exige qu'il y ait un fondement légal pour chaque atteinte portée à la propriété ou à la liberté ; mais il n'est besoin d'aucun fondement légal pour repousser directement par la force le trouble apporté au bon ordre. Ce n'est pas une atteinte réservée que de faire valoir simplement le devoir préexistant ; un fondement légal est nécessaire seulement dans le cas où l'on donne à ce devoir de nouvelles formes juridiques, ou lorsqu'on y ajoute des moyens de contrainte spéciaux, ou lorsque l'on cause de nouveaux préjudices pour le cas où ce devoir sera violé (19).

On saisira l'importance capitale de tout ceci lorsque nous exposerons les différentes institutions juridiques du pouvoir de police. Dès à présent, on comprend que l'idée de police renferme, en effet, une contradiction irréductible avec le formalisme sévère par lequel le régime du droit entend protéger la liberté. D'un autre côté, c'est grâce à ce fondement même d'un devoir préexistant du sujet réalisé par la police, qu'il est possible de délimiter plus exactement

(19) Nous en parlerons en exposant la doctrine de la contrainte directe (comp. § 24 ci-dessous). Voyez un cas spécial dans Württemb. Arch. f. R., XXII, p. 294 : un agent de police a été délégué pour surveiller une réunion politique ; le recours est rejeté par le V. G. H. Württemb. par arrêt du 2 octobre 1880 : le Württemberg, est-il dit, n'a pas de loi spéciale sur les réunions ; mais le droit de surveillance de l'État résulte de « la théorie générale ». Très significative est la controverse, qui est devenue encore aujourd'hui possible, sur la question de savoir si des commandements et des défenses de la police ont besoin d'un fondement légal. *G. Meyer*, Staatsrecht, § 178 ; le même, V. R., I, p. 78 ; *Zorn*, dans Annalen, 1885, pp. 309 ss., et d'autres veulent remplacer ce fondement légal par « la situation juridique générale de la police », par « un droit coutumier public », ou même par « des motifs politiques ». C'est évidemment l'idée, un peu confuse, du devoir préexistant des sujets envers la police ; mais si ce devoir existe et a des effets juridiques, ce n'est pas à dire que tous les moyens pour le ramener à exécution sont permis d'avance ; il faudra encore distinguer avec soin d'après leur nature ; les commandements et les défenses surtout ne sont pas des choses allant de soi. Comp. 20, note 2 ci-dessous.

et de reconnaître plus facilement la notion de police. Toutes les mesures et institutions qui tendent à protéger le bon ordre autrement que par l'emploi de la puissance d'autorité vis-à-vis des sujets, ne peuvent pas être de la police ; il ne s'agit pas alors, en effet, de faire valoir le devoir préexistant qui caractérise la police. A l'inverse, il est impossible de considérer la police comme le mécanisme universel de la contrainte en matière administrative ; c'est qu'en effet cette contrainte n'est de la police qu'autant qu'elle sert de moyen d'exécution pour ce devoir correspondant. Grâce à ce criterium si simple, disparaissent toutes les subtilités par lesquelles on cherche encore quelquefois à glisser, dans la notion moderne de police, des réminiscences des époques passées (20).

III. — La notion de *police* est plus large que celle

---

(20) Surtout, on s'efforce de glisser, dans le cadre de la définition nouvelle, un fragment de l'ancienne police de prospérité. La nature juridique de la police a été très justement qualifiée de « restriction de la police » (*Laband*, Droit public, édit. française, II, p. 527 ; *Seydel*, dans Annalen. 1881, p. 574 : son seul but est la répression du trouble causé par l'individu, il ne saurait être question d'utilités positives. Mais *G. Meyer*, tout en adoptant cette manière de voir, lui enlève son sens déterminé, en ajoutant que la restriction de la liberté pourrait se faire aussi dans un but « d'utilité positive » (V. R., I, p. 72). Il se prête à ce compromis pour pouvoir compter, parmi les mesures de police, l'obligation scolaire (comp. note 6, *loc. cit.*). *Pözl*, Grundriss zu Vorlesungen über Polizei, a visé ce même but d'une autre manière. La police, dit-il très justement (§ 1), a pour mission de défendre contre les dangers. Mais il voudrait pouvoir attribuer à la police, selon la vieille méthode, quelques institutions en vue de la prospérité publique ; pour cela, il lui suffit de faire apparaître dans le lointain un danger quelconque à combattre. C'est ainsi qu'il commence la partie spéciale placée sous la rubrique « Lutte contre les dangers généraux du bon ordre », par la charge scolaire et l'obligation scolaire. Pourquoi n'en serait-il pas ainsi ? L'intitulé signale expressément les « dangers » contre lesquels on lutte ici, à savoir « l'ignorance et l'abaissement moral ». Et donc, le caractère de police est sauvé ! De même, les syndicats forcés pour des irrigations sont des mesures de police contre les dangers de la sécheresse, les charges de l'assistance publique sont des mesures de police contre les dangers de la pauvreté, etc. On voit combien la formule, quoique partant d'une notion exacte en elle-même, permet, faute d'une signification précise, de faire des applications complètement illogiques.

de *pouvoir de police*. Le pouvoir de police est la manifestation de la puissance publique en vue de ramener
à exécution le devoir général du sujet. La police est
une espèce d'activité de l'Etat ; cette activité est caractérisée par le fait qu'elle agit avec le pouvoir de
police. Le pouvoir de police forme le centre et l'essence de cette activité ; mais, en tant qu'activité pratique de l'Etat, la police y ajoute toute sorte d'*activité
auxiliaire* à l'effet de préparer et d'aider l'objet principal. Cette activité auxiliaire, est pour une partie, sans
caractère juridique, n'entrant pas en rapport direct
avec les sujets : surveillance générale, collection et
classification des observations faites, publication de
renseignements et d'avertissements. Pour une autre
partie, cette activité auxiliaire entre en rapport juridique avecles sujets, et se sert de toute sorte de formes de droit civil et administratif : des fonctionnaires
et des employés sont nommés ; on leur prépare tout ce
qui leur est nécessaire, on loue des bureaux, on achète
du matériel. Tout ceci ne nous occupera pas; il ne sera
question ici que du pouvoir de police et de ses formes.
C'est encore un de ces « conglomérats » dans lesquels
la réalité de l'administration réunit les différentes institutions juridiques.

Nous ne pouvons quitter cette matière sans avoir
pris position sur quelques classifications, qu'on a
l'habitude de faire concernant la police et au moyen
desquelles on se donne quelquefois l'air de relever
encore d'autres éléments juridiques distinctifs. Il y
a, à cet égard, une terminologie assez prolixe.

1) On distingue d'abord la *police judiciaire* et la
*police administrative (gerichtliche und administrative
Polizei)*.

Tout fait punissable du droit pénal commun est,
en même temps, un trouble du bon ordre, que la
police est chargée d'écarter. Mais la police judiciaire
a une autre mission.

L'expression *police judiciaire* a une origine française. Lors de l'installation du procureur du roi auprès des tribunaux, le personnel de la police de sûreté subordonné à ce fonctionnaire fut mis au service de la justice criminelle. Le mot *police* avait, dans l'ancien régime de la France, la même extension qu'avait chez nous, le terme *Polizei*. Tout ce qui était fait par la puissance publique en vue du bon ordre de la justice criminelle, en dehors de la solution directe de la question de droit par débats et jugements, fut donc appelé police judiciaire (21).

Cette expression s'est conservée; notre droit moderne, suivant le modèle français, l'a adoptée pour un certain cercle des activités auxiliaires de la justice criminelle. La police judiciaire comprend l'activité de l'Etat en tant qu'elle a pour but de *constater des faits punissables et d'assurer la punition du coupable*. Cette mission est confiée très correctement aux organes de la police. Mais il est évident que ce côté de leurs attributions n'est pas de la police au sens moderne du mot. La police judiciaire, par sa nature juridique, appartient à la justice criminelle; elle tire ses règles du code d'instruction criminelle. Seule, la *police administrative* est vraiment de la police (22).

2) *Police préventive et police répressive* (*vorbeugende und zwingende Polizei*). Ce sont également des expressions empruntées aux jurisconsultes français. La distinction vise principalement le cas d'un fait punissable et la manière d'agir de la police : avant le fait, la police s'efforce de l'empêcher ; après le fait, il s'agit d'assurer le châtiment du coupable La distinction coïncide donc avec celle de la police administrative

(21) *Medicus*, Staatswörterb., article Gerichtl. Pol., IV, pp. 208 ss.; *Foerstemann*, Pr. Polizei R., p. 124 ; ma Theorie des Franz. V. R., pp. 161 ss.

(22) *Lœning*, V. R., p. 8 ; *v. Sarwey*, Allg. V. R., p. 76 ; Mot. z. G. V. G., p. 170 (*Hahn*, Mat., I, pp. 15 ss.).

et de la police judiciaire. Ainsi, le but de ces termes techniques est de constater que la police «préventive» n'est pas tenue, en ce qui concerne ses mesures de contrainte, de suivre les formes spéciales du Code d'instruction criminelle (Str. Pr. Ord.) (23).

Entendue en ce sens, la classification est assez innocente. Il en est autrement si l'on cherche, derrière ces mots, un principe plus profond qui permettrait de caractériser plus intimement les différentes activités de la police. Il n'en peut alors résulter rien de bon (24).

3) *Police de sûreté et police d'administration (Sicherheits und Verwaltungs polizei)*. C'est la classification la plus récente.

L'exercice du pouvoir de police, avec ses activités auxiliaires, peut constituer à lui seul, des branches de l'administration, chargées de tout ce qui concerne certaines matières. A titre d'exemples principaux, on peut citer : la police des étrangers, la police de la presse, la police des associations et des réunions. C'est ce qu'on appelle la *police de sûreté*. La police peut aussi se joindre à une branche d'administration dont

(23) O. Tr., 4 janvier 1872 (J. M. Bl., p. 89) distingue : « l'arrestation préventive et l'arrestation pénale » (*Verhütende und Strafrechtliche Verhaftung*). R. G., 9 janvier 1885 : « les saisies de police préventive et les saisies de procédure criminelle ». Cpr. surtout *Walter* dans Sächs. Ztschft. f. Pr., II, pp. 49 ss. Les Français désignent quelquefois, sous le nom de police préventive, la surveillance et l'ordre de la police, et, par police répressive, la contrainte et la punition : ma Theorie d. Franz. V. R., p. 165. *Bornhak*, Preuss. Staatsrecht, III, p. 159, note 1, paraît commettre un malentendu en prétendant que cela revient à dire : «l'ordre et la contrainte sont différents dans leur but ».

(24) « Il y a police répressive, lorsque la violation ou le trouble ont déjà commencé et qu'il s'agit seulement de s'opposer à leur continuation ; il y a police préventive quand le danger n'a pas encore produit d'effet nuisible et qu'il s'agit de l'empêcher d'avoir un effet quelconque ». En ce sens, *Pözl*, Grundriss zu Vorlesungen über Pol., p. 14 ; dans le même sens, *v. Roenne*, Pr. Staatsrecht, IV, p. 96. Dès lors, une mauvaise police sera toujours répressive ; elle ne fermera un puits que lorsque quelqu'un sera tombé dedans.

le caractère principal est déterminé par une autre
activité et dans laquelle la police figure comme coor-
donnée ou même comme auxiliaire pour atteindre un
but commun. La police prend alors le nom du but
poursuivi ; c'est ainsi qu'on parle de *police de la voi-
rie, police des cimetières, police militaire, police fores-
tière*, etc. C'est ce qu'on veut appeler *police d'administration* (25).

Il est facile de voir qu'on n'a pas été heureux dans le
choix de ces expressions. Malgré tout, cette classification
serait sans danger, si l'on ne s'efforçait pas de donner
un sens aux expressions choisies. Il est arbitraire de
vouloir expliquer la *police de sûreté* comme étant la
« protection de l'ordre légal », et la *police d'administration* comme étant, au contraire, la « protection des
intérêts particuliers de l'administration ». C'est ainsi
que non seulement on n'arrive pas à une distinction
nette et claire, mais qu'on présente les matières que
l'on prétend classer, sous un jour tout à fait faux (26).

(25) *Gerland*, dans Arch. f. Off. R., V, pp. 9 ss. ; *Loening*, V. R.,
p. 259 ; *v. Stein*, Handb. (3ᵉ éd.), p. 218 ; le mê.ıe dans Wörterbuch,
II, p. 247 ; *v. Kirchenheim*, Einf., p. 82 ; le même, dans *Conrad,*
Handb., V, p. 165.

(26) Puisque le danger couru par l'ordre légal est essentiel pour qu'il
y ait police de sûreté, on est obligé de donner à l'avance, bon gré mal
gré, ce caractère aux choses qu'on veut y ranger : la situation juridique des étrangers, de la presse, des associations et des réunions ne
manquera pas d'en souffrir. N'oublions pas qu'en Prusse, le ministère
de l'intérieur, d'après la classification observée dans sa feuille officielle, range aussi le phylloxéra parmi les dangers à combattre par la
police de sûreté ; le phylloxéra est donc, pour parler comme le *Kammergericht* de Berlin (*Binseel*, VII, p. 304), parmi les « personnes ou
entreprises dangereuses pour l'ordre légal ».

§ 19

Les limites du pouvoir de police

Le pouvoir de police consiste dans la réalisation, par l'autorité, du devoir supposé général qu'ont les sujets de ne point troubler le bon ordre de la chose publique. Son action est déterminée de différentes manières, dans les formes propres au régime du droit. Mais c'est le fondement de ce pouvoir dans le droit de la nature, qui donne la mesure et la direction de ce qu'il est censé vouloir et de ce qu'il lui est licite d'accomplir sans prévision spéciale ; c'est lui qui fournit le cadre dans lequel se produisent ses institutions juridiques. Ainsi, la nature de ce devoir général trace les limites juridiques du pouvoir de police, en ce qui concerne les conditions et le contenu de son action.

I. — Qu'est-ce que l'individu, dans l'Etat, est obligé, d'avance, de ne point troubler ? Qu'est-ce que la police doit protéger contre ses troubles ? On l'exprime de différentes manières. Nous l'avons désigné par les mots « le bon ordre de la chose publique » (*gute Ordnung des Gemeinwesens*).

Il ne faut pas penser ici aux collectivités constituées du droit public, à l'Etat et à la commune ; le bon ordre n'est pas nécessairement un ordre juridique.

La chose publique, dont il s'agit ici, est ce fragment de société humaine, auquel l'Etat est superposé. C'est la grande communauté de vie qui enveloppe le peuple, pour lequel il existe, et qui existe pour lui, dont les forces sont les siennes ; c'est en cela qu'elle intéresse le peuple. Cette société constitue une chose commune par les rapports réciproques qu'elle crée entre les individus qu'elle comprend : ce qui, bon ou mauvais, arrive à l'individu est le résultat d'innombrables rapports avec l'état général de la chose publique, rapports qui ne sont pas perceptibles dans leurs détails ; à l'inverse, la conduite de l'individu a, au delà de son effet direct, un contre-coup plus ou moins important sur l'état général (1).

C'est seulement de ce dernier point qu'il s'agit ici : il n'est question que *des manifestations sociales de la vie de l'individu*. Elles peuvent être utiles ou nuisibles. Est utile tout ce qui est propre à augmenter les forces économiques, intellectuelles et morales de la société ; l'ancienne police de la prospérité avait invoqué et fait valoir un devoir de chaque individu d'y contribuer.

La notion moderne de la police ne s'occupe que des manifestations de la vie individuelle propres à produire des *effets sociaux nuisibles*, c'est-à-dire de compromettre les forces salutaires contenues dans la société.

Nous entendons donc, par le maintien du *bon ordre* de la chose publique, un état général de la société, dans lequel les forces sociales sont compromises le moins possible par des effets nuisibles. En distinguant les divers côtés de cet état selon les différentes espèces d'effets nuisibles qui le menacent, on a les notions de la tranquillité, de la sûreté, de la salubrité, de la moralité publiques et de l'ordre public dans le sens spécial.

Est réputé *trouble* du bon ordre, toute manifestation

(1) La notion de société a déjà maintes fois été mise à profit pour le droit administratif: *Gneist*, Rechtsstaat, p. 21 ; le même, Die nationalen Rechtsideen von den Ständen; *V. Stein*, Begriff der Gesellschaft u. die sociale Geschichte der franz. Rev., I, introd.; le même Handb. d. V. Lehre, p. 738 ss.; *Roesler*, V. R. I. p. 2 ss. Ce qui a été dit de mieux sur la police et la société civile et sur leurs rapports réciproques est encore *Hegel*, Rechtsphilosophie, § 182 ss., § 231 ss.

de la vie de l'individu, susceptible de compromettre, par son effet social, les forces contenues dans la société.

L'individu étant obligé de s'en abstenir, le trouble sera combattu par le pouvoir de police comme *fait contraire à la police* (*Polizeiwidrigkeit*).

Mais il ne suffit pas que la vie individuelle cause un trouble quelconque pour qu'il y ait fait contraire à la police ; ce qu'il faut considérer, c'est le devoir général envers la police.

1) L'existence individuelle présente une valeur pour la société ; les préjudices que l'individu se cause à lui-même sont un dommage pour la société. Toutefois, en principe, l'individu s'appartient d'abord à lui-même ; ce qui n'excède pas la sphère de l'individu n'est pas considéré comme un dommage social que l'on doive éviter. C'est ainsi que se forme la notion de la *vie privée*, sphère de l'existence individuelle inaccessible à la police parce qu'elle ne regarde pas la société.

Quant à savoir jusqu'où s'étend cette liberté de la vie privée, cela résulte en grande partie des usages et des habitudes, sans qu'on puisse cependant parler d'un droit coutumier.

Pour une grande partie, la sphère de la vie privée coïncide avec celle du *domicile privé*. La plupart des événements qui se passent dans la maison fermée sont insusceptibles d'avoir un effet au dehors et d'influer sur la situation de la chose publique. De là la différence frappante qui existe dans la manière de procéder pour les mêmes choses, selon les *localités*. Les choses les plus dangereuses, comme des armoires mal fixées, des plafonds menaçant ruine, des vases tachés de vert-de-gris sont tolérés dans le domicile privé ; au contraire, le pot de fleurs placé à la fenêtre, le vase dans le magasin sont soumis à la police.

L'intérieur de la maison lui-même avec tout ce qui s'y trouve tombe sous la surveillance de la police, dès qu'il est accessible à des personnes étrangères qui y passent et y circulent.

Cela se produit encore plus fortement pour tous les côtés de la vie domestique, qui, par eux-mêmes, sont susceptibles d'avoir un effet sur le dehors : la police des incendies, de la salubrité publique, des mœurs, etc. s'en occupe fréquemment.

La vie privée a donc bien son centre dans le domicile privé ; mais ses limites sont plus restreintes à certains égards, et plus larges à d'autres, selon la susceptibilité de la chose publique. La mesure de police qui, pour les choses que nous venons d'énumérer, va de soi, a, dans les cas ordinaires, besoin d'être justifiée par des circonstances particulières qui font que l'inconvénient qui existe dans la maison touche non pas seulement la vie privée, mais encore le *public*, c'est-à-dire la société (2).

(2) O. V. G , 19 septembre 1883 (Samml. XII, p. 393). L'autorité de police exige l'éclairage de l'escalier d'une maison privée ; le tribunal considère, que, dans cet escalier, il y a une grande circulation de personnes ; « sans l'éclairage, il y aurait du danger pour beaucoup de personnes qui n'ont pas chosi ces logements, mais qui, ces logements étant habités, sont forcées de circuler dans la maison » ; la mesure est donc justifiée par A. L. R. II, 1a, § 10. S'il s'agissait de ceux qui ont choisi le logement, la police n'aurait donc pas à intervenir ; pour ceux-là, l'état de l'escalier forme une partie de leur vie privée. — O.V.G. 18 novembre 1878 (M. B. d. J., 1875, p. 7) : il a été enjoint au propriétaire d'éloigner son rucher ; il oppose qu'il n'y a pas de rue dans le voisinage, qu'il y a seulement un chemin de défrichement ; mais « il suffit que le rucher du demandeur, outre les habitants de sa maison, incommode et mette en danger d'autres individus qui sont dans l'exercice de leurs intérêts légitimes ». Ces « autres » représentent le public ; les habitants de la maison appartiennent à la vie privée et ne sont pas protégés par la police. — Tandis que, dans ces décisions, par l'indication des motifs spéciaux des mesures de police, la limite est suffisamment marquée, le cas est moins clair dans les décisions, R. G. 19 avril 1881 et 10 novembre 1881 (Samml. Stf. S., IV, p. 110, 111). Il s'agit de la validité du fameux règlement de police berlinois portant interdiction des clefs de tuyaux de poêle. Le tribunal en reconnaît la validité, croyant avoir suffisamment motivé cette décision par la maxime incontestable : « que l'inviolabilité de la propriété n'interdit pas de prendre des

2) D'ailleurs, tous les faits par lesquels l'individu agit en dehors de sa vie privée, produit des effets nuisibles ou fait courir des dangers pour une sphère extérieure, ne sont pas à considérer comme des troubles du bon ordre de la chose publique. Ici encore, le bon ordre même de la chose publique veut que l'on reconnaisse une certaine sphère de liberté. Et cette liberté sociale se manifeste dans deux directions : liberté *de se conduire*, liberté *de disposer*.

Dans la vie en commun des hommes, chaque existence individuelle comporte nécessairement, pour la chose commune, certains inconvénients qu'il est impossible de faire disparaître, à moins de détruire cette existence même. Tout homme est pour son prochain la cause d'innombrables incommodités et dommages qui ne pourraient être évités ou réparés qu'avec des frais exorbitants ou même qui ne pourraient pas l'être du tout. La chose publique éprouverait plus de dommages, s'il fallait supprimer ces conséquences de la vie, que si elle accepte ces *troubles nécessaires*.

mesures dans l'intérêt de l'ordre public ». Par ordre public, on comprend régulièrement un côté spécial du bon ordre de la chose publique, à savoir l'état paisible des formes extérieures de la vie publique ; *Foerstemann*, Pol. R.. p. 6 : « la marche harmonieuse des institutions du droit public » ; comp. O. V. G., 14 juin 1882 (Samml. IX, p. 374). Le tribunal de l'Empire a pris ici l'expression dans un sens général, comme synonyme de bon ordre de la chose publique ; dans l'intérêt de l'ordre public signifie donc : dans l'intérêt de la police. Mais ici commence la difficulté, que le tribunal n'a pas vue. « Est-ce qu'il va de soi que la police puisse me prescrire un certain arrangement de ma chambre ? » Le contraire semble bien devoir être considéré comme la règle, même en présence des expressions les plus générales des autorisations légales. Quand on fait une exception et que l'on règle, pour prévenir les accidents, l'arrangement d'un logement privé, il faut motiver cette mesure en démontrant qu'il se produit des effets qui, excédant les limites de la vie privée, justifient la mesure de police. Il est vrai qu'il s'agit ici d'un accessoire permanent dans l'arrangement de la chambre, accessoire qui présente des dangers pour la population instable de la maison de grande ville, population qui accepte cet arrangement et s'en sert, tel qu'il existe et tel qui a été trouvé, sans choisir ; on pourrait donc dire que le « public » y est intéressé. Toutefois, la décision ne laisse pas d'être douteuse ; il n'aurait pas été inutile de s'expliquer un peu plus clairement.

Il ne faut donc pas considérer comme un devoir social de l'individu de s'abstenir de ces troubles ; par conséquent aussi, il ne rentre pas dans les pouvoirs naturels de la police d'intervenir ici. La même idée qui, dans la sphère du droit civil, vient limiter, d'avance et en vertu d'un droit de la nature, la propriété au profit de certains inconvénients inévitables du voisinage laisse, jusqu'à un certain degré, le public sans protection et enlève au pouvoir de police une sphère qui représente le minimum de liberté de conduite sociale (3).

D'un autre côté, on peut aussi tenir compte de la liberté de la personne lésée. Léser un individu par un fait punissable est toujours, en même temps, un trouble au bon ordre de la chose publique. Mais en tant

(3) O. V. G., 10 décembre 1879 : « il n'y a pas lieu de protéger le public contre de simples dérangements et incommodités ». Il s'agissait du bruit occasionné par une place de tir. La maxime citée, avec cette généralité, est fausse. Le public, en effet, est aussi protégé contre le bruit incommodant, mais uniquement lorsque ce bruit ne se produit pas dans les limites reconnues de la liberté sociale, « dans l'exercice d'intérêts légitimes ». En ce sens O. V. G., 25 juin 1888 ; des musiques ne peuvent pas simplement être défendues pour cause d'incommodité du public ; la police ne pourrait procéder que sous le point de vue du § 360, chiff. 10. Stf. G. B., par suite, seulement dans le cas où le bruit musical incommodant serait fait « injurieusement » (ungebührlicherweise). O. V. G., 18 septembre 1884 déclare que la police n'est pas admise à procéder contre la cheminée d'un boulanger qui incommode le voisinage par des flocons de suie : seuls les dangers pour la vie et la santé peuvent ,d'après A. L. R. II, 17, § 10, être combattus. Tel n'est pas le véritable motif : si le tribunal n'avait pas considéré le boulanger comme autorisé, par la liberté sociale, à incommoder ainsi ses voisins, il lui aurait été facile de considérer les flocons de suie comme faisant courir un danger quelconque à la salubrité, à la sécurité ou à la tranquillité. Le ministère de l'intérieur du royaume de Saxe a, par ordonnance du 30 mai 1880, désapprouvé la mesure prise contre la cheminée d'un forgeron, attendu que le voisin seul s'était plaint. Par contre, il a laissé sévir la police contre la cheminée d'un boulanger, parce que « l'état de choses à diverses reprises, avait occasionné des plaintes de la part d'un public considérable » (Sächs. Ztschft f. Pr. I, p. 279). Le nombre considérable des plaignants prouvait, sans doute, une production de fumée excessive, on n'était plus dans la liberté sociale ; mais remarquons qu'il s'agit, en même temps, de l'opposition entre le « public » et le voisin, opposition qui touche encore la sphère de la vie privée.

que la volonté de la personne lésée peut exclure soit
la pénalité (consentement), soit la poursuite (« Antrags-
delicte » dont la poursuite ne peut avoir lieu que
sur demande), le pouvoir de police ne peut, à l'encontre de cette volonté, prendre des mesures de
défense qu'autant qu'il y est poussé par des considérations particulières et indépendantes.

Cela se produit encore plus clairement dans des
rapports purement civils. Si le droit civil appartient
au bon ordre de la chose publique, le dommage civil,
sans doute, est un trouble de ce bon ordre. Mais le
bon ordre consiste ici justement en ceci que la vic-
time soit seule appelée à provoquer le redressement
du trouble, et que l'auteur du dommage ne puisse pas
être contraint par une autre voie. L'autorité de police
s'immiscerait peut-être dans la compétence des tribunaux civils, si elle voulait s'occuper du rétablissement
de l'ordre du droit civil. Mais ce qui est certain, c'est
qu'elle porterait ainsi atteinte à la liberté des intéressés qui ont le droit et le devoir de régler entre
eux ces affaires, sans que la société ait à intervenir
autrement que pour leur venir en aide dans la forme
de la justice civile. Quand le pouvoir de police procède
« à la protection de droits privés », ce n'est qu'en
apparence ; en réalité, c'est toujours un intérêt du
bon ordre qu'il a en vue spécialement (4).

(4) L'ancien droit, il est vrai, n'était que trop disposé à admettre
un intérêt public concurrent. *Foerstemann*, Pol. R , p. 6-18, en cite une
série d'exemples. Aujourd'hui encore, cela se rencontre surtout dans
le droit de la domesticité (Gesindewesen), où des conventions de droit
civil sont protégées par la police dans un prétendu *intérêt public*.
Sur les principes du droit moderne, O. V. G., 26 mars 1881, désap-
prouvant l'ordre de police enjoignant au patron de rendre au domestique congédié les hardes, qu'il avait retenues, déclare : « la police ne
protège que contre des dangers, non contre des préjudices (?) ; le règlement de rapports de droit privé lui est étranger par principe ». O. V. G.,
18 septembre 1878 : la police « ne protège contre les dommages résultant des faits volontaires des autres que dans le cas d'une pénalité ».
Ord. du Min. (Saxe) du 30 mai 1880 (Sächs. Ztschft f. Pr. I, p. 279,

3) Il faudrait considérer comme préjudice social, sous forme d'un *lucrum cessans*, le *dommage causé à toute entreprise susceptible de produire un effet utile*, de créer des valeurs économiques ou intellectuelles. Mais, en règle, à raison d'autres principes, cela est sans conséquence pour la police. Toutes les fois, en effet, qu'il s'agit d'une entreprise individuelle menacée, l'activité de la police pour la défendre s'efface devant le droit de disposition qui appartient au propriétaire : le droit civil et le droit pénal déterminent, en première ligne, les formes de la protection.

La police, comme nous venons de le voir, ne se charge de la protection de ces intérêts qu'à titre exceptionnel et subsidiaire. Toutefois, il est certaines entreprises qui ont une situation privilégiée : ce sont celles qui sont destinées et qui ont été reconnues aptes *à servir directement l'intérêt public*. Il est incontestablement du bon ordre de la chose publique que ces entreprises vivent et fonctionnent ; c'est une charge absolue de la police de les protéger contre des troubles.

L'objet de cette protection, c'est l'activité propre de l'Etat et des personnes morales qui le remplacent, ou de l'entrepreneur concessionnaire, ainsi que la possession qui y sert. Quand cette activité a des rapports réguliers et étendus avec le public — comme c'est le cas pour les services ou établissements publics — il se forme une branche spéciale de la police, la *police des services publics* (Anstaltspolizei) : il y a, pour les rues, les canaux, les fleuves, les chemins de fer, les cimetières, les audiences des tribunaux, une police propre destinée à assurer leur bon fonctionnement.

annule un décret de police qui avait imposé au propriétaire un changement dans son immeuble au profit du voisin, par le motif que « l'autorité de police n'a qu'à protéger le droit public et non pas le droit du voisin ».

Toutes les entreprises de l'Etat ne sont pas protégées par la police : les entreprises fiscales sont, sous ce rapport aussi, considérées comme des entreprises privées (5).

D'un autre côté, il se peut que les entreprises et les propriétés des individus soient reconnues comme d'utilité publique ; de telle sorte que, pour le bon ordre de la chose publique, elles jouissent d'une protection absolue de la part de la police, même contre le propriétaire ; c'est surtout le cas pour les sources thermales et pour les forêts (6).

Toutefois, le devoir général du sujet envers la police interdit seulement d'apporter un trouble *direct et matériel* à ces choses ; car c'est simplement dans leur état physique extérieur qu'elles se présentent comme intimement liées au bon ordre de la chose publique. Ce qui ne les touche que dans leurs relations extérieures ne devient pas un fait contraire à la police (7) ; il ne faut pas considérer, non plus, comme en dehors de la sphère de la libre conduite des individus, ce qui serait seulement susceptible de porter atteinte aux conditions générales de leur effet social. Seules, des institutions juridiques spéciales peuvent apporter des restrictions semblables (8).

(5) Nous y reviendrons en exposant la doctrine des choses publiques et de la jouissance des services publics. Comp.. aussi § 24, I, ci-dessous.

(6) *Foerstemann*, Pol. R., p. 7 : « Il faudrait y voir une délégation du droit de l'Etat à une protection sérieuse de ses forêts par la police, délégation faite au profit des communes et des particuliers ». Mais comme cette protection de la forêt est dirigée aussi contre le propriétaire lui-même, la seule explication est celle du point de vue général : la forêt, quel qu'en soit le propriétaire, est considérée comme une valeur de l'ordre social, comme un bien d'utilité publique, à la manière des services publics.

(7) O. V. G., 2 septembre 1885 : la police locale, sur la réquisition de l'autorité militaire et dans l'intérêt de cette dernière, obtient, par la voie de contrainte, la restitution au propriétaire d'une légitimation militaire, que le patron retenait. C'est non pas une « mesure de police », mais « affaire de supériorité territoriale ». Comme mesure de police, cela n'aurait pas pu être maintenu.

8 Cette uestion a été vivement discutée à l'occasion des poursuites

II. — Le pouvoir de police tend à réaliser le devoir général qui incombe au sujet de ne point troubler le bon ordre de la chose publique. Cette réalisation consiste dans la défense contre le trouble contraire à ce devoir. Mais le contenu général de cette défense est déterminé, quant à sa direction, à sa mesure et à sa qualité, par sa connexité même avec ce devoir.

1) La puissance d'autorité, par sa nature même, a besoin d'une *personne* sur laquelle elle agit. En ce qui concerne le pouvoir de police, cette personne ne peut être que le sujet duquel émane le trouble apporté au bon ordre de la chose publique. Il est évident, en effet, que le devoir d'éviter le trouble ne peut se réaliser que contre celui qui le viole ou est en train de le violer.

La question de savoir quelle est cette personne ne peut pas, il est vrai, se résoudre d'après les formes de la causalité, telles qu'elles sont pratiquées par le jugement pénal ou moral. La police n'a pas affaire à l'homme en soi, mais à l'individualité sociale qui est placée vis-à-vis de l'ensemble social. Le trouble émane de celui dont la *sphère d'existence* le produit. On ne

provoquées autrefois par l'administration des postes de l'Empire contre les entreprises postales privées. On voulait forcer ces dernières, par la voie de police, à ne plus s'appeler « postes ». O. V. G., 14 novembre 1887, reconnaît que le fonctionnement des postes de l'Empire éprouve des inconvénients considérables par suite de cette désignation. Mais les postes de l'Empire, quoiqu'elles constituent non une entreprise industrielle du fisc, mais un service de communication, n'appartiennent cependant pas « aux services de communication dépendant de la police, qui, comme les voies publiques, les ponts, bacs, fleuves, ports, etc., sont soumises aux mesures et à la surveillance des autorités de police et, par conséquent, jouissent de la protection de la police contre toute atteinte dommageable sans restriction. Par conséquent, il n'y a pas lieu ici à des mesures de police au point de vue de l'ordre public ». Si la police joue ce grand rôle pour les voies publiques, etc., c'est parce que celles-ci présentent des objets exposés à des atteintes directes et matérielles ; dans la question des postes privées, il s'agissait d'inconvénients indirects causés par la concurrence. Un trouble de cette nature n'a pu être écarté que par une loi positive (Loi du 30 décembre 1899), qui a le caractère non d'une mesure de police, mais d'un monopole.

lui impute pas seulement sa conduite personnelle. On lui reproche aussi l'état dangereux de ses biens, les dommages qui menacent le bon ordre à raison de sa vie domestique, de son industrie...; enfin, pour toutes les choses dont il est le *centre social*, il porte la responsabilité sociale ; il peut être frappé de mesures d'autorité pour qu'il évite le trouble, pour qu'il le fasse cesser et pour qu'il le répare (9).

Quelque étendue que soit cette responsabilité, elle a cependant, à cause de son fondement même, des limites : la police ne peut pas rendre l'individu responsable des troubles qui émanent d'une sphère d'existence étrangère.

S'il ne s'agissait que d'écarter, par la puissance d'autorité, les troubles à la chose publique, le moyen le plus simple pour atteindre ce but serait souvent de commander au voisin de celui dont émane le trouble une mesure qui y remédierait simplement et sans beaucoup d'embarras. Ou bien l'on défendrait à l'un une conduite admissible en elle-même, bien que non nécessaire, parce qu'elle donne à l'autre un motif puissant de causer des troubles. Les autorités « pratiques » y sont toujours disposées, cela se comprend ; cela semble si humain et si raisonnable.

Mais c'était justement l'ancienne police, avec son idée généreuse du devoir qu'a chacun « de contribuer au perfectionnement du prochain ».

Notre police, la police du régime du droit, n'a maintenu une obligation semblable que dans une étendue toute restreinte ; les mesures de police ne peu-

(9) En ce sens, *Seydel*, Bayr. Staatsrecht, V. p. 6, exige avec raison un trouble par des *hommes*. *G. Meyer*, V. R. I, p. 72 note 6, trouve, que cela restreint trop la notion de police. Il pense aux troubles causés par des choses contre lesquelles la police devrait agir, par exemple un bâtiment menaçant ruine. Mais s'il considère la démolition de ce bâtiment comme une restriction apportée à la liberté personnelle du propriétaire, le danger que présente ce bâtiment doit être considéré, au même titre, comme un trouble émanant du propriétaire.

vent atteindre que celui qui est responsable du trouble, celui dont il émane.

Aujourd'hui encore, il n'est pas interdit de réquisitionner l'individu par des atteintes portées à sa liberté et à sa propriété ou même par des prestations et par des services spéciaux qu'on lui impose, en vue de combattre le trouble réel ou menaçant causé par un autre individu. Mais cela n'est pas compris dans les autorisations générales de la police ; il faut, pour cela, un fondement légal spécial ; il en résulte des institutions juridiques propres qui n'appartiennent pas à la police, des servitudes, charges et impositions qui, d'après leur nature juridique, ressortissent à un autre chapitre (10).

(10) O. V. G., 8 avril 1885 : la police enjoint à un propriétaire de faire disparaître un obstacle qui empêche, dans son immeuble, l'accès d'un étang pouvant servir en cas d'incendie. Le tribunal désapprouve : « la police est tenue d'observer certaines limites vis-à-vis des droits privés. C'est, en effet, une condition de son action, que le danger possible émane du tiers qu'elle frappe par ses mesures, ou de sa propriété, ou que ces mesures reposent sur une prescription positive de la loi ». Dans ce dernier cas, comme nous l'avons dit, la chose entrera dans une autre forme de droit que celle de la police. O. V. G., 11 octobre 1884 (Samml. XI, p. 382) : dans un logement privé, une secte tient des réunions d'édification. La police exige que les portes et fenêtres soient closes, afin que les passants ne soient pas froissés et que les réunions ne soient pas troublées par eux. Le tribunal dit très justement : « si des tiers, à l'occasion d'une réunion licite, troublent l'ordre public, la mesure de police ne sera pas dirigée contre la réunion ; elle doit tendre à éloigner ceux qui apportent le trouble ». La décision C. C. H., 14 avril 1860 (J. M. Bl. 1861, p. 136), qui semble être en contradiction, s'explique par une restriction imposée à la propriété par le droit public qui, en effet, peut changer la direction des devoirs de la police. Nous y reviendrons. Mais ce sont encore les idées de l'ancienne police qui triomphèrent dans le cas dont il est traité C. C. H., 12 novembre 1881 (J. M. Bl. I, 1882, p. 5) : le Landrat enjoint à un propriétaire de faire écouler ses eaux ménagères non pas sur la voie publique, mais dans une rigole. Le propriétaire de cette rigole assigne le premier propriétaire, pour le faire condamner à ne pas agir ainsi. La demande est non recevable, parce qu'elle est dirigée contre une disposition de police ; l'injonction en question concerne, en effet, l'ordre public, dans l'espèce, la propreté de la voie publique ; « le demandeur, auquel il a été imposé de recevoir les liquides dans la rigole qu'il a devant sa maison », ne peut que demander une indemnité. La vérité est que le Landrat pouvait défendre de verser les eaux ménagères sur la

2) Le pouvoir de police ne saisit ses ressortissants qu'*en tant* que le trouble émane d'eux. Le fondement du pouvoir de police dans le droit de la nature exige que la défense soit *en proportion* du trouble ; ainsi est fixée la *mesure* de l'effort de la police. Il n'est pas à présumer que la loi, par les autorisations générales en vertu desquelles procède l'autorité de police, ait voulu permettre une défense excédant cette mesure naturelle. C'est ainsi que cette mesure naturelle acquiert l'importance d'une limite juridique sérieuse.

Le trouble qui émane de l'individu se présente souvent, dans l'ensemble des autres manifestations de son existence, comme une partie d'un ensemble d'activité plus étendue. Dans ce cas, le pouvoir de police ne doit pas, sans nécessité, supprimer, en même temps que le trouble, ce qui est licite et admis encore par la liberté sociale, et arracher ainsi le blé avec les mauvaises herbes.

Dans la mesure où cela est possible, le pouvoir de police doit faire une *distinction*. Cela s'appliquera surtout au cas où des faits contraires à la police ont lieu dans la sphère et à l'occasion d'une entreprise licite en elle-même, par exemple, des actions indépendantes qui ne touchent pas au caractère de l'entreprise elle-même. L'autorité de police qui, pour com-

rue ; mais imposer au voisin la charge de recevoir ces eaux nuisibles, cela excède les limites du pouvoir de police. Remarquons encore la forme singulière : il faut qu'il ait été imposé quelque chose à l'un par un ordre adressé à l'autre ! D'un autre côté, celui dont émane effectivement le trouble dont s'agit, n'est pas libéré de son devoir envers la police en prouvant que d'autres, par une conduite coupable vis-à-vis de lui, l'ont mis dans la situation de causer maintenant le trouble. Württ. Min. d. I. 28 avril 1876 (*Reger*, III, p. 340) : à Stuttgart, on a remblayé une rue ; à la suite de ce travail un immeuble contigu devient marécageux ; la police enjoint au propriétaire de c remblayer également. Celui-ci oppose que la construction de la rue en est la cause, et que les voisins déversent leurs eaux sur son terrain. Décidé que la police ne peut s'en prendre qu'au propriétaire dont l'immeuble présente l'inconvénient ; que celui-ci alors fasse valoir contre les coupables, par la voie du droit civil, ses prétentions en dommages-intérêts.

battre le trouble, supprimerait, dans ces circonstances, l'entreprise entière, commettrait un excès de pouvoir (11).

Cette adaptation du pouvoir de police à la mesure du trouble ne s'effectue pas seulement dans la forme d'une distinction extérieure des faits à apprécier. Un seul et même fait peut, en lui-même, présenter le trouble à des degrés différents.

Ce fait peut être *directement* contraire à la police. C'est le cas le plus simple ; il a pour contre-partie le contenu également simple de la défense : le trouble est empêché, supprimé, réparé. Si l'on agissait toujours d'après ce modèle, le maintien de la police serait peut-être plus facile, mais aussi il serait dur et injuste, quelquefois même illégal.

Il peut arriver, en effet, qu'un état de choses ou une activité reste, en soi, dans l'ordre social, et ne devienne un trouble que par la mise en œuvre. A ce caractère illicite *relatif* ne peut correspondre une défense absolue. L'autorité de police ne peut interdire que conditionnellement « si les mesures nécessaires ne sont pas observées » ; ou bien elle se contente de commander directement ces mesures, sans mettre en question l'existence de l'entreprise même.

Il en sera de même quand, au lieu de détruire et de supprimer, on peut remédier au fait contraire à la police par des changements moins sensibles apportés à l'état de choses actuel. Si l'on hésite sur le point de savoir si vraiment on peut ainsi parer au danger complètement et en temps opportun, c'est naturellement

(11) O. V. G. 10 avril 1886 : un détaillant débite, dans son commerce, illicitement, de l'eau-de-vie ; la police menace de fermer la boutique. Une semblable mesure ne peut être dirigée que contre « l'état contraire aux règles ». Ici le commerce en lui-même est en règle ; ce qui est contraire aux règles, c'est uniquement le fait de débiter occasionnellement de l'eau-de-vie ; c'est cela seulement qu'il s'agira d'empêcher.

à l'autorité d'apprécier en toute conscience, selon les circonstances, s'il convient de préférer à cette répression restreinte, la suppression totale, définitive ou provisoire. Mais il y aura toujours des cas où l'on peut dire que le rétablissement de l'état normal de police est suffisamment assuré par le moyen le plus doux ; si alors l'autorité recourt aux mesures les plus rigoureuses, elle commet un excès de pouvoirs (12).

Enfin, il existe des cas où un trouble ne se présente, dans une entreprise, que comme une *possibilité*. Peut-être n'y aura-t-il jamais là, en réalité, un danger pour la chose publique. Seulement, l'entreprise, par sa nature, est susceptible de faire naître ou de favoriser ce danger ; elle est suspecte. Au trouble plus éloigné correspond la force de police qui se tient à distance. Ses mesures vis-à-vis de l'entrepreneur s'adoucissent ; ce sont des mesures de *surveillance* spéciale. Au lieu de la contrainte directe, l'entrepreneur aura à subir des investigations et des reconnaissances, auxquelles ne serait pas soumise une personne non suspecte ; au lieu de l'obligation de prendre des mesures en vue de combattre le préjudice qui émane de lui, on peut l'obliger à faire des déclarations, des communications ou des constatations destinées à faciliter cette surveillance contre les dangers possibles.

Ici encore, il reste une large zone intermédiaire, dans laquelle on peut douter si le danger est immi-

---

(12) Les principes sont très bien établis dans *Bingne* et *Eisenlohr*, Bad. Pol. Stf. G. B., p. 183 ; « la police, par exemple, ne doit pas purement et simplement détruire des marchandises vénéneuses ou des aliments nuisibles à la santé, lorsqu'il est possible de leur enlever, par une modification, la qualité dangereuse ». O. V. G. 3 juillet 1886 : on avait ordonné de démolir des pieux dangereux pour la sécurité ; comme on pouvait aussi y remédier par l'éclairage, etc., « les conditions matérielles » de cette disposition font défaut. Comp. les cas cités dans *Parey* et *Wiedemann*, Rechtsgrundsätze des Preuss. O. V. G., p. 89, p. 150, p. 163.

nent ou s'il ne doit être considéré que comme une
éventualité éloignée ; par suite, si des mesures de
surveillance suffisent ou s'il convient de prononcer la
suppression pure et simple. Il y a aussi un point où
commence la limite légale du pouvoir de police où la
mesure plus douce est seule admissible, où la plus
rigoureuse est légalement exclue (13).

3) Les mesures de défense de la police s'adaptant
de la manière indiquée, au degré du trouble contre
lequel elles sont dirigées, revêtent ainsi une certaine
variété dans leur manifestation extérieure. Non seule-
lement la forme originaire, l'empêchement, se développe à la manière du régime du droit dans ses ramifi-
cations plus raffinées, mais il apparaît aussi, à côté
de cette forme originaire, des exigences et des obligations d'une forme tout opposée ; l'individu doit
faire des *prestations positives*, réparer le trouble qu'il
a produit, prendre des mesures en prévision des
troubles futurs, faire des déclarations, des communications.

C'est donc une manière insuffisante de s'exprimer
que d'expliquer le pouvoir de police exclusivement
comme un système de *défenses* ; on y trouve une foule
de *commandements*. Ce qui est vrai, c'est que, même
dans ces commandements de police, conformément à
l'idée fondamentale de la police, il y a toujours quelque chose, un but, une fin, qui les rapproche de la

(13) O. V. G., 3o juin 188o : la police défend à un propriétaire
soupçonné de faire le métier de proxénète, de recevoir des personnes
qui pourraient être disposées à se livrer à la prostitution. « Il n'est
pas possible de défendre, d'une manière générale, des faits licites
en eux-mêmes par le seul motif qu'ils pourraient faciliter des faits
illicites ». Les mesures de *surveillance* nécessaires étaient ici à la disposition de l'autorité (Stf. Pr. O. § 1o4, al. 2) ; l'autorité qui, à raison
de faits contraires à la police qui *pourraient* arriver, voudrait immédiatement faire davantage, viole le principe de la défense proportionnelle.
— Une forme spécialement vigoureuse de la surveillance consiste
dans l'inversion du rapport : défense avec réserve de permettre ; voy.
§ 21 ci-dessous.

défense essentiellement négative. Quelque chose que, par ces commandements, l'on impose à l'individu, elle ne doit jamais être destinée qu'à combattre le trouble qui émane ou pourrait émaner de lui. En définitive, le résultat de chacune des applications de la puissance de police ne sera jamais autre que celui-ci : *que cet homme ne trouble pas* (14).

Voilà la pierre de touche qui permettra toujours de reconnaître l'étendue de la sphère du pouvoir de police vis-à-vis de toutes les autres espèces d'exigences d'autorité adressées aux individus. Dès que l'on demande aux individus quelque chose qui dépasse cet effet même, à cause d'un trouble qu'ils auraient produit, — que cela soit par commandement ou par défense (la forme est indifférente) — il ne s'agit plus de l'accomplissement du devoir général des sujets qui forme la base de la police ; nous ne sommes plus sur le terrain du droit de la police (15).

(14) Dans ce sens il est exact de dire, comme *Rosin*, Pol. Verord., p. 152 : « Une restriction à l'établissement de *défenses*... ne peut pas être déduite de la notion de police ». Il cite le cas, O. Tr. 8 avril 1869, où l'accusé veut démontrer qu'un règlement de police ordonnant d'entrer dans le corps des sapeurs-pompiers n'est pas valable, par le motif que « la fonction de la police est, en elle-même, de nature purement négative, prohibitive et défendante ». Cet individu avait raison quant à la nature générale de la police. Il avait tort d'insister sur la forme extérieure de la défense ; la « négative » peut également se présenter sous la forme d'un commandement. Il a encore tort, quand il croit que la charge de prendre part au service des pompiers ne peut plus être imposée du tout, étant donné que, d'après la notion correcte de la police, elle ne peut plus être considérée aujourd'hui comme un devoir envers la police. Nous en parlerons sous le titre des charges publiques , § 47 ci-dessous.

(15) O. V. G., 16 novembre 1877 : la police veut contraindre les riverains de la voie publique à y établir une clôture qu'elle juge nécessaire dans l'intérêt de la sûreté des communications. Le tribunal désapprouve. La police ne peut que « s'en prendre à celui qui a la charge d'entretenir la route », ou « à celui qui a causé le trouble, quand il s'agit de combattre un trouble de l'ordre et de la sûreté publique et d'en réparer les suites immédiates » ; elle ne peut pas « exiger d'un tiers les arrangements nouveaux qui sont devenus nécessaires par suite des nouveaux besoins des communications ». Nous avons là les trois personnes : celui qui trouble est soumis aux devoirs envers la police ; le tiers, c'est-à-dire celui dont le trouble n'émane

pas, ne peut pas être requis ; enfin, celui qui est chargé de l'entretien de la route, peut être requis, mais seulement en vertu de sa charge, laquelle n'a pas le caractère de police dans le sens moderne. En vertu de règlements de police des présidents de district (Bezirks-Präsidenten) de l'Alsace-Lorraine, les chefs de ménage sont tenus de faire, à la police, dans les 24 heures, la déclaration de chaque nouveau venu qu'ils auront reçu chez eux. O. L. G. Colmar, 31 mars 1886 (Jurist. Ztschft f. E. L. XI, p. 256) reconnaît cette prescription comme fondée sur le pouvoir légal général du préfet de faire des règlements de police « pour le maintien de la sûreté publique ». Les juristes français auraient considéré un ordre de police semblable comme contestable (Comp. *Trolley*, Hiérarchie adm. I, n° 380). Aussi, d'après ce que nous venons d'exposer ci-dessus (II. n° 2, p. 29), cet ordre n'aurait pu être émis qu'en partant d'un état de suspicion général à l'égard de tous les ménages en question, comme cela existe pour les aubergistes, hôteliers et logeurs ; ceci évidemment irait un peu loin. Mais le O. L. G. adopte une autre argumentation : il s'agit ici, dit-il, d'un concours que l'administration doit pouvoir exiger des particuliers, « pour se procurer cette connaissance de la circulation des personnes, dont elle croit avoir besoin pour remplir les devoirs qui, dans les directions indiquées, lui incombent. » C'est tout à fait la vieille formule du régime de la police ; comp. t. I, § 4, note 6. Aujourd'hui, le pouvoir de police ne peut plus imposer des charges pareilles.

§ 20

L'ordre de police

L'*ordre* est la déclaration de volonté, émise en vertu d'un rapport de subordination, en vue de déterminer, d'une manière obligatoire, la conduite du subordonné.

L'ordre est de *droit public*, quand le rapport de subordination qui lui sert de base est celui de la puissance publique vis-à-vis du sujet.

Des ordres peuvent avoir pour base un rapport de sujétion spéciale existant entre l'Etat et celui auquel l'ordre s'adresse. Ces ordres rentrent dans la notion de l'*instruction*, qui vise la réalisation de devoirs spéciaux de cette espèce (comp. t. I, §8, II, n° 3 ci-dessus): les ordres du supérieur, les règlements de service intérieur en fournissent des exemples.

Il est d'autres ordres qui sont émis sans avoir pour fondement un rapport personnel et spécial, simplement en vertu de la plénitude de la puissance publique. Ce sont des *ordres d'autorité pure* (1).

L'*ordre de police* est un ordre d'autorité de cette dernière espèce. Il se distingue des autres ordres de ce genre, en ce qu'il est émis en vue d'assurer la réalisation du devoir général des sujets de ne pas troubler le bon ordre de la chose publique. Il tire donc de ce

(1) *Loening*, V. R., p. 241. La notion claire et nette de l'ordre est déformée, quand on comprend, sous ce nom, les choses les plus différentes (G. *Meyer*, V. R., I, p. 32). On veut voir cette notion « immanente » partout (*Seligmann*, Begriff d. Ges. p. 29 ; *Bernatzik*, Rechtskraft, p. 11).

devoir *son contenu*. Mais son *effet* repose sur la seule force obligatoire de la volonté de la puissance publique.

L'ordre de police a une double signification :

Il sert d'intermédiaire entre le fondement naturel du pouvoir de police et les exigences du régime du droit ; il donne à ce devoir naturel son expression dans la forme d'une déclaration de volonté soumise aux règles du régime du droit. Ce fondement ne fournit d'abord que des principes généraux dont il s'agit de déduire, par des raisonnements logiques, les devoirs concrets ; l'ordre de police donne justement à ces devoirs la *détermination formelle* ; il déclare par voie d'autorité en quoi ils consistent, comment ils doivent être remplis et par qui.

Mais l'ordre de police ne se borne pas à rendre ce devoir clair et incontestable ; il transforme ce devoir : à la place du devoir naturel de l'individu envers la chose publique, il met, à la charge de celui à qui il s'adresse et vis-à-vis de la puissance publique, de l'Etat, l'obligation d'obéir ; il crée, par là, pour le cas de désobéissance, la possibilité juridique d'exercer la contrainte organisée à cette fin et d'appliquer les autres sanctions juridiques.

Par ce deuxième effet — l'obligation d'obéir — l'ordre de police dépasse le devoir naturel du sujet ; il y a une atteinte portée par le pouvoir public à la liberté, et la réserve constitutionnelle de la loi trouve son application. Par conséquent, la maxime suprême est celle-ci : aucun ordre de police ne peut être émis valablement sans *fondement légal*, c'est-à-dire autrement que par la loi ou en vertu d'une autorisation de la loi (2).

(2) C'est l'opinion commune : *Rosin*, Pol.Verord., pp. 18. L'autorisation légale pourrait être remplacée par un droit coutumier : *Rosin*, *loc. cit.*. p. 20. Mais, comme nous l'avons exposé, au t.I, § 10, n° 4 ci-

Sous l'empire de ce principe, les détails de notre institution juridique se développent comme suit :

I. — L'ordre de police se présente dans deux hypothèses principales : comme règle générale et comme détermination du cas individuel, comme *règle de droit* et comme *acte administratif*.

Dans l'un et l'autre cas, l'ordre peut être émis dans la *forme de la loi* ; mais il n'arrivera pas facilement que la loi s'empare directement de l'acte individuel. De même que nous comprenons par loi administrative une loi qui contient des règles de droit pour l'administration (comp., t. I. § 10, n° 1 ci-dessus), nous comprenons par loi de police une loi qui établit une règle de droit en matière de police. Cela pourrait être autre chose qu'un ordre ; mais quand nous parlons simplement de *loi de police*, nous avons en vue une loi contenant, dans la forme d'une règle de droit, un ordre de police.

Dans l'un et l'autre cas — règle de droit et ordre individuel,—l'ordre de police se présente aussi comme

dessus, il faudrait que ce droit coutumier se fût formé avant l'ère du droit public moderne. Encore ne l'admettrions nous que pour des matières déterminées. *G. Meyer*, St. R., § 178, note 1, invoque une règle de droit coutumier qui établirait « au profit de la police » un pouvoir général de procéder, par des commandements et par des défenses, dans tous les cas où cela paraît nécessaire par des motifs tirés de la prospérité et de la sûreté publique ». Ce n'est pas là une règle de droit coutumier ; à vrai dire, c'est le système de l'absolutisme de l'ancien régime. C'est ce qu'il avoue lui-même en parlant, J dans V. R., I. p. 78, non pas d'un droit coutumier, mais de la situation juridique générale de la police, « qui lui donnerait ce pouvoir. » Dans le même sens, *Zorn*, dans Annalen 1885, p. 105. Mais cette situation juridique générale a été à raison de l'établissement de nos Constitutions ainsi que de la réserve de la loi, soumise à des conditions nouvelles qu'on ne peut ignorer. *Zorn*, dans Annalen 1885, p. 309, note 1, donne des exemples tirés de notre administration coloniale ; ici, il faut se tirer d'affaire sans fondement légal ni règle de droit coutumier. Mais, dans ce cas, la question est résolue par le fait que l'Empereur exerce la puissance publique sans être gêné par une réserve constitutionnelle de la loi. Il n'y a de restriction que quand une loi de l'Empire est intervenue pour une certaine matière (*Laband*, S. R. édit. all. I, p. 798,, édit. française, II, p. 700) : c'est, à peu près, la situation juridique que *C. Meyer* prétend être celle de la métropole.

une déclaration de volonté du pouvoir exécutif ; ici, la règle ne joue pas un rôle aussi exclusif.

L'ordonnance portant déclaration de volonté d'un organe du pouvoir exécutif pour l'exercice de la faculté à lui déléguée d'établir, au nom de l'Etat, des règles obligatoires, a, dans la sphère de la police, son champ d'activité le plus important. Ces règles sont principalement des ordres. Quand nous parlons simplement d'*ordonnance de police*, nous entendons encore un ordre de police dans la forme d'une règle de droit.

L'acte administratif contenant un ordre de police pour le cas individuel appartient — à raison de ce que nous venons de dire sur l'abstention de la loi — au pouvoir exécutif seul. Ce pourrait être une *décision* ou une *disposition* ; en fait, la disposition est prépondérante. Dès lors, quand on parle de *disposition de police* (Polizei-verfügung), on entend un acte administratif en matière de police. Ce peut être un ordre de police individuel, ou bien un acte qui refuse ou accorde une permission de police ; il sera parlé de ce dernier cas dans le paragraphe suivant.

Au point de vue des principes du *régime du droit*, il n'est pas indifférent de savoir en présence de laquelle de ces formes de l'ordre de police on se trouve. Le principe est que, autant que possible, tout doit être déterminé par une règle de droit — loi de police ou ordonnance de police (comp. t. I, § 5, III, n° 2). Le droit constitutionnel permet, sans doute, qu'une loi autorise des dispositions de police avec la plus grande latitude, en vue de déterminer librement, dans le cas individuel, le contenu du devoir de l'individu envers la police, et pour enjoindre d'y obéir. Mais une semblable renonciation de la règle de droit au profit de l'arbitraire de l'acte individuel n'est pas conforme au régime du droit (3). Cela a une importance pratique ; en effet, dans les domaines plus avancés, la législation s'y conforme pour les autorisations qu'elle donne ; et, dans tous les cas, la sphère réservée à la règle de droit doit être protégée vigoureusement contre l'invasion de l'ordre individuel.

1) Le fait qu'une autorité a reçu l'autorisation spéciale d'ordonner, pour le cas individuel, ce qui doit être fait au point de vue de la police, n'implique pas la délégation du pouvoir de faire des ordonnances ; car cela représente une force spéciale de la loi, comme nous l'avons dit (comp. t. I, § 7, n° 1 ci-dessus). Mais, réciproquement, lorsque l'autorité a été autorisée à faire des règlements de police, elle n'a pas, par cela même, le pouvoir de régler originairement ces mêmes choses dans la forme d'un ordre individuel. On ne peut pas ici conclure du plus au moins. L'ordonnance, en effet, n'est pas seulement un plus ; dans le sens du régime du droit et de la loi qui autorise, c'est aussi le meilleur (4).

(3) *Rosin*, Pol. Verord., p. 16, 18 : la disposition de police doit être, autant que possible, un « ordre concret », c'est-à-dire l'application au cas spécial de la règle abstraite formulée par une loi ; c'est ce qu'exige le régime du droit. Mais il nous semble que ce régime du droit est trop modeste si, comme le dit Rosin, il suffit qu'on puisse, en vertu de A. L. R. II, 17 § 10, disposer arbitrairement pour le cas concret. Il y a là une confusion : ce paragraphe suffit à la réserve constitutionnelle de la loi ; il ne donne pas satisfaction aux principes du régime du droit. Pour la réserve constitutionnelle de la loi, il aurait suffi d'une loi disant : les autorités pourront commander ce qu'elles voudront ; mais le régime du droit exige quelque chose de plus que l'observation des règles du droit constitutionnel. — La maxime que nous venons d'exposer a trouvé une bonne expression chez *Risch* dans *Dollmann*, Bayr. Ges. Gebung, III, p. 150 : il est impossible « que les autorités de police établissent, par leurs dispositions spéciales, des règles de conduite nouvelles »; l'acte individuel ne peut que réaliser l'obligation déterminée par la règle de la loi. C'est la véritable tendance du régime du droit.

(4) En ce sens le droit bavarois, d'après Pol. Sof. G. B. de 1861 : dans tous les cas où les autorités peuvent émettre des ordres nouveaux pour combler des lacunes, la forme de l'ordonnance est de rigueur. *Edel*, Comment. du Pol. Stf. G. B. p. 152, relève très bien la différence de valeur qui existe entre la règle de droit et la disposition indivi-

2) C'est pourquoi on ne saurait faire passer subrepticement l'ordre individuel en l'émettant sous la forme d'une ordonnance ; sans compter que ces formes — surtout la notification par la publication — n'y conviennent nullement, on n'aurait toujours que l'apparence extérieure d'une ordonnance ; or, en réalité, il n'y a pas ordonnance ; par son contenu même, cet acte montre qu'il ne s'agit pas d'exercer le pouvoir de faire des ordonnances ; la déclaration de volonté ne prétend pas à une force obligatoire générale ; elle n'a donc pas ce qui faisait exiger une ordonnance de police et non un ordre individuel. Vouloir quand même parler ici de règle de droit et de prescription de droit, c'est employer un mot vide de sens ; la loi ne s'y laissera pas tromper (5).

3) L'autorité ne peut pas non plus émettre une

duelle : « il serait, au contraire, excessivement regrettable, qu'un pareil article donnât à la police l'occasion d'entraîner, — par des dispositions spéciales qu'elle émettrait, dans les mêmes conditions, pour différentes personnes dans un sens différent — une inégalité du droit ». Comp. aussi ma Theorie d. Franz. V. R., p. 66. — Le droit prussien adopte encore le système d'après lequel, « en principe, l'autorité, quand elle a le droit de faire des ordonnances, est libre d'employer, au lieu de l'ordonnance, la disposition individuelle » : O. V. G. 14 mars 1886 (Samml. XIII, p. 395). Une prescription expresse de la loi peut naturellement exclure la disposition individuelle : *Rosin*, Pol. Verord. p. 155. Il faut cependant remarquer que, même en Prusse, il existe déjà, au moins chez les tribunaux administratifs inférieurs, une tendance à n'admettre, dans ces cas, que l'ordonnance : O. V. G., 9 juin 1877, 27 juin 1877, 9 juin 1884. C'est évidemment dans cette direction que se fera le développement ultérieur.

(5) Il semble que *Rosin*, Pol. Verord., p. 102, note 15, p. 155, propose d'éluder la loi de cette manière. Il suppose le cas où la loi a établi une prescription à laquelle elle ne permettrait d'apporter des exceptions que par des ordonnances de police : « Dans ce cas, si, par exception, il était nécessaire d'émettre un commandement ou une défense en opposition avec la prescription générale pour un cas individuel, la modification de la règle juridique légale ne pourrait s'effectuer, logiquement, que par une prescription juridique nouvelle, c'est-à-dire par la voie d'une ordonnance de police ». Il n'y a pas de « voie d'ordonnance de police » dans le sens dans lequel il y a une voie de la législation (comp. t. I, § 10, note 9 ci-dessus) ; la modification pour le cas individuel est tout simplement inadmissible tant que la loi elle-même n'est pas modifiée.

ordonnance dans laquelle elle se réserverait de faire savoir ce qui sera ordonné dans le cas individuel par des dispositions de police. Ce serait commander à l'avance d'obéir à ces dernières dispositions. Il y aurait là une véritable ordonnance, suivie d'une véritable disposition de police ; étant donné le but poursuivi par la loi, quand elle a voulu autoriser une ordonnance et non pas un ordre individuel, cela serait tourner directement la loi (6).

Dans tous ces cas, la disposition de police n'est pas couverte par le pouvoir qui a été délégué de faire des ordonnances ; par conséquent, si elle n'a pas un autre fondement justificatif, elle n'est pas valable.

II. — L'ordre de police naît par détermination de la volonté et par déclaration de la volonté.

1) Pour la formation de la volonté à exprimer dans l'ordre de police, nous trouvons toutes les limites et obligations qui, dans le système du régime du droit, entourent et règlent la volonté de l'Etat. Le fondement que donne le droit de la nature — à savoir l'idée d'un devoir général du sujet — n'a d'effet, en ce qui concerne la validité juridique de l'ordre, que par le moyen de ces formes.

Ainsi, l'ordre de police émis dans la forme de la loi est juridiquement *absolu et indépendant*. Que son point de départ soit le devoir général du sujet, cela

---

(6) Bl. f. adm. Pr., 1876, pp. 289 ss. : Des prescriptions de la police des incendies, d'après Pol. Stf. G. B. Bav., art. 2, chiff. 14, ne peuvent être faites que par ordonnance (règlement de police locale). Cela n'est pas commode pour l'autorité de police. En conséquence, à Munich, on a fait un règlement de police locale dans ce sens: « Les propriétaires des maisons auront à obéir, dans le délai fixé, à tous les ordres de police qui leur seront spécialement communiqués en vue de prévenir, dans ou sur leurs maisons, les dangers d'incendie ». La même rédaction pourrait s'appliquer à toute espèce de prescriptions de police locale ; on aboutirait alors justement à l'état de choses que le Pol. Stf. G. B. — ainsi que nous l'avons vu note 4 ci-dessus — a pris tant de soin à exclure.

n'a d'autre importance que de faire reconnaître qu'il s'agit vraiment d'un ordre de police et non pas d'une autre espèce d'ordre.

Tous les autres cas d'ordre de police trouvent leurs limites dans l'étendue de l'*autorisation* donnée. Ils ne sont admissibles que dans ces limites. Pour l'interprétation du contenu de l'autorisation, le fondement naturel du pouvoir de police fournit les moyens essentiels permettant d'arriver à bonne fin.

Pour l'ordonnance de police, il faut ajouter une autre limite : même dans la sphère de son autorisation, elle ne doit contredire aucune règle juridique d'un rang supérieur ; elle ne doit contredire ni la loi, à cause de la préférence de la loi, ni l'ordonnance émanant d'un organe du pouvoir exécutif occupant une place plus élevée dans la hiérarchie des autorités (7).

Pour l'ordre de police individuel, — la disposition de police, — il faut distinguer :

En tant qu'acte administratif, la disposition de police est soumise à toutes les règles juridiques qui peuvent exister pour son objet, non seulement les règles posées par la loi, non seulement les ordonnances d'un degré supérieur, mais aussi les ordonnances mêmes émanées de l'autorité qui dispose et celles d'un degré inférieur (8).

---

(7) Sur cet ordre de rang : Bayr. Pol. Stf. G. B., art. 10 ; Bad. Pol. Stf. G. B., § 24 ; Württemb. Pol. Stf. G. B., art. 54 ; Pruss. Loi du 11 mars 1850, § 15. Si l'ordonnance est en contradiction avec une instruction de service émanée de l'autorité supérieure, cela n'affecte pas sa validité juridique vis-à-vis des sujets. D'après *Lœning*, V. R., p. 236, note 3, il y aurait exception dans le Württemberg. Mais c'est une erreur de la part de *Schicker*, Pol. Stf. R. u. Pol. Stf. Verf., I, p. 67, note 3 ; cela résulte encore plus clairement de ses explications dans Borchers Ztschft, XIX, pp. 279, 318. *Schicker* parle non pas d'instruction, mais d'une disposition de police individuelle de l'autorité supérieure ; cette disposition serait, d'après lui, obligatoire pour l'autorité subordonnée. Ainsi, il s'agit plutôt d'une exagération du principe de la préférence de l'acte extérieur que l'autorité supérieure aurait accompli. Ceci encore est faux ; comp. la note suivante.

(8) Comp. § 7, notes 10 et 11 ci-dessus. *Rosin*, Pol. Verord., pp. 101.

Elle est aussi liée par les actes administratifs qui auraient été déjà émis pour son objet, à moins qu'elle tende elle-même à modifier ou à annuler ces actes en vertu de la compétence qui lui est donnée (comp. t. I, § 8, II, n° 2 ci-dessus). Dans tous ces rapports, le droit de la nature servira à l'interprétation de ce qu'a pu vouloir faire l'acte qui lie la disposition, mais il ne guide pas directement la disposition de police; il suffit à celle-ci de se tenir à l'acte qu'elle applique, adapte, exécute.

Mais la disposition de police peut aussi être appelée à déterminer, selon sa propre appréciation, ce que le sujet doit faire, et à lui donner l'ordre qui en est la conséquence. Cela peut avoir lieu pour compléter une règle juridique déterminant le cas d'une manière incomplète. Mais cela apparaît encore plus distinctement, lorsque la loi — faisant ce qu'elle ne devrait pas faire dans le régime du droit — abandonne à l'autorité l'émission discrétionnaire d'ordres de police pour une certaine sphère.

L'autorité ne peut pas alors faire ce qu'elle veut; son devoir de fonctionnaire l'oblige à choisir ce qui répond le mieux à l'intérêt de l'Etat et de la chose publique; avant tout, elle est liée par ce qui résulte, pour le contenu, l'étendue et la direction de son ordre, du droit de la nature formant la base du pouvoir de

102. O. V. G., 29 octobre 1883 : L'autorité de police fait défense à une fabrique de laine artificielle d'emmagasiner dans ses greniers plus de 20 quintaux de déchets. Puis, elle émet une ordonnance de police qui défend d'emmagasiner seulement une quantité supérieure à 50 quintaux. Le tribunal déclare cette dernière prescription applicable également à la fabrique susmentionnée : « car le juge administratif ne peut pas maintenir un ordre de police qui viole le droit qu'il aura à appliquer, c'est-à-dire le droit existant à l'époque où il statue ». L'instance supérieure est liée par ces règles de droit aussi bien que l'instance inférieure : O. V. G., 30 novembre 1882 (Samml., IX, p. 340) : « il n'existe pas, pour l'autorité supérieure, en ce qui concerne les ordonnances relatives à la police des constructions, un droit de dispense général et sous-entendu ».

police. L'ordre ne doit réaliser que ce qui, d'après cela, *est* déjà le devoir du sujet. Ainsi l'ordre de police, même dans sa disposition, présente encore une certaine affinité avec la décision (Cpr. t. I, § 8, II n. 3 ci-dessus). Toutefois, il faut se rendre compte de la différence. La décision est une notion appartenant tout à fait au formalisme du régime du droit : un rapport est, par règle juridique ou par acte administratif, déjà déterminé juridiquement ; il s'agit maintenant simplement de prononcer et de constater comment la détermination a eu lieu. La décision inexacte est donc toujours contraire au droit. Le devoir du sujet, d'après le droit de la nature, ne donne pas la détermination formelle du rapport ; les actes du pouvoir public ont pour objet de lui donner justement cette détermination. Dès lors, on reste nécessairement ici plus ou moins dans la sphère de la libre appréciation : il y a possibilité d'opinions divergentes ; tant qu'il reste dans ces possibilités, l'ordre de police conserve son fondement juridique. On ne peut pas le déclarer contraire au droit par le seul motif qu'on estime qu'on aurait dû exiger autre chose ou rien du tout ou pas autant. C'est l'opposé de ce qu'il faut dire pour une véritable décision. Il y a, cependant, un point où cette latitude cesse, et où l'on pourra dire : cela dépasse le devoir qui incombe au sujet. Alors, cela ne doit pas être. Mais une semblable disposition de police est contraire au droit et nulle, parce que, d'après l'interprétation de l'autorisation générale de la loi, telle qu'elle doit être faite selon le devoir du droit de la nature, elle n'est comprise ni prévue dans celle-ci (9).

(9) Le droit prussien a donné, dans ses actions en nullité pour défaut des conditions matérielles, un moyen excellent de provoquer un contrôle de cette limite juridique ; comp. t. I, § 14, notes 27 et 28 ci-dessus.

L'ordre individuel discrétionnaire a donc les mêmes limites juridiques que l'ordonnance de police.

2) L'ordre de police n'est parfait que quand la détermination de volonté définitive est déclarée, par la notification, à celui à qui l'ordre s'adresse.

Cette notification se fera de différentes manières, selon que l'ordre de police à notifier est une règle de droit ou un acte administratif.

La règle de droit adresse son ordre à tous ceux que la chose concerne, au public ou, du moins, à ceux qui, n'étant pas désignés individuellement, présentent cependant les conditions visées. La forme de la notification est, par conséquent, celle de la déclaration de volonté vis-à-vis de tout le monde, la *publication*.

Pour cela, il n'est pas nécessaire — cela va sans dire — que la déclaration de volonté soit mise sous les yeux de chaque individu ; ni même qu'elle soit placée si près de chaque individu qu'il puisse ou doive la voir. La publication ne tend jamais qu'à faire de la connaissance de la déclaration une espèce de bien commun social ; quant à la manière dont chaque individu en reçoit sa part effective, cela est indifférent pour la force juridique de la déclaration.

La forme *naturelle* de la publication repose donc toujours sur certaines institutions sociales propres à porter la chose à la connaissance du public, la publicité. La forme se détermine par l'état social, par les mœurs ; quand on a procédé conformément à l'état social, la notification est valable et efficace, qu'elle soit ou non parvenue à chaque individu. Ainsi, nous rencontrons comme formes de publications suffisantes : la lecture dans les églises, la communication à des assemblées spécialement convoquées, l'affichage dans des lieux publics, la publication dans les rues au son du tambour, la communication par la presse, etc. Dans le droit actuel, on a partout substitué à ces manières naturelles de publication, pour les lois d'abord et ensuite pour les ordonnances, des modes *formels* de publication. On désigne des feuilles officielles, des bulletins des lois, etc. La règle de droit qui a paru imprimée dans ces feuilles est considérée comme dûment publiée, que la feuille soit, par le nombre de ses lecteurs et par les habitudes du peuple, susceptible ou non de porter l'ordre à la connaissance du public. C'est à cause de la prescription qui déclare cette publication valable que les sujets sont forcés de s'intéresser à la feuille.

Cette prescription d'un mode formel de publication peut émaner de la loi elle-même ; elle peut aussi être déléguée aux autorités. Elle constitue, en elle-même, une règle de droit spéciale avec force obligatoire. L'autorisation de l'émettre n'est pas sous entendue dans le pouvoir de faire des ordonnances.

En effet, c'est bien un pouvoir qui est exercé ainsi sur les sujets, en vue de préparer l'exercice futur d'un pouvoir, mais ce n'est pas encore le pouvoir de police. Dès lors, quand la loi ne prescrit rien à cet égard, les règlements de police doivent être notifiés dans les formes naturelles de publication « de la manière usitée. » (10).

L'ordre de police individuel doit être notifié au sujet auquel il s'adresse. Cela se fait par une déclaration personnelle, l'*intimation* de l'ordre.

L'intérêt de cet individu exige la communication par écrit, afin qu'il ait le contenu de l'acte ; l'intérêt de l'autorité n'est autre que d'avoir une preuve suffisante de la communication faite. Il est, sans doute, conforme à l'esprit du régime du droit, qu'il y ait

---

(10) *Rosin*, Pol. Verord., pp. 254 ss.; *Seydel*, Bayr. Staatsrecht, III, pp. 602 ss. ; Bav. Pol. Stf. G. B., art. 11 ; Württemb. Pol. Stf. G. B., art. 55 et Min. Verf. du 9 janvier 1872 ; Bad. Pol. Stf. G. B., art. 27, et Min. Verord, 15 septembre 1864.

communication par écrit ; il faut que le sujet puisse examiner ce à quoi il est tenu, afin de recourir, au besoin, aux moyens de droit ; le modèle de la justice qui fait des communications toujours par écrit, doit être suivi sur ce point comme partout. Ce n'est que dans les cas de nécessité, au cas du péril urgent, que l'ordre verbal est admissible (11).

A défaut de prescriptions spéciales, la notification individuelle pourra être faite valablement dans les mêmes formes que les déclarations expresses dans les actes juridiques du droit civil ; la forme de la déclaration tacite ne convient pas à un acte d'autorité (12). En particulier, la signification dans les formes de la C. Pr. O. sera suffisante, quand elle contient, en même temps, les éléments d'une communication qui serait aussi de droit naturel. Des règles particulières, telles que le dépôt au greffe du tribunal ou au bureau de poste (C. Pr. O. S. 182), ne sont pas applicables par elles-mêmes ; à plus forte raison, en est-il ainsi de la signification exceptionnelle par notification publique (C. Pr. O. S. 203, 204) (13).

(11) La forme préférée de la « communication en procès-verbal » (Eroffnung zu Protocoll) ne répond pas à ces exigences ; elle caractérise plutôt le bureaucratisme du régime de la police.

(12) Ne sont pas des formes spéciales de notification d'un ordre de police : le fameux tableau d'avis et ses analogues, le fossé, le poteau, qui interdisent la rue, l'image du sabot d'enrayage (Bayr. oberpolizeil. Vorschrift du 4 janvier 1872, § 4 et § 7). L'ordre ou l'interdiction, qui sont derrière ces signes, ont été notifiés de leur côté de la manière prescrite ; ces signes ne font que les rappeler et avertir ; ou bien ils constituent une condition pour rendre applicables ces mesures, en faisant connaître les localités qu'elles concernent. Il ne s'agit donc pas d'une notification « symbolique » de l'ordre, ni d'une notification à des personnes incertaines (*Laband*, Staatsrecht, édit. all., I, p. 695 ; édit. française, II, p. 543 ; *v. Sarwey*. Allg. V. R., p. 29) ; ce n'est pas une notification, surtout au sens de celle dont nous parlons.

(13) *Laband*, Staatsrecht, édit all., I, p. 696 ; édit. française, II, p. 544, paraît trop facilement généraliser ces règles particulières du Code de procédure. On pourrait, tout au plus, songer à la publication de dispositions de police dans le cas où elles s'adressent identiquement à un groupe de personnes. Nous en trouverions un exemple dans les prescriptions qui, d'après Stf. G. B., § 361, chiff. 6, peuvent être

Quand la loi a prescrit une forme, l'observation de cette forme est une condition de la validité (14).

III. — L'*effet* de l'ordre de police dûment notifié consiste dans une obligation d'obéir conformément au contenu de l'ordre, c'est-à-dire dans une obligation exécutoire de se conduire de la manière exigée par l'ordre.

1) Cet effet ne doit se produire qu'à la condition que l'ordre soit *juridiquement valable*. Mais la question de savoir si cette condition est remplie et si l'ordre doit produire son effet juridique, se résout tout autrement que dans les déclarations de volonté du droit civil.

Tout dépend de la question de savoir si celui qui émet l'ordre est ou non investi du pouvoir de donner des ordres de police de cette espèce, et si l'ordre, d'après sa forme et son contenu, peut être considéré comme l'exercice de ce pouvoir. En d'autres termes, selon la formule usitée, l'ordre doit encore être compris dans la *compétence générale* de celui qui le donne.

Si cette condition fait défaut, l'ordre de police n'a pas plus d'effet que l'acte juridique du droit civil par lequel on dispose de droits qu'on n'a pas ; il ne peut produire que des effets apparents et des responsabi-

---

faites aux filles soumises : ce ne sont pas des règles de droit, ce ne sont pas des ordonnances, ce sont des actes administratifs ; mais comme il n'y a pas ici de rapport de sujétion spécial, on ne peut pas procéder par des dispositions administratives générales ; on a donc jugé que la notification individuelle est indispensable : O. V. G., 10 novembre 1877 ; O. Tr., 21 février 1877. La loi contre les socialistes du 21 octobre 1878, § 28, avait admis que l'ordre d'expulsion pouvait valablement être notifié aux expulsés par la publication (R. G., 19 octobre 1880 ; Samml. Stf. S., II, p. 348) : mais c'était là une mesure bien exorbitante.

(14) R. G., 8 octobre 1885, prétend que c'est seulement pour la loi de l'Empire que la présomption est que les formes prescrites par elle ne doivent pas avoir une valeur purement instructionnelle (reglementarische Ordnungsvorschrift) ; il faut dire cela de toutes les lois sans exception ; comp. t. I, § 7, III, n. 2 ci-dessus.

lités qui ne sont pas voulues. Si, au contraire, cette condition est remplie, l'ordre de police — à la différence de l'acte juridique du droit civil — est présumé valable. Il est à considérer comme valable et produit son effet juridique aussi longtemps que cette présomption n'est pas détruite dans la forme légale. C'est ainsi, du moins, que la chose se présente extérieurement. En réalité, il ne s'agit pas d'une présomption proprement dite. Pour être exact, il faut dire : l'ordre est, en lui-même, juridiquement obligatoire ; il doit être maintenu et exécuté d'autorité, tant qu'il n'en est pas décidé autrement en vertu *d'une compétence légale de contrôler sa validité* (15).

L'ordre de police ne fait qu'appliquer un principe de droit public qui s'applique dans une étendue beaucoup plus large (comp. t. I, § 8, note 7 ci-dessus) : tout acte de la puissance publique, dès qu'il se propose de produire un effet juridique extérieur, renferme, en même temps, la *constatation et l'attestation de sa validité*. La déclaration de volonté du droit civil n'a pas ce pouvoir. La volonté de l'autorité dans le régime de la police n'en a pas besoin. Mais dès que la déclaration de la volonté de l'Etat est, pour sa validité, soumise à des conditions, elle n'apparaît qu'avec la constatation que ces conditions sont remplies ; la notification de la déclaration de volonté contient elle-même cette attestation. Plus simplement,

---

(15) *Laband*, Staatsrecht, éd. all., I, p 695, note 1 ; édit. franç., II, p. 542, note 1. En ce qui concerne les ordonnances, *Laband* veut distinguer entre les conditions formelles qui échappent à tout contrôle, et les conditions matérielles — y compris spécialement la question du fondement légal suffisant — qui devraient toujours être contrôlées (Staatsrecht, 1, p. 609 ; édit. fr., II, p. 408). *Jellinek*, Ges. u. Verord, p. 394, note 43, s'y oppose avec raison. Pour l'ordonnance aussi, il ne peut s'agir d'abord que de la question de savoir « si l'autorité, en général, a le pouvoir de faire de pareilles ordonnances ». Dans l'affirmative, tout dépend de la question de savoir s'il y a des compétences organisées pour procéder à un contrôle plus exact de la validité. A cet égard, il n'y a rien de « nécessaire ».

l'autorité n'exprimerait pas la volonté, si elle ne la considérait pas comme conforme au droit ; donc, par la notification, elle affirme sa validité ; cette affirmation n'est pas une opinion privée ; elle est elle-même un acte d'autorité et, comme telle, obligatoire et décisive (16).

La compétence de contrôler peut comprendre l'acte entier ; elle amène alors, s'il y a lieu, son annulation (comp. t. I, § 12, n. ci-dessus). Elle peut aussi ne concerner qu'un certain effet, sur lequel l'autorité de contrôle doit décider ; cet effet, dans le cas où l'acte est considéré comme nul, lui sera refusé. Comme exemple principal, nous avons le refus de l'effet pénal par le tribunal de simple police (comp. t. I, § 16, III ci-dessus et § 22, III ci-dessous).

En attendant qu'un droit de contrôle de cette espèce ait exercé son influence, l'attestation de la validité subsiste pour l'ordre de police ; elle produit son effet juridique même pour l'ordre de police nul.

2) La force de l'obligation d'obéir produite par l'ordre de police se manifeste dans les conséquences juridiques qu'entraîne la désobéissance. Ces consé-

---

(16) Cette institution de l'attestation de la validité de l'acte d'autorité a été surtout exposée à l'occasion de la doctrine de la loi. Celui qui, d'après la Constitution, doit publier la loi, est, en même temps, appelé à attester l'existence des conditions de sa validité ; il le fait tacitement par la publication à laquelle il procède. C'est là l'importance juridique de la promulgation, expédition ou quelqu'autre nom que l'on veuille lui donner ; *Laband*, Staatsrecht, édit. allem., I, pp. 522 ss. (édit. fr., II, pp. 277 ss.) ; édit. all., I, pp. 549 ss. (édit. fr., II, pp. 321 ss.). Mais le même pouvoir et la même intention existent dans la notification de l'ordonnance ; c'est par une restriction arbitraire que *Laband, loc. cit.*, éd. all., p. 609 (éd. fr., p. 408) veut qu'il ne s'agisse que « d'attester la régularité de la procédure formelle ». Celui qui émet l'ordonnance dit simplement : ceci est une ordonnance valable, sans distinguer. Les particularités qu'il relève dans la disposition (éd. all., *loc. cit.*. I, p. 695, note 1 ; éd. fr., II. p. 542, note 1) dépendent de la même institution ; c'est là un point qui paraît lui avoir complètement échappé.

quences sont : d'un côté, la contrainte de police, à l'effet de vaincre la désobéissance et de rétablir l'état de choses conforme à l'ordre; d'un autre côté, les peines de police infligeant au récalcitrant un mal parce qu'il a négligé d'obéir.

L'obligation de suivre une certaine conduite, dont la violation n'entraîne pas ces conséquences juridiques, et qui ne produit donc pas une obligation d'obéir effective, n'est pas un ordre ; ce n'en est que l'apparence (17).

Il y a deux sortes de *faux ordres* qu'il faut écarter.

Tout d'abord, nous trouvons la sommation adressée par l'autorité à un individu de faire quelque chose, mais qui ne doit entraîner aucune contrainte, aucun désavantage pour le cas d'inobservation, la simple *invitation*. On s'attend à ce que celui à qui l'invitation est adressée, de bonne grâce, par vertu civique, voudra bien rendre service à l'autorité. De fait, dans beaucoup de cas, cela peut suffire ; la loi pouvait donc, pour des questions de minime importance, laisser à l'autorité le soin de s'entendre avec les individus, au lieu de l'autoriser à imposer des obligations exécutoires. Ou bien l'autorité commence, d'elle-même, par faire un essai dans cette voie amiable, avant de regarder si elle possède et si elle doit employer des moyens plus énergiques pour atteindre le but (19).

(17) *Seydel*, Bayr. Staatsrecht, III, p. 613 : « Il n'y a d'ordre véritable que celui derrière lequel est la contrainte ». La contrainte, dans ce sens plus général, n'est pas nécessairement une peine de police. Il est donc inexact de considérer comme synonymes la loi de police et la loi pénale de police, l'ordonnance de police et l'ordonnance pénale de police, et de considérer spécialement le caractère comminatoire comme essentiel à la notion de l'ordonnance de police : *G. Meyer*, Staatsrecht, § 160 ; *Rosin*, Pol. Verord., p. 55 ; le même dans Wörterbuch, II, p. 279. Voy. *Risch* dans Dollmann, Bayr. Ges. Gebung, III, III, p. 147.

(18) *Risch*, dans Dollmann, Bayr. Ges. Gebung, III, III, p. 162.

(19) Comme exemples principaux, il faut citer les recherches faites

D'autre part, il peut arriver qu'une *sommation officielle* de faire ou de ne pas faire est lancée, alors qu'il existe déjà une obligation d'obéir que l'on est en train de violer.

Dans ce cas, il y a non pas un ordre, mais un avertissement. Celui-ci a pour effet d'appeler l'attention de l'individu sur la situation défavorable dans laquelle il se trouve et sur ses conséquences. Il s'attache de la même manière à tout état contraire à la police, qui entraîne des conséquences juridiques fâcheuses, peine de police ou contrainte directe. Selon les circonstances, cet avertissement acquiert une importance juridique, la loi n'admettant la réalisation des conséquences désavantageuses — savoir la contrainte ou la condamnation — qu'à la condition qu'il y ait eu un avertissement sans résultat. Cet avertissement n'a pas besoin d'un fondement légal ; il n'a, en lui, rien d'un acte juridique ; c'est un simple fait ; ce n'est pas un acte administratif ; il n'a pas besoin d'émaner d'une autorité ayant le pouvoir d'ordonner ; il n'y

par la police, les demandes de renseignements, ou même l'invitation à comparaître en personne dans les bureaux pour donner des renseignements. De ces rapports, R. G., 3o septembre 188o, a, dans un cas concernant l'Alsace-Lorraine, fait une application assez singulière. Un avocat avait, à l'occasion d'une cause qu'il avait plaidée, écrit dans le journal : qu'on n'aille plus dans les bureaux de la police, sur les réquisitions qu'elle adresse à l'effet de fournir des renseignements ; on n'y serait pas obligé. Le Tribunal de l'Empire y voit une excitation à la désobéissance, punissable selon Stf G. B., § 110. Les autorités de police, dit-il, ont le pouvoir d'entendre, sur des affaires intéressant la police, des personnes susceptibles de donner des renseignements ; il faut donc qu'elles puissent les convoquer dans leurs bureaux ; celles-ci sont donc obligées de comparaître. C'est tout simplement l'argumentation du régime de la police, qui n'existe plus depuis longtemps en Alsace-Lorraine. Le Tribunal de l'Empire ne se dissimule pas que cette obligation n'est nullement exécutoire, que spécialement le « pouvoir d'amener » (zu sistiren) ne doit pas être admis ; une condamnation pour non-comparution est également impossible. Mais cela ne l'empêche pas de déclarer comme constant qu'il y a, au moins, « une obligation de droit public ». Nous craignons fort que, dans l'esprit du Tribunal de l'Empire, l'obligation de droit public des sujets soit une obligation plutôt morale et qui forme tout le contraire d'une véritable et solide obligation juridique.

a pas besoin d'autorité du tout : les agents subordonnés, agents d'exécution ou auxiliaires, sont surtout compétents, pour donner ces avertissements. Il n'y a pas à appliquer les formes de la notification de l'ordre de police. Des signes quelconques lui servent d'expression, sans formes (20).

3) L'ordre de police ne crée de rapport juridique qu'entre l'Etat et le sujet auquel s'adresse l'obligation d'obéir. Cela a son effet indirect sur les rapports entre ce dernier et les autres sujets, en ce que les autres en profitent ou que des obligations civiles existantes vis-à-vis d'eux ne peuvent pas être remplies. Mais cela reste, à cet égard, un pur fait, à moins que la loi n'y attache des effets juridiques pour ce rapport aussi (Comp. t. I, § 11, IV, n° 4 ci-dessus), et ces effets se placent en dehors de l'ordre d'idées dont nous traitons ici.

IV. — L'ordre de police émis peut *prendre fin*, c'est-à-dire cesser de produire son effet, de différentes manières. Il faut faire des distinctions :

1) L'ordre peut être *retiré* ou *annulé*. Les ordres de

---

(20) Pour des exemples, voyez note 12 ci-dessus. La notion de l'ordre, en tant qu'acte d'autorité produisant un rapport de droit public, n'a acquis tout son caractère que dans le système du régime du droit. Dans l'ancien régime, il n'y avait aucun intérêt à distinguer d'une manière plus exacte : l'ordre, c'est toute sommation faite par un homme au service du roi, et dont l'inobservation a pour conséquence des mesures de force. Les gendarmes, agents de police, sentinelles, gardes forestiers, employés de la douane et des contributions indirectes, tous ces individus émettent des « ordres » dans ce sens. Aujourd'hui, ce sont de simples menaces, admonitions, etc.; c'est l'autorité seule qui peut donner des ordres. Mais l'ancienne manière de voir perce toujours encore de temps en temps. Nous voyons dans C. C. H., 12 février 1870 (J. M. Bl., p. 102) la sommation faite par l'agent de police de cesser une conduite contraire aux règlements, traitée de « commandement » et de « disposition de police ». Il nous semble aussi que l'exemple d'un « ordre verbal », cité par *Laband*, Staatsrecht, éd. all., I, p. 695 (éd. franç., II, p. 542), donné par un agent de police à un propriétaire de maison pour qu'il fasse nettoyer son trottoir, n'est pas un ordre. C'est un avertissement, une menace de dresser procès-verbal. Que l'ancien sous-officier parle sur le ton du commandement, cela n'a pas d'importance juridique.

tout genre peuvent être retirés dans la forme dans
laquelle ils ont été émis. L'annulation par la volonté
d'Etat supérieure ne s'applique qu'aux ordonnances
de police et aux dispositions de police ; elle ne s'applique pas aux lois de police. Elle peut se faire *impli-
citement* par une disposition émanant du degré supérieur et avec laquelle cet ordre est incompatible : la
loi annule les ordonnances qui lui sont contraires ;
l'ordonnance supérieure annule l'inférieure en tant
que celle-ci lui est contraire ; de même, la disposition de police supérieure annule l'inférieure. Mais
l'annulation peut aussi se faire *directement*. Il y a,
pour cela, tant en ce qui concerne l'ordonnance qu'en
ce qui concerne la disposition de police, des compétences organisées qui ne coïncident pas nécessairement avec les compétences pour l'émission des ordres
de police propres et supérieurs, ordonnances ou dispositions ; des autorités surveillantes, des tribunaux
administratifs sont constitués avec le pouvoir d'annuler, sans avoir eux-mêmes le pouvoir d'ordonner.

Il faut alors distinguer si l'annulation n'est faite que
parce que l'autorité qui annule voulait autrement —
dès lors, plutôt à la manière d'une annulation impli-
cite, — ou si elle a lieu parce que l'ordonnance ou la
disposition est considérée comme nulle. Dans l'un et
l'autre cas, l'ordre n'existe plus pour l'avenir. Mais,
dans le dernier cas, son effet juridique est également
nié pour le passé Dans le premier cas aussi, en même
temps que l'ordre, les effets et conséquences qu'il
avait déjà produits, peuvent être redressés, selon la
volonté de celui qui annule. Dans le second cas, ils
sont redressés de plein droit ; de plus, il peut être
question de dommages-intérêts et de responsabilités
pour ce qui s'est passé (21).

(21) *Rosin*, Pol. Verord., pp. 3oo ss., estime que, dans le cas où l'or-

2) La *disparition de l'objet* est une manière de prendre fin, qui est propre à la disposition de police. La loi de police et l'ordonnance de police déterminent leur objet au moyen d'une notion générale qui ne disparaît pas ; ce sont seulement les cas d'application qui varient. La disposition de police, au contraire, a son cas spécial auquel elle s'attache ; ce cas terminé, elle prend fin.

Selon les circonstances, le cas se terminera immédiatement par l'obéissance, lorsqu'il ne s'agit que du commandement d'une action unique. En règle générale, les commandements comme les défenses, tendent à constituer et à maintenir un état durable ; ils conservent leur effet aussi longtemps que cet état peut encore être troublé. Mais toutes les dispositions rattachent leurs ordres à un certain côté des rapports de l'existence d'une certaine personne. L'objet est-il une chose appartenant comme une *qualité personnelle* à celui auquel l'ordre est donné, alors l'ordre individuel finit, au plus tard, avec la mort de la personne. Mais l'objet peut également être *un rapport pouvant se détacher de cette existence*, une possession, une entreprise, une industrie ; dans ce cas, l'ordre de police finit quand ce rapport est détaché de cette personne.

De quelque manière que la séparation se fasse — la possession peut être simplement détruite, l'industrie abandonnée — l'ordre qui s'y était attaché disparaît. Si, plus tard, la même personne reconstruit la maison, recommence l'industrie, l'ancien ordre n'atteindra pas la nouvelle entreprise. Il faut émettre, s'il y a lieu, un ordre nouveau ayant le même contenu.

donnance n'est pas valable, on ne peut pas dire qu'elle soit « mise hors de vigueur » (ausser Kraft gesetz) ; car ce qui juridiquement n'est pas entré en vigueur « ne peut pas être mis hors de vigueur ». Mais le fait est que l'ordonnance nulle entre cependant en vigueur. Ce n'est pas une pure « apparence », comme *Rosin* le dit ; c'est une réalité très sérieuse.

Le rapport séparable peut aussi être transmis à d'autres individus ; l'ordre s'éteint également et ne se transfère pas au successeur. L'acheteur de la maison, le successeur dans le commerce ne succèdent pas aux obligations d'obéir imposées à leur auteur à raison de cette possession ; ces obligations sont de nature purement personnelle. Même si les nouveaux chefs du commerce ou propriétaires de la maison sont des héritiers de ceux qui avaient reçu l'ordre, il n'en sera pas autrement (22). A vrai dire, l'ordre de police contenu dans une règle de droit ne passe pas non plus de celui qui avait été originairement obligé à ses héritiers et ayants cause : il naît, chaque fois, à nouveau, chez celui qui présente les conditions voulues.

(22) O. V. G., 19 mai 1877 (Samml., II, p. 358) semble admettre une transmission de l'obligation d'obéir au successeur de l'entreprise que l'ordre visait, au cas de mauvaise foi au jour de l'acquisition. C'est une manière de voir qui sent fort le droit civil. Il y aura une exception au cas de permission de police ; comp. la note 24 du paragraphe suivant.

§ 21

La permission de police

La règle de droit ne peut pas être violée par la disposition de police ; celle-ci ne peut pas permettre ce que cette règle défend, ni défendre ce qu'elle permet.

Mais la loi et l'ordonnance peuvent, en établissant l'ordre de police, permettre à la disposition de police d'y apporter, pour le cas individuel, une exception. C'est ce que nous appelons la *défense de police avec réserve de permission* (1).

Il ne faut pas oublier qu'une défense de police de cette nature tire, de sa connexité avec la permission prévue, un caractère juridique spécial.

(1) Au lieu du mot « permission » (*Erlaubniss*), on se sert souvent, dans le même sens, des expressions « autorisation » (*Ermächtgung*), consentement (*Genehmigung, Zustimmung, Konsens*) ; surtout on parle, en matière de police des constructions, d'un *Baukonsens*. Le mot « approbation » signifie la constatation d'autorité que quelqu'un présente les qualités personnelles requises pour exercer certaines professions. Quand cette activité, en l'absence de ces qualités, est frappée d'une défense de police, l' « approbation » peut désigner, en même temps, la permission de police. Mais l'approbation peut n'accorder que le pouvoir de prendre, dans l'exercice d'une profession, un certain titre ou la faculté d'être chargé de missions officielles (médecin). Cela sort alors de la sphère de notre institution juridique. Comp. *G. Meyer*, V. R., I, p. 394. Dans certains cas, la permission de police revêt des noms spéciaux : on parle de *Hengst-Körung, Sierkörung*, ce qui désigne une permission de police pour le propriétaire d'un étalon ou d'un taureau (*G. Meyer*, V. R., I. p. 336, 337). Une permission de police qui volontairement ne prend pas ce nom, se rencontre dans la police des mœurs (Wörterbuch, II, p. 456). Ces diverses sortes d'expressions sont, pour la plupart, innocentes. Il faut, au contraire, regretter vivement que l'on ait emprunté à une époque où l'on n'avait pas encore de motifs pour distin-

La défense de police avec réserve de permission vise des manifestations de la vie individuelle qui ne sont pas considérées absolument comme troublant le bon ordre de la chose publique, mais qui peuvent présenter un trouble selon la personne dont elles émanent, selon la manière dont l'entreprise est installée, aménagée et dirigée. Il y a donc, au début même de cette activité, un examen : cette atteinte ne doit pas commencer à se manifester avant que cet examen ait été bien fait, avant qu'il ait abouti à une réponse favorable et que cela ait été constaté par un acte d'autorité. Cette constatation est contenue dans la permission qui écarte la défense. Il s'agit, en tout ceci, d'appliquer la forme de la défense à une de ces mesures de surveillance contre les troubles possibles (comp. *supra*, § 19, II, n. 2). La défense frappe aussi des choses qui, en elles-mêmes, n'ont réellement rien de contraire à la police ; la situation créée malgré la défense n'est soumise à ses effets qu'à raison de son origine juridiquement défectueuse (2).

guer exactement les institutions juridiques, le mot « *Konzession* » comme synonyme de permission de police et qu'on s'en serve presque généralement en ce sens. La concession (*Verleikung*) en effet, est une institution juridique déterminée et bien délimitée, ayant une tout autre nature que la permission de police ; *Rehm*, Rechtliche Natur der Gewerbekonzession, p. 80.

(2) Cela aura de l'importance pour la prescription de la contravention de police qui pourra être commise, et pour la révocation de la permission (comp. III, ci-dessous). Enfin, il en est de même en cas de changement de législation, soumettant des entreprises libres jusqu'alors à la réserve de la permission : dans cette hypothèse, les entreprises déjà existantes, et qui, par suite, avaient été mises en œuvre correctement, ne sont pas frappées par la défense. La question a été discutée à l'occasion des nouvelles permissions imposées par la Gewerbe-Ordnung. Les individus autorisés à l'exercice d'une industrie, au sens de la Gew. O., § 1, al. 2, sont uniquement les personnes qui, à un moment donné, exerçaient légitimement une industrie, et non pas, comme le prétend *Rehm*, Rechtl.-Natur, p. 51, note 2, celles qui, à ce moment, auraient eu la possibilité juridique de concurrencer cette industrie, par suite, pour les industries libres, tous les Allemands vivants à cette époque. En ce sens : *Seydel*, Gew. Pol. R., p. 25 ; *Landmann*, Gew. O., p. 21 ; O. V. C., 1ᵉʳ mai 1882 ; V. G. H., 9 mai 1882.

L'institution se développe comme suit.

I. — La défense avec réserve de permission est une règle de droit ayant deux parties distinctes. L'une, la défense, dit toujours la même chose : telle entreprise ne doit pas être exercée. La réserve de permission, au contraire, peut revêtir des formules très différentes selon la latitude plus ou moins grande accordée à la volonté de l'autorité : cela varie depuis l'appréciation complètement libre jusqu'à la simple application au cas individuel de la règle qui détermine la permission (3). La permission nécessaire elle-même ne se confond pas avec une simple reconnaissance de la liberté : avant l'exercice de la liberté, une formalité doit être remplie ; il faut avoir obtenu la permission, afin qu'il soit constaté que vraiment l'on est dans le cas de la liberté.

1) La défense avec réserve de permission prend naissance dans la loi ou dans l'ordonnance. Pour l'ordonnance seule peut se poser la question de savoir si, juridiquement, on peut se servir de cette forme. Les limites de cette faculté sont peut-être tracées expressément par la loi qui la prévoit ; en tout cas, elles doivent être considérées comme y étant comprises tacitement : le fondement que le pouvoir de police trouve dans le droit de la nature, nous donne aussi, quant à cette mesure d'un caractère spécial, les règles permettant d'interpréter la volonté de la loi d'autorisation.

Il s'agit, dans cette espèce de défense, d'une mesure de surveillance. Il ne s'agit donc pas d'un fait contraire à la police; cela suppose la possibilité d'un fait pareil, le danger d'un trouble pouvant exister

---

(3) Une collection des différentes manières de déterminer la permission qui *doit* être accordée, *peut* être accordée, ne *doit pas* être accordée, etc., se trouve dans la Gew. Ord., § 55 ss., relativement au colportage.

dans une entreprise semblable. Quant à savoir ce qui, à cet égard, est suspect, il est impossible de le dire exactement. De quel genre de manifestations de la vie, des troubles ne peuvent-ils pas prendre naissance ! Il n'y a qu'une différence de degré. Mais, d'un autre côté, la défense avec réserve de permisssion est l'atteinte à la liberté la plus forte qui puisse être portée dans le seul intérêt de la surveillance ; et plus la faculté d'écarter la défense, plus la permission est laissée à la libre appréciation, et plus cette atteinte est grave. Dans ces divers cas, la condition de la *proportionnalité*, inhérente à toutes les manifestations du pouvoir de police, doit produire son effet. Un certain degré de danger, proportionné à la gravité de la mesure, est supposé tacitement par la loi d'autorisation. C'est à l'autorité qui fait l'ordonnance à le peser ; mais excéder manifestement cette mesure naturelle, c'est aussi excéder les limites de l'autorisation ; dès lors, une ordonnance semblable devrait être considérée comme juridiquement inopérante (4).

2) L'*effet* de la défense avec réserve de permission est double, conformément à ses deux parties.

La défense étant générale crée un *obstacle* uniforme pour l'entreprise désignée ; elle implique l'obligation, pour tous ceux que cela concerne, de ne pas mettre directement en œuvre une pareille entreprise. La possibilité et même la nécessité juridique de la permission qui est en même temps prévue, ne diminue

(4) C'est ce qui a été jugé par O. V. G., 14 juin 1882 (Samml., IX, p. 370) : la construction de bâtiments peut être soumise à une permission de police préalable, en vue de garantir certains intérêts de police. Un règlement de police a réservé à l'autorité le soin de fixer, chaque fois, librement la hauteur de la construction à autoriser ainsi que quelques autres détails. Le tribunal exprime des doutes : « l'appréciation illimitée que l'autorité, pour la prescription à donner dans chaque cas individuel, s'attribue à elle-même, ne s'oppose-t-elle déjà pas, en principe, à la validité des règlements ? » Ce doute ne s'explique que par les principes que nous venons d'indiquer : la réserve de la permission était trop rigoureuse.

en rien la force de la défense, tant que la permission n'a pas été effectivement donnée. La défense est formelle. Sa violation entraîne infailliblement les conséquences de la désobéissance.

De son côté, la réserve de la permission constitue une compétence, pour l'autorité, d'écarter la défense pour le cas individuel. L'effet qui en résulte pour le sujet intéressé dépend de la manière dont la règle de droit détermine les conditions de la permission à accorder.

En tant que cette permission est laissée à la libre appréciation de l'autorité, la réserve ne constitue, par elle-même, qu'une possibilité, une espérance qui, selon la délimitation des intérêts qui doivent être pris en considération et selon les circonstances extérieures de l'affaire, a plus ou moins de chances de se réaliser. Il n'est pas question de droit. Mais le cas dans lequel la permission doit être accordée peut être déterminé si exactement, que l'autorité appelée à statuer ne fait que déclarer ce que la règle de droit a déjà voulu, son acte ayant la nature d'une décision. Afin que l'acte soit lié de cette manière, la règle de droit peut dire : dans tel ou tel cas, la permission devra être accordée ; ou bien : la permission ne peut être refusée que dans tel ou tel cas. Si l'acte est ainsi lié, cela produit, d'après la nature de la règle de droit, son effet juridique sur la personne intéressée ; l'acte est lié vis-à-vis de celle-ci. Elle peut l'invoquer et s'en prévaloir pour obtenir la permission. Un pouvoir juridique lui est donné sur l'acte d'autorité à accomplir : il y a là un droit individuel public, d'après la notion exposée au tome I, § 9, III, ci-dessus.

II. — L'autorité ne prononcera sur la permission que sur la *demande* de celui au profit duquel cette permission doit produire son effet. Il faut admettre que cette demande est la condition formelle de l'acte. La loi n'a pas l'habitude de formuler cette condition expressément ; elle est contenue tacitement dans les expressions employées : permission, autorisation, consentement, concession, ainsi que dans les mots : refus de permission, etc. Dès lors, en l'absence d'une demande, l'acte ne serait pas valable. Cela ne signifie pas qu'il sera sans effet ; cela veut dire qu'il doit être annulé, comme nous l'avons déjà dit en parlant de l'ordre (§ 20, III, n. 1 ci-dessus).

L'autorité peut refuser la permission, l'accorder, ou l'accorder avec des conditions.

1) Le *refus* de la permission signifie le maintien de la défense pour le cas individuel. La défense n'a pas l'intention de frapper le cas individuel absolument et définitivement ; c'est l'acte administratif portant refus de permission, qui, seul, lui donne cette signification. Dès lors, cet acte doit être considéré comme une atteinte à la liberté du sujet ; comme tel, il faut examiner son fondement légal, comme l'ordre (5). Le refus est juridiquement valable, si, d'après le sens de la règle le droit, la défense doit être maintenue dans ce cas, ou si l'autorité a été laissée libre d'en apprécier le maintien.

Mais le refus ne touche à la liberté qu'en tant qu'il maintient la défense. Il n'a pas de force propre pour défendre. Il ne décide pas que la défense s'applique effectivement au cas individuel ; si l'on n'est pas dans le cas voulu, le refus de permission est juridiquement indifférent (6).

2) Si la permission est *accordée*, la défense générale devient sans effet pour ce cas ; la liberté est

---

(5) O. V. G., 17 déc. 1881, (Samml., IX, p. 402) ; 16 fév. 1885, (Samml., XII, p. 365).

(6) O. V. G., 2 oct. 1888 (*Reger*, IX, p. 387).

rétablie, comme elle le serait en l'absence de la défense.

La permission n'a d'effet que pour cette défense. Celui qui a obtenu la permission n'est donc pas protégé contre les mesures de police qui pourront être prises pour d'autres motifs, en exécution de cette défense. Le permissionnaire a cependant un avantage sur celui qui, pour son entreprise, ne s'était jamais trouvé en présence d'une défense. En effet, la règle de droit qui contient la défense s'est emparée de la matière ; désormais, celle-ci ne peut plus être réglée par un acte administratif indépendant. Dès lors, les intérêts de police qu'elle a voulu faire valoir ne pourront plus, en ce qui concerne l'entreprise autorisée en vertu de cette règle, être réalisés une seconde fois par un ordre individuel ; ils sont épuisés par cette défense. Si, plus tard, le besoin d'une semblable mesure se fait sentir, il n'y a toujours que cette défense qui puisse valoir ; le seul moyen est de la faire revivre, c'est-à-dire de retirer la permission, ce qui est soumis à des conditions spéciales (comp. III, ci-dessous) (7).

Cette restriction apportée à la faculté de donner des ordres individuels sera d'une importance d'autant plus grande, lorsque, sans cette restriction, le droit positif se montrera en général très large pour autoriser des ordres pareils ; c'est le cas, par exemple,

(7) O. V. G., 7 juin 1879 : Une permission avait été accordée pour un débit de boissons. Il n'est pas possible de formuler, plus tard, de nouvelles exigences concernant la localité. Sans cela, la sécurité que doit avoir le permissionnaire, d'après la volonté de la loi, en ce que la permission ne peut lui être retirée que par la voie indiquée par la Gew.-Ord. § 53, deviendrait illusoire. Un exemple du contraire se trouve dans O. V. G., 9 janvier 1864 (Samml., XI, p. 370) : autorisation de construire un magasin d'alcool : plus tard, on défend d'emmagasiner ; la qualité dangereuse de la marchandise ne faisait l'objet ni de la permission ni de la défense dont elle dispensait. tandis que, dans la permission du débit de boissons, la question de la localité avait été traitée en même temps. Il n'y avait donc pas ici, comme le tribunal le dit, « une renonciation à faire valoir plus tard, ce qu'exige l'intérêt public ».

pour le droit prussien. Combinée avec une stabilité plus ou moins grande de la permission accordée, cette restriction donne à l'entrepreneur une certaine situation de sécurité juridique vis-à-vis de la puissance publique. Si cette situation a sa valeur pour l'individu, elle ne se confond pas pour cela avec un droit individuel. La permission signifie simplement le *rétablissement de la liberté* ; elle n'a pas de contenu propre. Elle ne donne à celui qui l'obtient rien qu'il n'aurait déjà sans cela. La défense une fois écartée, la possibilité existe pour lui, il est vrai, de faire valoir dans la direction donnée toutes ses forces et tous ses moyens. Il remplit, par des valeurs matérielles, l'espace que la permission a créé ; ces biens sont alors protégés vis-à-vis des tiers de la même manière dont, en général, sont protégés les biens, par eux-mêmes, et non pas à cause de la permission.

La permission écarte la défense *pour le cas donné*. C'est une entreprise déterminée, qui est déclarée possible. Si on en met une autre à la place, la permission n'a pas d'effet. S'il n'y a qu'une extension ou une modification partielle, la première permission subsiste pour la partie correspondante, en tant qu'il est possible de la distinguer. Lorsque, pour ce qui y est ajouté de nouveau, il faut demander une nouvelle permission, on ne peut pas, à cette occasion, revenir sur la permission déjà accordée, autrement que dans les conditions spéciales permettant de la retirer (8).

Mais la question est de savoir en quoi l'entreprise déterminée, pour laquelle la permission est donnée, se

____

(8) Württemb. V. G. H., 28 nov. 1880 (Württemb. Arch. f. R. XII, p. 323 : permission de construire accordée ; plus tard, nouvelle demande avec plans modifiés ; rejet par des motifs qui étaient déjà dans la première demande ; c'est à tort que la demande a été rejetée ; le demandeur avait acquis le droit de surédifier dans la mesure où on le lui avait permis la première fois ; il n'y avait à examiner que ce qu'il y avait de nouveau. En ce sens O. Tr., 13 oct. 1857 (Staatsrecht, XXVI, p. 265).

distingue de la partie nouvelle à laquelle elle ne s'applique pas : quand, dans son ensemble, sera-t-elle devenue quelque chose autre qui ne sera plus, en ce qui concerne la permission, *eadem res.*

Cela dépend uniquement de la volonté même de la défense, de la direction que la règle de droit a voulu donner à sa mesure. L'entreprise soumise à permission est toujours désignée pas son *objet*, d'après la nature de l'activité, la nature du but poursuivi ; c'est la matière fixe, identique, générale, à laquelle peuvent s'attacher la permission ainsi que le refus de permission. Ce qu'il y a de spécial à examiner dans l'entreprise, ce qui est l'essentiel au point de vue de la police et le point décisif pour la question de la permission à accorder ou à refuser, est relatif à la *personne* de l'entrepreneur, ou aux *moyens matériels* dont on se servira dans l'entreprise, ou bien à ces *deux choses à la fois.* C'est par là que l'individualité de l'entreprise est déterminée quant à la permission; par là aussi sont déterminées les limites de l'effet de la permission.

Quand une entreprise d'une certaine nature a été soumise à la réserve de la permission en considération des *qualités personnelles* de l'entrepreneur, lorsque ces qualités sont, pour la police, l'essentiel et doivent être examinées avant la mise en œuvre de l'entreprise, la permission produit son effet pour cette personne déterminée, et aussi pour toute entreprise de cette nature qui émanera de la même personne, à moins qu'on ait apporté, à cet égard, des restrictions expresses concernant la localité, l'époque fixée, etc. (9).

(9) Comme exemples de réserves de permissions purement personnelles, nous citerons les « approbations » (voy. note 1 ci-dessus). Lorsque, d'après une loi expresse, la permission accordée produit encore effet au profit de la veuve et des héritiers mineurs du permissionnaire, ces personnes sont considérées simplement comme continuateurs de la personnalité du défunt ; il n'y a donc pas, pour elles, obligation de déclarer leur industrie à la police : *Landmann,* Gew. Ord. sous le § 46, note 2.

Quand, au contraire, la réserve de permission vise les *moyens* par lesquels l'entreprise doit être mise en œuvre, — qu'il s'agisse par exemple d'examiner et d'approuver les changements à apporter à un immeuble, les établissements, installations, aménagements qui serviront à l'entreprise, — alors, sans doute, la permission est toujours accordée à la personne de l'entrepreneur ; mais cette personne n'est pas, au point de vue de la police, l'essentiel dans l'entreprise. L'entrepreneur peut changer, sans que, pour cela, la permission cesse d'être accordée à l'entreprise. La permission produit donc son effet au profit de celui qui remplacera la personne qui l'a obtenue tout d'abord. Pour savoir quel est le remplaçant, il faut consulter le droit civil ; les formes ordinaires de la succession s'appliquent. En apparence, la permission accordée est transférée avec l'entreprise ; dans les conventions, elle est souvent mentionnée expressément comme faisant l'objet de la mutation. En réalité, l'objet de la transmission juridique entre les intéressés n'est jamais que l'entreprise, l'immeuble, l'établissement, le commerce ; pour l'évaluation de cet objet, la permission existante est, peut être, de la plus grande importance, parce qu'elle y reste attachée ; mais elle n'est pas, en elle-même, l'objet de la convention ou de la succession ; elle les suit de son propre mouvement (10).

Pour comprendre la nature juridique des événements qui se produisent, il faut considérer que la permission est accordée au premier demandeur, non pas en tant qu'il présente certaines qualités personnelles, mais en tant qu'il représente l'entreprise avec

____

(10) *Seydel* dans Annalen, 1878, p. 578. C'est ainsi que, par exemple, l'autorisation accordée à un établissement industriel peut constituer avec l'immeuble un apport dans la société par actions que l'on va fonder.

un certain genre de moyens et d'arrangements, et, par conséquent, de préférence à tout autre individu qui, après lui, se présentera avec les mêmes caractères. La permission produit son effet pour la *persona certa* à laquelle elle est accordée et pour la *persona incerta* qui se mettra à sa place (11).

La réserve de permission peut enfin embrasser l'entreprise aux *deux points de vue* : les qualités personnelles de l'entrepreneur aussi bien que les moyens par lesquels l'entreprise est conduite sont alors essentiels au point de vue de la police, et doivent être examinés et approuvés pour que l'entreprise ne soit plus soumise à la défense.

Il s'ensuit que, toutes les fois qu'il y aura changement à l'un ou à l'autre point de vue, il faudra obtenir une nouvelle permission pour pouvoir continuer l'entreprise. Des modifications sans conséquence, de simples reconstructions d'établissements et d'arrangements détruits ne sont pas considérés comme un changement de cette nature (12). La loi peut aussi, au cas où la personne a disparu, admettre un remplacement qui exclut toute idée de changement, qui laisse, par exemple, les parents succéder d'eux-mêmes au permissionnaire. Mais s'il y a effectivement un changement dans la personne, la permission doit toujours être demandée et accordée à nouveau. Il faut observer que le côté matériel de la première permission ne subsiste pas : il s'agit, à chaque fois, de la permission

(11) Le droit civil fournit des exemples. Comp. surtout l'affaire du théâtre de Leipzig dans R. O. H. G., 21 avril 1874 (Samml., XII, p.459). La terminologie courante tourne la difficulté en disant simplement que « l'entreprise » est permise. La transmission de la permission s'opère ici d'une autre manière que dans le cas de la veuve et des héritiers dont nous parlions à la note 9 ci-dessus : la permission ne continue pas son effet ; elle le produit à nouveau ; dès lors, le successeur doit faire sa déclaration à la police.

(12) La maison dans laquelle le débit de boissons s'exerçait a été brûlée et reconstruite ; ce sont de simples remplacements locaux. O. V. G., 30 déc. 1881 (*Reger*, III, p. 15).

entière ; on examinera, à la fois, la personne et les moyens.

Il en doit être, en principe, de même, dans le cas d'un changement dans les moyens de l'entrepreneur : transformation de l'aménagement, transfert dans une autre localité. Car les deux parties de l'examen et de la permission sont étroitement unies et se tiennent réciproquement : celui qui, personnellement, paraissait capable de conduire l'entreprise avec les moyens approuvés, ne l'est peut-être plus avec les nouveaux moyens qu'il aura choisis. Cependant, il se peut que la loi ait voulu fixer autrement la valeur réciproque des deux côtés de la permission. Il est possible que ces deux côtés ne forment pas, à valeur égale, l'unité d'une permission : que le centre soit dans la personne : c'est à la personne que la permission est donnée, en considération de ses qualités propres ; on n'ajoute qu'une condition, celle de ne s'en servir qu'avec des moyens à approuver spécialement. Alors, au cas de changement des moyens, la première permission concernant la personne subsiste ; pour pouvoir en profiter, il faudra obtenir l'approbation des moyens nouvellement choisis ; mais, à cette occasion, il n'y aura pas lieu de revenir sur les qualités personnelles de l'entrepreneur (13).

(13) Le colporteur a besoin, pour sa personne, d'une patente qui l'autorise ; en outre, il lui faut, pour ses imprimés, une approbation spéciale. Quand il propose une liste nouvelle d'imprimés, la qualification personnelle n'est plus examinée à nouveau (Gew. Ord., § 55, 5d, al. 3). Au contraire, les conditions personnelles et réelles sont réunies à valeur égale dans la permission du débit de boissons : qu'il s'agisse d'un nouvel aubergiste ou d'une nouvelle localité, il faut toujours une permission nouvelle tout entière : Preuss. Min., 1er juillet 1884 (*Reger*, V, p. 57). Württemb. Min , 22 avril 1881 (*Reger*, I, p. 358) veut, au cas de changement de localité, ne plus faire examiner les conditions personnelles, mais seulement les conditions réelles, c'est-à-dire la nouvelle localité : « attendu que la concession, d'après sa nature personnelle, est accordée non pas pour une localité afin d'y exercer le débit de boissons, mais à une personne pour exercer cette industrie dans une localité déterminée ». La forme juridique serait donc la même que

3) Au lieu de refuser ou d'accorder simplement la permission, l'autorité peut l'accorder à des conditions déterminées, c'est-à-dire avec des clauses particulières de différentes sortes, correspondant aux termes, charges et conditions proprement dites du droit civil.

Des clauses semblables ne sont possibles qu'autant qu'il y a une latitude laissée à l'autorité ; dès lors, elles ne sont pas possibles quand il existe un droit à la permission à accorder. D'ailleurs, même quand elles sont possibles, ces clauses ne doivent pas être contraires à la volonté de la règle de droit, telle qu'elle résulte du but et de la nature de la mesure de police pour laquelle la règle de droit a réservé la permission et accordé à l'autorité la faculté de l'accorder.

Il faut tirer de là les principes suivants. Une permission à *terme* peut être accordée de deux manières. On peut ajouter à la permission l'indication d'une certaine époque pour caractériser plus exactement l'entreprise elle-même : permission pour une certaine saison ou pour une certaine partie de la journée ou pour des occasions déterminées qui n'ont lieu qu'à un certain jour ou à une certaine série de jours (fêtes). Il n'y a pas là une clause particulière ; ce n'est pas une permission accordée pour un temps restreint ; c'est une permission pour une entreprise qui, elle-même, est restreinte à un certain temps. Nous n'avons donc pas à nous en occuper (14).

Si le terme doit être une véritable clause particulière, librement posée, il ne peut avoir qu'un sens : l'autorité qui permet ne peut pas, pour le moment,

pour le colportage. Mais la différence n'est pas bien saisie : la permission peut être de nature personnelle et cependant n'être accordée à la personne que pour une localité.

(14) En ce sens O. V. G., 10 oct. 1877 : quoique des permissions de débit de boissons, d'après la loi, ne doivent pas être accordées à terme, il est possible de les accorder « pour l'été » : un débit d'été est non pas un débit à terme, mais une espèce particulière de débit.

se rendre pleinement compte de l'admissibilité de l'entreprise au point de vue de la police ; elle désire donc avoir les mains libres ; par conséquent, elle fixe d'abord un terme, afin que l'entreprise puisse faire ses preuves. Selon le résultat, on accordera ensuite une permission nouvelle. Un véritable terme de cette espèce ne serait pas impossible ; mais, dans ce cas, l'intérêt de la police serait plutôt que l'autorité se réservât, pour toujours ou pour un certain temps et après un certain délai, la faculté de *révocation*. Dans le doute, il faut considérer que telle est la véritable signification de la clause. La différence, c'est qu'alors la permission ne s'éteint pas d'elle-même ; elle ne disparaît que par l'effet de la déclaration de révocation réservée.

Sous ces deux formes, le terme n'est pas possible, quand la loi ou l'ordonnance ont statué elles mêmes sur la durée et sur la fin de la permission. Dans ce cas, même si la permission est laissée à la libre appréciation, on ne peut pas ajouter des clauses particulières (15).

En ce qui concerne la *condition*, il faut également commencer par écarter tout ce qui, par le texte, se donne comme condition, mais ne contient, en réalité, qu'une désignation plus exacte de ce qui, au point de vue de la police, est essentiel et rend nécessaire l'approbation de l'entreprise. Il n'y a pas là une clause particulière ; cela n'en a pas les effets ; cela ressemble plutôt à une *conditio juris*. Exemple : permission accordée pour un débit de boissons à la condition de ne s'en servir que dans la localité approuvée (16).

---

(15) Les conditions pour retirer les permissions de la police de l'industrie ayant été réglées spécialement par la Gew. Ord., le terme et la réserve de révocation sont exclus l'un et l'autre : O. V.G. 14 janv. 1882 (Samml., VIII, p. 215).

(16) Cela ressemble à une condition résolutoire. O. V. G. 10 oct. 1876 reconnaît aussi une condition suspensive : autorisation d'un débit de

Il ne pourrait être question d'une condition que
dans le cas où l'on ajouterait à la permission des
prescriptions spéciales, dont l'inobservation entraîne-
rait le retrait de la permission et la remise en vigueur
de la défense. Mais ce formalisme du droit civil ne
convient pas à la police. Pour elle, le principe suprême
est la proportionnalité de la mesure. Il s'agit de savoir
si le désavantage qui résultera de l'inobservation des
prescriptions ordonnées sera assez grand, si l'entreprise sera alors effectivement à considérer comme
nuisible ou dangereuse, contraire à la police ; dans ce
cas seulement, sa suppression sera justifiée. On ne peut
pas le dire à l'avance ; cela doit être, le cas échéant,
laissé à l'appréciation de l'autorité qui accorde la permission. Il ne faut donc pas considérer ces prétendues
conditions comme étant de véritables conditions entraînant, pour le cas où elles ne seraient pas remplies,
la nullité de droit de l'existence juridique de l'entreprise. Ces prétendues conditions signifient simplement que l'autorité se réserve de prendre, en cas
d'inobservation, les mesures nécessaires pour parer
aux inconvénients qui en résulteraient. Ce sont donc
non pas des conditions, mais des clauses ayant le
caractère de charges. Aussi les désigne-t-on indiffé-
remment par ce nom ou par celui de conditions (17).

La catégorie la plus importante de clauses particulières ajoutées à la permission est la *charge* qui y est
mise, le *modus* du droit de police. Par *charge*, on

boissons à la condition de construire d'abord les locaux approuvés.
Il n'y a pas non plus ici de véritable condition.

(17) De véritables conditions peuvent être attachées à la permission
de police, quand l'autorité a reçu le pouvoir de poursuivre en même
temps, à cette occasion, un autre intérêt que celui de la police, et de
le satisfaire par le refus de la permission de police. O. Tr. 15 sept. 1859 :
permission de construire accordée, à la condition de céder gra-
tuitement le terrain destiné à la vue. Le propriétaire construit, mais
refuse la cession : « la condition n'ayant pas été acceptée, la permission de construire n'était pas donnée ». Une charge imposée dans
l'intérêt de la police n'aurait pas eu cet effet.

entend une prescription donnée à l'entrepreneur comme clause particulière de la permission, dans le but de parer aux inconvénients qui, au point de vue de la police, pourraient résulter de l'entreprise.

La charge agit dans la même direction que la règle de droit dont la défense est écartée par la permission ; elle combat le même effet nuisible. Par conséquent, elle ne saurait être imposée après que la permission a été accordée purement et simplement (comp. nº 2 ci-dessus). Par conséquent, elle ne peut être imposée que par l'acte même qui accorde la permission comme une restriction partielle de l'effet qu'a la permission de libérer et de rassurer (18).

La charge peut être imposée en s'appuyant sur deux fondements différents.

Dans le pouvoir d'accorder ou de refuser la permission avec libre appréciation est compris le pouvoir de ne l'accorder qu'en ajoutant des prescriptions particulières. Il y est compris comme la mesure moins sévère par comparaison avec le simple refus, de même que le commandement d'un fait portant remède à l'inconvénient est compris dans le droit de défendre purement et simplement (comp. § 19, note 12 ci-dessus).

La loi peut aussi autoriser spécialement celui qui accorde la permission à y ajouter des charges, — que la permission soit, pour le reste, liée ou laissée à la libre appréciation. Dans ce dernier cas, la loi autorise donc des charges que l'autorité pourrait déjà imposer en vertu du pouvoir qui lui est donné quant à la permission à accorder. Cela a cependant une valeur pro-

---

(18) O. V. G., 7 juin 1877. Il n'est pas possible de se réserver, d'une manière générale, au moment de l'octroi de la permission, toutes les charges ultérieures qu'on jugera nécessaires. Württemb. Min., 22 sept. 1888 (*Reger*, IX, p. 408) ne l'admet qu'en tant qu'on ne pouvait pas encore à ce moment se rendre compte des conséquences de l'entreprise. Tout ce qui pouvait être réglé, la loi veut qu'on l'ait réglé au moment d'accorder la permission.

pre ; en effet, l'importance juridique des charges est différente, selon qu'elles s'appuient sur l'un ou sur l'autre fondement.

Cette importance juridique de la charge se manifeste dans le cas où l'entrepreneur n'en observe pas les prescriptions.

S'agit-il d'une charge que l'autorité n'a ajoutée à la permission qu'en vertu de son pouvoir de libre appréciation, la conséquence de l'inobservation de la charge est que l'entreprise ne jouit plus de l'immunité formelle que la permission accordée avait créée à son profit. La charge n'est pas un ordre de police devant être exécuté. La charge n'est pas non plus une condition dont l'inobservation remettrait en vigueur la défense absolue. C'est la réserve, pour l'autorité, de prendre, dans ce cas, les mesures nécessaires pour combattre le fait contraire à la police impliqué par l'entreprise. La défense de la règle de droit est son fondement légal. Mais les mesures à prendre dépendent du principe de la proportionnalité. Ce sera soit une contrainte directe à l'effet d'exécuter la charge, soit toute autre mesure qui répondra aux circonstances ; il se peut aussi qu'il y ait lieu de révoquer simplement toute la permission. L'autorité avisera (19). Si, au contraire, l'autorité a ajouté à la permission la charge en vertu d'une autorisation spéciale de la loi, la charge est un ordre de police joint à la permission, commandement ou défense, qui entre en vigueur en

(19) O. V. G., 7 nov. 1878 (Samml., IV, 378) : permission de construire une scierie à la condition, c'est-à-dire avec la charge de la couvrir, du côté de la rue, par une maison d'habitation à construire. La scierie achevée, l'autorité veut exiger la construction de la maison d'habitation. Mais le tribunal remarque : « le pouvoir de l'autorité de police ne peut pas aller plus loin que ne le comporte le but poursuivi (principe de la proportionnalité). Bien que l'entrepreneur se soit soumis à la condition. il peut néanmoins, après coup, opposer que, telle que l'entreprise a été mise en œuvre, l'exécution de la charge « dépasserait le but ».

même temps que la mise en œuvre de l'entreprise, et
qui crée l'obligation correspondante d'obéir. Au cas
d'inobservation, il n'y a pas lieu d'examiner ce qui doit
se faire ; il y a désobéissance ; il s'agit de faire produire
effet aux conséquences de la désobéissance : exécution
par contrainte de police, ou peine de police prévue
dans la loi et qui sera la même que celle qui frappe
la mise en œuvre de l'entreprise sans permission.

Ces deux espèces de charges s'attachent à la permission. La permission peut, comme nous l'avons vu
(n. 1 ci-dessus), passer, selon les circonstances, à un
nouvel entrepreneur. La charge passera elle aussi.
Elle constitue, dans notre second cas, un véritable
ordre de police. Dès lors, nous voyons ici, par extraordinaire, un ordre de police produire son effet sur un
autre individu que celui auquel il avait été adressé à
l'origine (comp, § 20, IV, n. 2 ci-dessus) : l'exécution
par contrainte, ainsi que la peine de police, au cas
d'inobservation de la charge, frappent directement le
nouvel entrepreneur qui doit tenir l'ancien ordre
comme lui ayant été donné et notifié (20).

L'autorité peut, à l'occasion de la permission, se
servir des pouvoirs qu'elle possède à raison d'intérêts
indépendants de la police, pour donner des ordres
dans l'intérêt de la sûreté, de la salubrité publique, etc.;
elle peut le faire après avoir accordé la permission et
même pour une entreprise n'ayant pas besoin d'autorisation. Les effets de ces ordres et les suites de la
désobéissance seront, en général, les mêmes que ceux

(20) Voir des exemples d'autorisations légales d'ajouter des charges
à des permissions, dans la Gew. Ord. § 18 (établissements dangereux et
insalubres), § 24 (installations de chaudières). Le successeur dans l'entreprise est, d'après la Gew. Ord. § 147, directement punissable pour
inobservation des charges ajoutées à la permission. Il ne peut pas même
arguer de son ignorance : la charge attachée à son entreprise lui avait
imposé une obligation d'obéir ; il devait faire son possible pour s'en
informer et s'y conformer. Kammergericht, 14 février 1889 (Samml.
IX, p. 181). Comp. § 22, III, n. 2 ci-dessous.

d'un ordre joint à la permission comme charge. Mais ces ordres indépendants, qui n'y sont ajoutés qu'extérieurement, ne sont pas des « conditions » de la permission : ils ne passent pas avec la permission au successeur de l'entreprise (21).

III — Le *refus* de permission n'empêche pas de former une demande nouvelle, même si les faits n'ont pas changé. D'ordinaire, l'autorité, en refusant de nouveau, s'en référera simplement à son premier rescrit. Mais elle peut aussi examiner l'affaire à nouveau, et, selon le résultat, permettre ou maintenir son refus. Le premier refus ne la lie en aucune façon. La justice administrative peut apporter une exception, la décision de refus rendue dans la forme d'un jugement passant en force de chose jugée au profit du tiers intéressé (comp. t. I, § 14, note 16 ci-dessus).

La permission une fois *accordée* est, au contraire, soumise à des règles spéciales sur la manière dont elle peut prendre fin.

La permission peut finir par suite d'une condition ou d'un terme qui y a été ajouté. Elle s'éteint par la disparition des faits auxquels elle s'applique : la permission personnelle, par la mort de celui auquel elle a été accordée ; la permission mixte, par cette mort ou par la disparition des moyens approuvés ; la permission réelle, par la fin de l'entreprise.

Pour certaines permissions, la loi a mis comme condition que l'entreprise serait mise à exécution dans un

(21) O. V. G., 18 mars 1866 parle, en ce sens, d'une permission de construire avec une charge « qui a été spécialement ajoutée comme commandement ou défense ». O. V. G., 19 mai 1877 (Samml., II, p. 358). En accordant une permission de construire, on avait défendu, en même temps, au propriétaire de percer, à l'avenir, des fenêtres dans le pignon. Puis, l'autorité exige que le nouveau propriétaire supprime les fenêtres installées par son prédécesseur contrairement à cette défense. Mais le tribunal refuse de faire produire à cette défense tout effet contre le successeur ; c'est seulement en cas de mauvaise foi au moment de l'acquisition, que, peut-être, cette défense pourrait s'étendre à lui. Il n'est pas facile de comprendre comment cela devrait se faire.

certain délai, ou que l'entreprise une fois commencée ne cesserait pas de fonctionner pendant un certain délai. D'après la loi, la permission peut s'éteindre par le *non usage*. Ce mode d'extinction n'est pas sous entendu (22).

Parmi les modes d'extinction propres à la permission de police, il ne faut pas compter la *renonciation*. La permission est un acte d'autorité déclarant la défense générale inapplicable à une entreprise. Celui à qui elle est accordée n'obtient rien dont il puisse disposer ; il voit simplement rétablir sa liberté de disposer de ce qu'il a ou aura. Il peut s'abstenir de faire usage de la permission ; quelquefois, il dépend de lui de faire disparaître les conditions matérielles ; il peut même provoquer une révocation dont nous parlerons tout à l'heure. Mais il ne peut pas, par la simple déclaration de sa volonté, annuler ou priver d'effet l'acte d'autorité, tant que subsistent les conditions dans lesquelles cet acte doit produire son effet d'après sa propre volonté (23).

Le mode d'extinction le plus important de la permission est la *révocation*.

Tout acte administratif peut être retiré par l'autorité qui l'a accompli, ou, ce qui est la même chose, peut être annulé par son supérieur. Cela s'applique au refus de permission comme à l'ordre ; accorder la permission après coup, c'est retirer l'acte de refus. Cela

<hr>

(22) Gew. Ord., § 49, § 50.

(23) *Seydel* dans Annalen, 1881, p. 637 suiv. et Bayr, Staatsrecht, V. p. 683. Pour l'extinction de la permission par suite de la renon. ciation : *Landmann*, Gew. Ord., I, p. 218 ; *Luthardt* dans Bl. adm. Pr., XXXIX, p. 41 ss. ; *Rehm*, Gew. Konz., p. 74 ; voyez aussi, contrairement à son opinion antérieure, *G. Meyer*, V. R., I, p. 81. Le point décisif est évidemment dans la question de savoir si la permission crée un droit public individuel (comp. t. I, § 9 note 25 ci-dessus) ; la fâcheuse habitude que l'on a de désigner la permission de police par le mot *concession* contribue beaucoup à embrouiller cette question. En effet, la véritable concession, sans aucun doute, crée un droit individuel ; par conséquent, elle s'éteint par la renonciation.

s'applique également à l'acte qui accorde la permission ; toutefois, cela ne s'applique pas aussi absolument qu'au refus et qu'à l'ordre ; en effet, à la différence de ce qui a lieu dans ces deux cas, il s'agit ici
d'un préjudice à causer, d'une atteinte ; aussitôt sur-
gissent des *limites de droit* à observer vis-à-vis de l'intéressé (24). La révocation n'est pas libre, quand la
permission a été accordée par un jugement passé en
force de chose jugée ou quand la loi a voulu l'exclure
d'une façon quelconque. C'est ce qui a lieu surtout
quand la loi indique spécialement les motifs qui autorisent la révocation ; cela implique l'exclusion de tous
autres motifs et de la libre appréciation. De même, la
révocation est exclue dans la mesure où la permission
ne pouvait pas être refusée légalement ; la révocation,
il est vrai, est autre chose que le refus ; mais la règle
qui contraint d'accorder la permission ne peut pas
vouloir permettre de la renverser aussitôt par la voie
de la révocation libre. Il y a, en outre, un motif plus
général : la révocation n'est plus libre vis-à-vis de
l'entreprise permise, dès que celle-ci est *mise en œuvre*
ou *en train d'être exécutée*. Il est clair, en effet, que
détruire ce qui a été créé est autre chose et doit être
apprécié plus sévèrement que d'empêcher une entreprise de naître. Toutefois, la différence s'explique
aussi par la nature juridique de la défense avec
réserve de permission, comme nous l'avons montré ci-
dessus. La révocation écarte la permission à partir de
ce moment, et remet ainsi en vigueur la défense générale dont elle a dispensé. Toutefois, cette défense ne
frappe que la mise en œuvre illicite de l'entreprise en
question et la continuation de ce qui a été mis en œuvre incorrectement. Elle laisse indemne ce qui a été

(24) O. V. G., 21 mars 1877 : « la révocation de la permission de
de police est, en principe, libre ». Seulement en principe !

créé correctement, c'est-à-dire en vertu d'une permission accordée. Par conséquent, la simple révocation de la permission n'aboutirait à rien. Il faut un motif spécial pour pouvoir la révoquer *avec le même effet que si elle n'avait pas été accordée* et que si, par conséquent, l'entreprise existante avait été créée incorrectement (25).

De là découle le caractère propre commun aux difrents motifs de révocation admise. Ils tendent tous à faire réagir la révocation de la permission au moment où elle a été accordée. C'est seulement de cette manière que la révocation pourrait frapper l'entreprise qui a été mise en œuvre en vertu de cette permission. C'est l'entreprise mise en œuvre que visent tous les motifs de révocation spécialement indiqués : quant à l'entreprise qui n'est pas autorisée, on n'a pas besoin de

(25) Tout autre chose est de refuser la permission de police pour un enterrement dans une propriété privée ou de la retirer avant l'exécution, et de la retirer après l'exécution. Retirer la permission de fonder une association, c'est prononcer la dissolution, quand la fondation a eu lieu (il en est de même de la dissolution de réunions, de cortèges, etc.) ; Quand la police des constructions a autorisé l'exécution des plans qui lui ont été soumis, rien n'empêche de revenir sur l'affaire, d'exiger des modifications, d'annuler même entièrement la permission, s'il y a lieu ; mais quand une fois la maison est construite, il faudrait la démolir ; la situation juridique est complètement changée. Il est des cas où celui qui a obtenu la permission n'a pas à créer, en conséquence, des faits nouveaux; la permission peut alors avoir directement cet effet en reconnaissant et en constatant des qualités personnelles. En ce sens, on a déclaré que le permis de chasse, une fois accordé, ne peut plus être retiré qu'en vertu d'un motif spécial reconnu par la loi. On a voulu trouver dans la permission de construire un côté analogue ; l'immeuble serait, par l'effet de la permission même, « caractérisé de terrain à bâtir ». Württemb. V. G. H., 28 nov. 1880 ; O. Tr., 13 oct. 1857 (Staatsrecht, XXVI, p. 269). Nous trouvons un cas plus compliqué dans O. V. G., 9 juin 1877 : la police locale avait permis de construire à la campagne des fours à briques ; les fours étaient presque achevés ; le Landrat intervient pour retirer la permission et défendre l'entreprise. D'après ce que nous venons d'exposer, la permission n'aurait plus pu être retirée. Mais il s'agit, comme le tribunal nous le dit, non pas d'une simple révocation, mais bien « d'une mesure extraordinaire », comme l'autorité supérieure peut en prendre « dans des cas urgents ». Il s'ensuit qu'il est question d'une indemnité à payer par le fisc, comme dans le cas prévu par la Gew. Ord., § 51.

motifs ; la révocation, abstraction faite de limitations positives, est libre.

Les motifs de révocation sont les suivants :

1) Il faut placer en tête *l'autorisation spéciale de la loi* ; celle-ci peut être donnée librement ou sous certaines conditions. Naturellement, il s'agit toujours d'une révocation en vue de frapper même l'entreprise qui a été déjà mise en œuvre : celle-ci doit être considérée comme étant née incorrectement et comme soumise à la défense. Une autorisation de ce genre s'attache spécialement au droit reconnu. à un tiers de former un recours contre la permission accordée, recours formel ou demande administrative. En effet, il faut alors que la question, tant que le recours est ouvert, reste intacte pour l'instance supérieure, et qu'elle ne puisse pas être compromise par l'exécution préalable de l'entreprise (26).

L'autorisation légale peut être remplacée par le *consentement* de l'intéressé : il n'en serait pas ainsi pour un ordre de police créant des obligations nouvelles ; mais, pour rétablir la défense générale par l'annulation de l'exception spéciale créée par la permission, la soumission volontaire est considérée comme un fondement suffisant (comp. t. I, § 8, note 5 ci-dessus). Comme nous l'avons vu, on a l'habitude de désigner ce consentement comme une renonciation (comp. note 23 ci-dessus) ; en effet, ce n'est que la condition de la validité de l'acte administratif prononçant la révocation.

2) Nous avons vu (II, n. 3 ci-dessus) que l'on peut, de différentes manières, par des clauses particulières de l'acte de permission, *réserver la révocation*, absolument ou seulement pour le cas de non-accomplissement

(26) Cette réserve existe pour la restriction légale de la révocation, aussi bien que pour la mise en œuvre effective : Säch. Min. d. I., 5 sept. 1881 (*Reger*, II, p. 240).

des charges. Prononcer la révocation, c'est faire valoir une particularité qui, dès le début, était propre à la permission ; la révocation peut donc réagir à son origine.

3) Un autre motif de ré ocation est fourni par la permission elle-même, quand elle a été accordée incorrectement et qu'elle est juridiquement inopérante. L'autorité, en l'accordant, peut avoir excédé ses pouvoirs. Il ne s'agit que des pouvoirs existant vis à-vis des sujets et constituant la compétence. L'inobservation d'une instruction défendant à l'autorité d'accorder une permission qui, d'après la règle de droit, lui compète, ou lui imposant des conditions, est sans influence à cet égard ; par conséquent, elle est aussi sans valeur pour la question de validité.

Quant aux conséquences d'un excès de pouvoirs, il faut distinguer comme pour l'ordre (comp. § 20, III, n. 1 ci-dessus) :

La permission qui n'était pas comprise dans la compétence générale de l'autorité qui l'a accordée, en particulier, celle qui émanerait d'un fonctionnaire n'ayant pas le caractère d'une autorité de police, est nulle. Il n'y a pas besoin d'une révocation.

Supposons, au contraire, une permission qui a été accordée par une autorité appelée, en général, à faire des actes de cette nature, mais qui est entachée de fausse application de la loi, d'inobservation des formes légales, d'empiètement sur des compétences étrangères et d'autres excès de pouvoir secondaires pour ainsi dire. Cette permission produit son effet juridique et continue à le produire aussi longtemps que et dans la mesure où ce pouvoir ne lui a pas été enlevé par une autorité compétente (27). Cela peut se faire

---

(27) Les tribunaux civils et criminels exercent un contrôle restreint en refusant, dans leur sphère, à l'acte administratif non valable l'effet juridique. R. G., 22 nov. 1880. Le maire avait donné la permission d'organiser une loterie publique, alors que, d'après la loi, l'autorité supé-

surtout dans la forme d'une révocation complète prononcée pour le motif de non validité. L'autorité qui a
accordé la permission non valable peut revenir ainsi
sur sa décision ; ou bien l'annulation est prononcée
par une autorité supérieure ou par une autorité spécialement appelée soit d'office, soit sur la demande
d'un tiers intéressé, à contrôler et à annuler complètement le tout, sans se préoccuper de la mise en
œuvre de l'entreprise non valablement permise.

4) Enfin, il y a un motif spécial de révocation au
cas où la permission a été obtenue par des *moyens
illégitimes* exercés sur le fonctionnaire qui l'accorde :
dol et fraude, menaces, corruption. La permission
n'est pas, pour cela, nulle de droit ; elle n'est pas
même nécessairement non valable, attendu qu'elle
peut parfaitement être restée dans les limites légales
et surtout dans celles de la libre appréciation. On n'a
pas non plus prévu des compétences spéciales pour
contrôler à cet égard et pour annuler, s'il y a lieu.
Mais l'autorité qui a permis ou ses supérieurs se déga-
gent ainsi directement de l'acte frauduleux qui les
lie ; celui qui a obtenu la permission est repoussé par
une espèce de *replicatio doli* (28).

rieure seule aurait été compétente. Le juge, en matière pénale, doit
examiner la validité de la permission, et appliquer la peine comme si
la permission n'existait pas. Le Tribunal de l'Empire acquitte seulement par le motif qu'il y a erreur excusable.

(28) Ord. Bad. du 12 juillet 1864, § 87. Dès lors, la révocation faite
pour ce motif ne produira pas son effet sur le successeur de l'entreprise.

§ 22

La peine de police (*Polizeistrafe*)

La *peine* est un mal infligé à un sujet par la puissance publique à raison d'une conduite répréhensible.

Elle a lieu spécialement dans le cas où la conduite est répréhensible pour le motif qu'elle est considérée comme un trouble du bon ordre de la chose publique, comme un *fait contraire à la police*. Elle apparaît alors sous deux formes différentes, selon la manière dont on menace de l'infliger et selon le but qu'elle poursuit.

La menace de la peine peut être adressée dans le cas individuel et par un *acte administratif* dans le but de servir à la contrainte de police : c'est la peine exécutive (*Executivstrafe, Ungehorsamsstrafe, Ordnungsstrafe*) ; nous en parlerons au § 23, I, ci-dessous.

La menace de la peine peut être adressée d'une manière générale par une *règle de droit*, à la manière du droit pénal commun, dans le but d'apprendre aux sujets que tel fait contraire à la police et que la peine frappe ne doit pas être accompli. C'est ce que nous appelons la peine de police (1).

---

(1) L'expression « peine de police » (*Polizeistrafe*) signifie originairement une peine qui, dans l'intérêt de la police, est prononcée par une autorité chargée de cet intérêt, par une autorité de police. Cette compétence ayant été transférée, en principe tout au moins, aux tribunaux ordinaires, le motif extérieur de la distinction a disparu ; en revanche, le caractère intrinsèque que cette peine a acquis par sa situation dans le système de la police, s'est, avec les progrès du droit public, affirmé de plus en plus. Et c'est maintenant ce caractère spécial que nous entendons désigner par l'expression « peine de police ». Voy. sur

I. — La peine de police, dans notre droit moderne, s'est associée à la peine du droit pénal commun en adoptant le principe : *nulla poena sine lege.*

Cela n'implique pas simplement l'exigence renouvelée du fondement légal ; la nécessité de ce fondement, dans l'Etat constitutionnel, va de soi, dès qu'il s'agit d'une atteinte à la liberté et à la propriété, comme cela a lieu dans la peine. Mais pour satisfaire à cette exigence, des autorisations générales, par lesquelles la loi permettrait aux autorités d'infliger des peines dans les cas individuels, auraient suffi. Le principe *nulla pœna sine lege* signifie que la peine doit être fixée dans la forme d'une règle de droit, de manière que la prononciation de la peine dans le cas individuel ne soit que l'application de cette règle, la déclaration de ce que la règle a, pour ce cas, déjà voulu, en un mot une décision. Cela n'empêche pas qu'on puisse laisser à l'appréciation du juge une certaine latitude pour adapter la punition ; mais cela n'enlève pas à l'acte le caractère de décision (Comp., t. I, § 13, I, ci-dessus).

Cette fixation de la peine de police par la règle de droit se caractérise comme suit :

1) La loi, dans la sphère de l'administration et spécialement dans celle de la police, — nous l'avons constaté en traitant de l'ordre de police — délègue, dans une vaste mesure, la création de règles de droit par l'ordonnance ; celle-ci, en effet, grâce à sa plasticité plus grande, est plus capable de s'accommoder aux circonstances de temps et de lieu. Il ne serait aucunement contraire aux principes du régime du

l'historique : *Goldschmidt,* Verwaltungsstrafrecht, p. 70 ss. L'*Union internationale de droit pénal* a traité, dans plusieurs rapports, la distinction pratique à faire entre la contravention de police et les autres infractions (Bulletin, VII, p. 32, 45, 55, 77, 92, 131, 184). Mais ce n'est que dans le rapport *Franck,* qu'a été tentée la recherche du contact si nécessaire avec la doctrine du droit public.

droit que la fixation de la peine fût également abandonnée à la règle de l'ordonnance.

Mais ici, on suit des systèmes différents.

Dans la sphère d'influence du droit français, la loi, par principe, n'use pas de la faculté de déléguer à l'ordonnance la fixation de la peine de police. Les abus qui, avant la Révolution, avaient résulté des comminations arbitraires des *règlements* avaient laissé une impression si profonde que, lors de la nouvelle organisation du droit public, on fit valoir, dans toute sa vigueur, le principe *nulla poena sine lege*, en ce sens que la règle de droit qui fixe la peine doit toujours émaner de la loi constitutionnelle elle-même, par suite, d'une loi dans le sens formel et matériel à la fois. Il ne doit pas être établi, par le pouvoir exécutif, de règle de droit contenant une peine de police ; en d'autres termes, il ne doit pas être donné d'autorisation légale. La législation, en général, s'est conformée à ce principe ; toutefois, il y a de rares exceptions qui, naturellement, signifient que des fixations de peine peuvent valablement être faites par le chef de l'Etat ou par ses autorités. Il n'y a pas, en effet, d'impossibilité juridique à ces délégations ; seulement, elles ne sont pas usitées.

Les Codes pénaux de police de l'Allemagne du sud ont adopté cette manière de voir.

La fixation de la peine est donc ici toujours faite par la loi ; seule, la désignation plus exacte du fait punissable peut être abandonnée au règlement de police (Comp. n° 2, ci-dessous). Il y a bien des lois pénales de police (*Polizeistrafgesetze*) et des ordonnances de police (*Polizeiverordnungen*) ; mais il n'y a pas d'ordonnances pénales de police (*Polizeistrafverordnungen*), c'est-à-dire des ordonnances contenant la fixation d'une peine de police.

Au contraire, la loi prussienne sur l'administration

de la police du 11 mars 1850 autorise les autorités, pour le cercle des affaires de police qui leur est attribué, « à édicter des prescriptions et à fixer, au cas d'inobservation, des amendes » jusqu'à un taux déterminé. La fixation de la peine se présente donc ici avec la désignation du fait dans la forme commune de l'ordonnance ; elle est soumise aux conditions juridiques générales de l'ordonnance en ce qui concerne la confection, la publication, le droit de contrôle, l'annulation et la révocation. A côté de ces ordonnances pénales de police, apparaissent aussi, dans le droit prussien, de simples ordonnances de police qui, pour la fixation d'une peine dont elles pourraient avoir besoin, s'appuient sur une loi pénale de police, en particulier sur des lois pénales de l'Empire ; de cette manière, il y a ici relativement plus de variations (2).

2) La règle pénale de police s'adresse, comme toute loi pénale, en première ligne à l'autorité appelée à prononcer la peine : elle détermine ce qui doit être fait par cette autorité vis-à-vis du sujet ; la nature double de la règle de droit produit alors, en même temps, la détermination juridique correspondante du sujet, d'après laquelle il doit arriver au sujet telle chose de la part de l'autorité (Comp. t. I, § 7, I ci-dessus).

La fixation de la peine est toujours un acte *conditionnel* : telle peine sera prononcée si telle conduite se présente.

La détermination de la conduite qui remplira cette condition peut être contenue dans la fixation de la peine elle-même ; la formule est alors : celui qui fera telle ou telle chose sera puni de telle ou telle manière. Mais la détermination de la conduite peut aussi être

---

(2) *Rosin,* Pol. Verord, p. 74 ss. ; *le même,* dans Wörterb., II, p. 280. Il est inexact de prétendre que chaque ordonnance de police contienne un ordre et une fixation de peine, et, par conséquent, soit une ordonnance pénale de police. C'est cependant ce que fait *Lœning,* V. R., p. 231.

placée à côté de la fixation de la peine ; elle prend alors la forme d'un ordre, d'un commandement ou d'une défense. Nous aurons ainsi les deux phrases : il est commandé (défendu) de faire telle ou telle chose ; et : celui qui agira contre cet ordre sera puni de telle ou telle manière. La première phrase peut être réunie avec la seconde dans un même acte ; elle peut aussi en être séparée extérieurement. Elle se présente comme un ordre de police, dépendant, dans tous ses éléments, des règles que nous avons exposées dans le § 20 ci-dessus.

La pénalité est une suite de la désobéissance.

L'autre formule aussi, plus simple et plus usitée dans le droit pénal commun : « celui qui fera telle chose sera puni de telle manière », ne contient pas seulement, vis-à-vis du sujet, la déclaration qu'il doit être puni à telle condition. La peine attachée au fait désigné implique, en même temps, la constatation que tel fait est contraire à la police et à la déclaration de la volonté de la loi, et qu'il ne doit pas être commis. On peut donc, si l'on veut, dire que la peine de police, dans ce cas aussi, est, comme toute peine de droit commun en général, une conséquence de l'insoumission à la loi ; il est vrai, en effet, qu'il y a ici une action contraire à ce que la loi avait déclaré être sa volonté. On peut aussi dire que cette peine attachée directement au fait contient un ordre, en prenant ce mot dans un sens plus général et moins exact. De véritable ordre de police, il n'y en a pas ici. L'obligation d'obéir qui lui est propre n'est pas fondée.

Il ne faut pas trop chercher l'uniformité. C'est non pas la désobéissance à un ordre, mais la conduite répréhensible, qui est la condition de la peine en général, et de la peine de police en particulier. La désobéissance n'est qu'une espèce particulière de conduite répréhensible qui, il est vrai, se présentera le plus souvent dans la peine de police (3).

3) L'importance de toute règle de droit pénale est de convaincre les sujets, par la peine fixée et destinée à être infligée, de la nécessité de tenir une conduite conforme à l'intérêt public. La règle de droit pénale de police est faite pour inspirer une conduita conforme à la police, une conduite selon le devoir qui incombe au sujet de ne pas troubler le bon ordre de la chose publique. Le mal, dont elle menace et qu'elle fait infliger, est le moyen pour atteindre ce but. Par là, la règle pénale de police se rapproche ici de la contrainte de police ; elle forme avec cette dernière l'opposé de l'ordre et de la permission dont nous avons traité jusqu'ici et qui déterminent un état juridique, sans donner le moyen de le maintenir.

Toutefois, c'est seulement par exception que le devoir général dont est tenu le sujet envers la police de ne pas troubler le bon ordre de la chose publique, peut devenir le fondement direct des mesures de contrainte à employer par l'Etat. Dans le régime du droit, la règle est que l'on doit d'abord, dans les formes convenables — règle de droit ou acte administratif —

(3) Un résumé des différentes théories se trouve dans *Rosin*, dans Wörterbuch, II, p. 274 ss. — Quand on veut caractériser la peine de police comme une peine attachée à la désobéissance (*Merkel*, Stf. R., p. 46 ; *Rotering*, Pol. Uebertretungen, p. 18), on entend par désobéissance toute conduite contraire à la volonté de la loi ; en ce sens, il y aurait également désobéissance de la part de celui qui n'agit pas comme la loi civile le veut ; la désobéissance se faufilerait ainsi dans toute sorte de délits. Dans le même ordre d'idées, il est permis de trouver, dans toute fixation de peine, un ordre auquel il y a désobéissance ; les « normes » de *Binding*, Stf. R., I, p. 156 ss. ; Normen, I, p. 1 ss., sont des ordres de cette espèce. Mais ce ne sont pas des ordres dans le sens strict de nos institutions du droit administratif. La meilleure preuve en est que cette « norme » peut aussi être fournie par l'acte d'une autorité *étrangère* auquel notre loi pénale s'attache : *Binding*, Stf. R., I, p. 180, note 17. Cet acte n'a, devant nos tribunaux, aucun caractère d'autorité ; il ne peut être question d'un ordre obligeant chez nous à l'obéissance.

déterminer plus exactement ce qui, en vertu de ce devoir, est dû ; de là partira seulement le procédé ultérieur. Cette détermination plus exacte se fait par l'ordre de police et par la permission de police, lesquels sont sous entendus par la peine de police. Mais la fixation de la peine peut contenir cette détermination en elle-même, en désignant directement le fait punissable.

Quand elle se présente sous cette forme, la règle de droit pénale de police remplit, en même temps, la fonction propre à l'ordre de police et à la permission de police.

A raison de ce double aspect, la fixation de la peine de police occupe une place centrale dans la série des institutions du pouvoir de police.

II. — La règle de droit qui édicte la peine de police est, à plusieurs points de vue, *complétée* par d'autres actes de la puissance publique.

Ces actes l'achèvent, restreignent son application ou en fournissent les conditions. Ces actes présentent partout les formes déjà connues du droit de la police : elles sont simplement détaillées et modifiées par les circonstances.

1) La règle de droit pénale peut avoir besoin d'être complétée par un *ordre de police*. Tel est le cas, lorsqu'elle ne détermine pas directement le fait punissable, lorsqu'elle attache la peine à la désobéissance à un ordre qu'elle ne formule pas en même temps, mais qu'elle suppose contenu dans d'autres lois, dans des ordonnances ou dans des actes individuels.

La question que nous avons à examiner est la suivante : quand la règle de droit pénale en matière de police contient-elle, en elle-même, pour les autorités, l'autorisation de donner les ordres qui doivent servir à la compléter?

Dans les cas ordinaires, il n'y aura pas de difficulté

pour répondre affirmativement. La loi aura, par exemple, dit : celui qui aura contrevenu aux ordres de police concernant telle ou telle matière sera puni ; ou encore : celui qui, contrairement à une défense de police, aura fait telle ou telle chose sera puni. Dans ces mots, même sans qu'une autorité soit désignée, on pourra trouver l'autorisation d'édicter des ordres correspondants. L'autorisation sera censée avoir été donnée pour les autorités dans la compétence desquelles ces matières se trouvent placées ; s'il n'y en a pas, on pourra, tout au moins, commencer par émettre une ordonnance d'exécution de la loi pénale, en vertu de cette loi, en vue d'y ajouter l'attribution de compétence et de rendre ainsi directement praticable la fixation de la peine.

Cette interprétation, il est vrai, n'a pas une valeur absolue ; il peut résulter des circonstances que, même en présence d'un texte semblable, une autorisation n'a pas dû être donnée. Tel sera le cas, lorsqu'il existe déjà une loi ayant réglé, d'une manière expresse et déterminée, le droit de faire des règlements de police pour des questions de ce genre ; dans cette hypothèse, la loi pénale ainsi rédigée n'aura pas voulu donner des autorisations nouvelles dont on puisse se servir librement ; elle ne contient plutôt qu'un renvoi à ce qui peut être fait selon l'ordre existant (4).

Il faut dire la même chose quand il y a lieu de croire que le législateur, par cette rédaction, a visé l'établissement de ces prescriptions de police par un acte législatif spécial à émettre ultérieurement ; dans ce cas aussi, nous ne trouvons pas l'intention de donner une autorisation. Tout ceci revient à une interprétation de la loi.

Mais il faut se souvenir de ces cas exceptionnels

____

(4) *Rosin*, Pol. Verord., p. 73.

lorsque la loi pénale qui doit contenir l'autorisation est une loi de l'Empire. D'ordinaire, c'est l'Etat particulier qui fournit la puissance exécutive, même pour la législation de l'Empire. Par conséquent, la question sera ici de savoir si, sur une loi pénale de l'Empire ayant la rédaction dont nous parlons, on pourrait fonder une compétence des autorités des Etats particuliers de donner des ordres. En règle, il arrivera que la législation particulière se sera déjà occupée de la matière d'une façon quelconque, et que le droit de l'Empire n'a qu'à unifier et à amender. Le droit particulier aura alors déjà admis des ordonnances et des ordres individuels dans une mesure différente ; ou bien il ne les aura pas admis, et cela représente également un ordre existant. La loi pénale de l'Empire part donc toujours, pour la totalité des droits particuliers, de cette supposition — qui, pour la loi pénale particulière, n'existe qu'exceptionnellement — que les prescriptions de police auxquelles elle entend attacher ses fixations de peine puissent trouver ailleurs leur fondement légal. Il est vrai qu'il dépend toujours de la loi d'Empire de dire, à l'occasion de la fixation de la peine, qu'elle entend aussi régler et établir sur des bases propres le droit de faire, en matière de police, les ordres et les ordonnances que cette peine suppose. Mais cela ne se présume pas. Si l'intention de donner des autorisations propres ne résulte pas de circonstances spéciales, la loi d'Empire est toujours censée attendre son complément du droit particulier agissant indépendamment d'elle.

Cette intention exceptionnelle existera en particulier, lorsque la législation de l'Empire s'emparera systématiquement de toute une sphère de la police ; dans ce cas, il est naturel que le droit d'édicter les ordres de police qui s'y réfèrent soit réglé par elle aussi bien que le droit pénal de police. C'est ainsi que la *Gewerbeord-*

nung, par exemple, contient, en même temps que les fixations de peine par la législation de l'Empire, le règlement de l'ordre de police par la législation de l'Empire. Tout différent est le Code pénal de l'Empire. Son objet n'est que la fixation de la peine, y compris, il est vrai, la fixation de la peine au cas de désobéissance à des ordres de police édictés par les autorités. Mais cela ne veut pas dire que le pouvoir de faire des ordres de police doive être réglé, à cette occasion, par la législation de l'Empire ; le droit particulier peut fournir le nécessaire. Les prescriptions du Stf. G. B. se contentent de renvoyer, d'une manière toute générale, à des prescriptions de police, à des ordres et mesures pour tel ou tel objet. On sous-entend toujours : si, d'après le droit particulier, en cette matière, un ordre, par voie d'ordonnance ou d'acte individuel, peut être donné et est réellement donné, la désobéissance sera frappée de telle peine.

On voit la différence : soit une fixation de peine, par le droit particulier, ayant la même teneur, déclarant par exemple en termes généraux : celui qui contrevient aux prescriptions de police édictées pour obvier aux dangers, etc ; nous trouverions là, sans hésiter, le fondement suffisant pour émettre ces prescriptions, à moins qu'il résultât des circonstances qu'on n'avait pas l'intention d'accorder de nouvelles autorisations indépendantes. Pour la fixation de la peine par la loi de l'Empire, au contraire, nous nions cette intention en principe, et nous n'admettons que la preuve du contraire (5).

---

(5) *Rosin*, Pol. Verord., p. 67 ss. *Schwarze*, Stf. G. B., 5ᵉ éd., p 934. — En sens contraire, *Lœning*, V. R., p. 235, note 3, veut toujours déduire, de ces mentions dans la loi pénale de l'Empire de prescriptions de police, une délégation du droit de faire des ordonnances. Il cite comme preuve les législations de l'Allemagne du Sud qui, lors de l'introduction du Stf. G. B. se contentaient d'indiquer les autorités dont devaient émaner les règlements de police prévus dans les paragra-

2) La *permission de police* est également liée à la règle pénale de police. Si la fixation de la peine s'attache à la désobéissance à un ordre de police, son effet dépend, par cela même, de la non existence de la permission prévue. Il n'y a là rien de particulier.

Mais la règle pénale, même quand elle attache directement la peine au fait désigné, peut réserver la permission. « Celui qui, sans permission de police, fera telle ou telle chose, sera puni », telle est la formule souvent usitée. Lorsque la peine est attachée directement à un certain fait spécialement désigné, cela n'implique pas un ordre ; la permission ne peut donc pas signifier ici la dispense d'un ordre.

La fixation d'une peine implique toujours la réprobation d'un certain fait. Mais à cette réprobation et, par conséquent, à la pénalité, des exceptions peuvent être apportées. Il est dit, par exemple : « Celui qui, en dehors du cas de nécessité, aura fait telle ou telle chose » sera puni. Lorsque la réprobation est abandonnée à un acte séparé, elle reçoit la forme d'un ordre de police (comp. I, n. 2 ci-dessus) ; lorsque la création d'une exception à la réprobation est abandonnée à un acte séparé, elle reçoit la forme d'une permission de police. Comme la réprobation est l'essence de la fixa-

---

phes du Stf. G. B. Mais cette indication a bien la valeur d'une autorisation que ces législations donnent elles-mêmes. Il y aurait une preuve du système de *Lœning*, si elles étaient restées muettes sur ce point, attendu que l'autorisation légale était déjà dans la loi de l'Empire, et que la désignation des autorités compétentes pouvait, s'il en était besoin, être simplement faite par des ordonnances d'exécution en vertu de cette même loi. *Lœning* trouve une autre preuve dans le § 145, Stf. G. B. « Celui qui aura contrevenu aux prescriptions édictées par l'Empereur pour prévenir les collisions de navires, etc. » ; cette loi contient indubitablement une autorisation pour l'Empereur de faire un règlement de police. Mais il y a une confusion ; ici la chose est tout autre : il ne s'agit pas d'une autorisation donnée par la loi de l'Empire aux autorités des Etats particuliers. Entre l'Empereur et la loi de l'Empire, le rapport est le même qu'entre les organes du pouvoir exécutif de l'Etat particulier et la loi particulière ; dès lors, il faut appliquer les principes que nous venons de mentionner en première ligne.

tion de la peine, la permission exclut, avec la réprobation, l'application de cette règle. Telle est ici sa fonction.

La réserve de la permission de police qui se trouve dans une loi d'Empire, jointe à la fixation d'une peine, peut désigner l'autorité dont cette permission doit émaner. Lorsqu'il est parlé d'une manière générale de « permission de police » ou de « consentement de l'autorité compétente », cela profite directement aux autorités des États particuliers qui, au besoin, seront désignées plus clairement par des ordonnances d'exécution rendues au nom des États particuliers. La législation particulière n'étant pas nécessaire pour donner à ces autorités un fondement légal quant à la permission, ne doit intervenir que dans le cas où il s'agit de restreindre plutôt le pouvoir de la permission accordée par la législation d'Empire ou de le soumettre à des conditions et à des formes de procédure.

Du reste, cet acte de dispense de la réprobation contenue dans la fixation de la peine suit les règles ordinaires de la permission de police, en ce qui concerne la manière de l'accorder, en ce qui concerne ses effets et les modes d'extinction (6).

Cette permission, dans le sens strict de notre institution, ne doit pas être confondue avec une autre espèce de consentement qu'on appelle aussi permission et qui, tout en protégeant aussi contre l'application de la peine, repose sur une base juridique toute différente.

C'est que l'effet de ce consentement ne découle pas d'un pouvoir qui appartiendrait à l'autorité de disposer de la force juridique de la règle de droit pénale ainsi

(6) On trouvera des exemples dans Stf. G B., § 367, chiff. 3, 8 et 11. *Rotering,* Pol. Uebertretungen, p. 84 : « il ne suffit pas que l'autorité de police en ait, par hasard, eu connaissance, parce qu'il faut une *causae cognitio* ». Il s'agit d'un véritable acte d'autorité, à la différence de ce qui va être dit.

que de la supprimer pour le cas individuel. Ici, au contraire, la peine est écartée parce que le consentement contient une disposition valable du bien juridique que la peine de police a pour but de protéger. Ainsi, cette espèce de permission suppose que l'objet contre lequel est dirigé le fait désigné dans la fixation de la peine, soit soumis à une certaine disposition impliquant le pouvoir d'admettre ce fait ; alors, dans la fixation de la peine même, la réserve tacite suivante — si elle n'est pas déclarée expressément — est sous-entendue : « quand cela est fait illicitement ».

Dans ce cas, il n'est pas besoin d'une autorisation légale pour déroger à la fixation de la peine et dispenser de ces effets ; il suffit du pouvoir de disposer qui appartient à celui qui donne son consentement. Le consentant ne doit pas nécessairement être une autorité de police, car cette espèce de permission n'est pas une émanation du pouvoir de police ; ce peut être une autorité quelconque préposée à la direction de l'objet de l'infraction. Cette permission n'est pas nécessairement un acte administratif, déterminant par voie d'autorité ce qui doit être de droit pour le sujet : elle peut être valablement donnée par un employé inférieur dans les limites des fonctions qui lui sont confiées. Il se peut même, selon la nature du fait illicite que la loi pénale suppose, que le consentement justificatif émane d'un particulier intéressé ; sa déclaration aura alors le même effet que, ailleurs, le consentement de l'autorité.

Cette espèce de permission trouve sa sphère d'application la plus importante dans les *choses publiques*. L'usage que les sujets pourront en faire est restreint ou exclu par des prescriptions pénales de police. Des permissions ayant, par leur forme et par leur fondement, la nature juridique que nous venons d'exposer, créent, pour les cas individuels, la possibilité d'un usage plus large. Nous y reviendrons en traitant de la jouissance des choses publiques (t. III, § 38 ci-dessous) (7).

3) Nous avons déjà parlé au § 20, III, n. 2 ci-dessus de la *sommation* comme d'une simple notification faite par la police et qui doit être distinguée de l'ordre de police. La sommation peut acquérir une importance juridique comme condition d'une mesure de police à prendre. En ce sens, elle a son rôle principal par rapport à la peine de police. C'est une manière de ménager le coupable ; on admet qu'il est possible qu'il ne soit pas suffisamment éclairé sur son devoir et qu'il s'y conformerait si on lui en donnait conscience en lui adressant directement la parole.

La loi exige, dans ce cas, que le coupable, pour devenir punissable, reçoive une « sommation » (*Aufforderung*), un « avertissement » (*Warnung*), qu'on l'ait « rendu attentif », qu'on lui ait donné une « instruction ». La sommation peut consister dans le simple avertissement que l'individu se trouve dans le cas visé par la fixation de la peine ; la sommation peut

---

(7) On trouvera d'autres exemples dans : Stf. G. B., § 360, chiff. 1, 4, 5 et 7 : § 369, chiff. 1 ; Bayr. Pol. Stf. G. B., 1871, art. 23. — Nous aurons aussi à citer ici les cas dans lesquels la « violation d'un droit privé » est punie dans l'intérêt de la police : Stf. G. B.. § 368, chiff. 8, 10 et 17 ; Preuss. Feld. u. Forst. Pol. Ges., § 10 ; Bayr. Pol. Stf. G. B., art. 93. Partant, une condition de la pénalité est que l'acte soit fait « sans autorisation », condition qui cesse par suite de la « permission » de celui qui a le droit de disposer. Il y a là une certaine affinité avec la cause d'exclusion de la pénalité que présente « le consentement de la personne lésée ». Mais les auteurs de droit pénal font fausse route, lorsqu'ils veulent aussi placer sous ce point de vue la véritable permission de police : *H. Meyer*, D. Stf. R., p. 317 ; *Haelsehner*, D. Stf R., I, p. 470, note 2 ; *Binding*, Stf R., I, p. 708. Notre véritable permission de police est une exclusion partielle de la règle de droit qui défend ou fixe une peine ; elle a un effet formel. Le consentement, que nous plaçons ici à côté d'elle et qu'on appelle souvent aussi une permission, ne touche pas à la règle de droit ; il modifie le fait qu'elle vise, de manière à ce qu'elle ne s'y applique plus. Quant à savoir s'il peut avoir cet effet ou non, c'est une question d'espèce. Les conditions à ajouter, les charges, la révocation, tout se règle ici d'après des principes tout autres.

ajouter des instructions et des informations sur ce que l'individu aura à faire pour que cesse le fait punissable.

La sommation a ici une certaine affinité avec la seconde espèce de permission dont nous venons de parler. Elle n'est pas un acte administratif ; elle n'a pas besoin de fondement légal ; elle n'émane pas nécessairement d'une autorité de police, pas même d'un fonctionnaire public en général ; d'après la règle pénale, il peut suffire, pour que la condition qu'elle prévoit soit remplie, d'une mise en demeure par un autre individu intéressé (8).

Par contre, la sommation ne signifie pas autre chose que l'exclusion de la condition que la loi pénale avait posée ; cette loi produit maintenant son effet, comme si la condition n'avait pas existé. La sommation n'a pas, par elle-même, de force obligatoire par laquelle elle déterminerait juridiquement le rapport de devoir.

Extérieurement, les choses se présentent souvent comme si un ordre individuel avait été édicté en vertu de la loi ; ce serait à cause de la désobéissance à cet ordre que la peine serait encourue. Mais, pour le tribunal qui aura à statuer sur la pénalité, cela fait une grande différence. Y avait-il un ordre véritable, le tribunal examinera simplement si l'autorité était dans les limites de sa compétence ; quant à savoir si le fait qu'elle a exigé était utile et nécessaire, c'est une question qui est hors de cause. Y avait-il une somma-

---

(8) Nous citerons comme exemples : l'annonce de l'heure de clôture de l'auberge, d'après Stf. G. B., § 365 (R. G., 13 mars 1884 ; Samml. Stf. S., X, p. 296) ; la prescription provisoire du vétérinaire, d'après la loi d'Empire contre les épizooties du 23 juin 1880, § 12, équivalente aux prescriptions que le médecin donne aux membres de la famille du malade qui le soignent : peu importe que la loi, dans le § 66, fixe une peine pour les cas d'inobservation ; cela ne change pas le caractère de cette prescription. Nous pouvons ajouter l'avertissement donné par le ramoneur au propriétaire, qu'il y a un danger d'incendie à prévenir, d'après Bayr. Pol. Stf. G. B., 1861, art. 171, chiff. 1 ; *Edel*, Pol. Stf. G. B., p. 401.

tion, le tribunal examine si, au sens de la loi pénale, existait le devoir d'agir ainsi, si le fait exigé par la sommation répondait aux intentions dont s'inspirait la règle de droit quant à son utilité et à sa nécessité ; l'opinion exprimée à cet égard par la sommation est sans importance. Si la règle de droit, comme cela arrive souvent, exige, pour que la pénalité soit encourue, une « sommation par la police » ou une « sommation par l'autorité compétente », cela peut signifier un ordre ou une simple mise en demeure ; d'après ce que nous venons de dire, la situation juridique sera bien différente dans les deux cas. Quant à savoir ce que la loi a voulu, cela résultera surtout de l'organisation générale du droit de la police, s'il y a des autorisations générales pour des ordres individuels, ou si, en principe, ces ordres sont écartés (comp. § 20, note 4 ci-dessus). Lorsque c'est une loi pénale de l'Empire qui se prononce de cette manière, elle s'applique différemment selon les différents systèmes de législation administrative qu'elle rencontre : pour les uns, elle s'interprète en ce sens qu'elle fixe une peine pour la désobéissance à un ordre de police, pour les autres, en ce sens que la pénalité qu'elle édicte directement dépend de l'accomplissement de la formalité d'une sommation préalable. Il n'y a pas moyen d'échapper à cette conséquence (9).

(9) La question a été surtout discutée à l'occasion du Stf. G B., § 367, chiff. 13 : « Celui qui, malgré une sommation de la police, néglige de réparer ou de démolir des bâtiments menaçant ruine ». L'inculpé peut, devant le tribunal, alléguer que la sommation n'était pas nécessaire, que le bâtiment ne menace pas ruine, ou que la réparation prescrite ne répond pas au but. Le tribunal doit-il ou non s'engager dans un examen de ce point de vue ? C'est une controverse qui est déjà ancienne. *Oppenhoff*, Stf. G. B., § 367, chiff. 13, note 75 ; *Oppenhoff*, Ressortverk., p. 32 ; *Riedel*, Bayr. Pol. Stf. G. B., 1871, 2° éd., p. 163 ; *Schicker*, Württemb. Pol. Stf. G. B., I, p. 163 ; *Rotering*, Pol. Uebertretungen, p. 30. Pour moi, la solution dépend simplement de la question de savoir si cette sommation est un ordre, c'est-à-dire un acte administratif qui, en vertu des pouvoirs attribués à l'autorité, crée par lui-même un rapport juridique, ou si, au contraire, elle n'est qu'une

III. — *La condamnation à la peine de police* est strictement liée par la règle de droit pénale. Elle consiste uniquement dans l'application de la règle au cas individuel : l'autorité examine si le fait qui lui est soumis répond à cette règle et quelle est la peine voulue par celle-ci. C'est une décision que l'autorité prononce. Cette décision, en règle, est rendue par les tribunaux pénaux communs, dans les formes de la procédure criminelle, et l'exécution suit les règles de cette procédure.

Mais il faut reconnaître que le juge, statuant sur le fait punissable, agit autrement dans la contravention

mise en demeure de se conformer à un rapport juridique déterminé directement par la loi. Les législations des Etats diffèrent sur ce point ; il est donc inexact de conclure de l'une à l'autre. Pour le droit prussien qui admet dans une vaste mesure des ordres individuels, le droit de contrôler devrait être refusé aux juges. — Le droit français autorise un ordre de ce genre dans le cas où le bâtiment menace, en même temps, la voie publique (*Dufour*, Droit adm , III, n. 367 ss. ; ma Theorie d. Franz. V. R., p. 274). Dans ces conditions, Rhein. Kass. Hof., 27 janv. 1850 a nié le droit de contrôle du juge. On a l'habitude de citer cette décision comme réglant la question d'une manière générale sans distinction, ce qui évidemment n'est pas exact. — Un droit restreint de faire des ordres de police pour ce cas est également reconnu dans Bad. Bauordnung du 6 oct. 1872. Dans les cas où, selon le droit français ou badois, la sommation est faite sans que les conditions spéciales d'un ordre de police formel soient données, la prescription pénale du Stf. G. B. s'applique cependant ; mais la sommation n'a alors que l'effet d'une mise en demeure. — Le droit bavarois ne veut pas des ordres de police individuels indépendants ; si donc, Pol Stf. G. B. 1861, art. 185, fixe une peine pour l'inobservation de la « sommation de consolider, de réparer ou de démolir des bâtiments menaçant ruine », cela ne peut signifier qu'une mise en demeure : *Edel*, le Pol. Stf. G. B., p. 426, 427 ; *Nar*, Handb. d. Distr. V. Behörden, p. 738. La jurisprudence n'est pas fixée. En ne distinguant pas clairement l'alternative capitale : ordre ou mise en demeure, on se heurte toujours à la règle, — plus vénérée que comprise — de la séparation de la justice et de l'administration, règle qu'on ne parvient pas toujours à tourner. Ob. G. H., 3 avril 1868 (*Stenzlein*, Ztschft, IV, p. 326) nie le droit de contrôle en principe, mais examine, cependant, si la sommation avait été assez claire pour indiquer au propriétaire les réparations nécessaires, et, en conséquence, acquitte ; Ob. G. H., 19 février 1876 (Samml. Stf. S., VI, p. 68) refuse tout contrôle ; Kass. H., 7 sept. 1878, au contraire, acquitte malgré la sommation faite par la police, parce que, dans l'opinion du tribunal, il n'y avait pas danger de ruine. La dernière décision est seule conforme aux principes du droit bavarois.

de police et dans le délit de droit commun. On a voulu exprimer cela de différentes manières; on a parlé de la sévérité relative de la règle pénale en matière de police, de la notion formelle de la contravention de police, de la prépondérance du fait matériel, etc. Mais le délit de police, à cet égard, n'est pas seul. Il fait partie de la grande famille *des délits administratifs* qui, partout, offrent des particularités semblables. Nous aurons à nous occuper des délits de finance, des pénalités encourues à raison du non-accomplissement de services personnels et de charges publiques; à raison même de l'omission de profiter de certaines œuvres administratives. Ces délits tirent chacun leur caractère particulier du fondement de droit administratif sur lequel ils reposent. Pour la contravention de police, c'est le droit de la police (10).

La peine de police s'attache à un fait contraire à la police, à un trouble causé au bon ordre de la chose publique par l'existence individuelle. La loi choisit ou laisse choisir par les autorités les troubles qui lui paraissent assez importants pour y attacher la peine, soit directement, soit par l'intermédiaire de la désobéissance à un ordre précédent. Eviter des troubles du bon ordre est un devoir général qui est censé reposer sur le droit naturel. La violation de ce devoir est le

---

(10) L'ancienne classification fondamentale de la doctrine du droit pénal opposait aux *crimes* les *délits de police*. Le mot police avait ici le sens étendu propre à l'ancienne terminologie; il comprenait, par exemple, la poursuite des délits de finances sous le titre de police de finances. La doctrine du droit pénal sera forcée d'observer les délimitations modernes des notions de droit public; délit administratif est la désignation qui s'impose. Les auteurs du droit pénal ont l'habitude aujourd'hui de distinguer : l'atteinte portée à un bien ou *délit matériel,* et la pure désobéissance ou *délit formel : Binding*, Normen, I, p. 204 ; *Merkel*, Abhandl., I, p. 98 ; *v. Liszt*, Stf. R., p. 102. Cette dernière notion, qui comprend notamment le délit de police, est déterminée, pour ces auteurs, dans un sens essentiellement négatif, à savoir par le défaut du fond matériel qui caractérise le délit commun. Mais ce qu'ils ne voient pas, c'est aux auteurs de droit administratif à le montrer : le soi-disant délit formel a, lui aussi, son fondement matériel.

fondement éthique de la peine de police (11). La violation du devoir ne peut être punie que dans le cas où
elle renferme une *faute* de l'individu. Il n'y a pas de
peine de police sans faute ; sur ce point, elle est l'égale
de la peine de droit commun. Mais la faute consiste
déjà dans la négligence mise par l'individu à faire le
nécessaire pour remplir son devoir. Et ce qui, à cet
égard, est exigé de lui est si étendu et si absolu, que,
dans la marche régulière des choses, chaque fois qu'il
aura fait son devoir, le résultat que poursuit son
devoir sera atteint.

C'est pour cela qu'il suffira, en effet, du simple fait
extérieur que le but du devoir n'est pas atteint, que
le trouble n'a pas été évité, que ce qui était nécessaire

(11) *Rosenfeld*, dans le Bulletin de l'Union internat. de Dr. pén.,
combat ma définition comme équivoque et en même temps superflue ;
d'après lui, il suffira, pour caractériser la contravention de police, de
relever « la possibilité d'un préjudice ou d'une menace dirigée contre
un droit ». Cet auteur ne s'est pas rendu compte de l'importance pratique de la question. Peu importe que la formule soit plus ou moins
précise ; l'essentiel est de reconnaître le grand principe du devoir général préexistant que la peine de police contribue à ramener à effet. —
On ne doit pas dire que le fait contraire à la police ne peut pas être
le fondement de la législation pénale en matière de police, puisqu'il
n'entraîne pas toujours une punition, mais qu'il ne l'entraîne que dans
le cas où une peine a été fixée positivement. En effet, il n'en est pas
autrement du fondement éthique du droit pénal commun ; parmi les
« atteintes aux biens juridiques », celles qui doivent être punies ont
été également choisies par la volonté libre de la puissance publique :
Binding, Normen, I, p. 205. — Notre notion du fait contraire à la police
est remplacée, dans la doctrine du droit pénal, par des expressions
différentes : *Haelschner*, Stf. R., I, p. 318 ; *Binding*, Normen, I, p. 407 ;
Rotering, Fahrlässigkeit u. Unfallsgefahr, p. 94 ss. ; *Oppenhoff*, Stf.
G. B., sur § 59, n. 9. En tout cas, ce n'est pas par la classification
qu'on a faite dans le droit pénal commun, en délits par le résultat et
délits par la mise en danger (*Erfolgs-und Gefährdungsdelikte*), violation
d'un bien juridique et mise en danger d'un bien juridique, que nous
arriverons à une délimitation convenable ; cette classification, en effet,
peut servir à distinguer les délits de police entre eux. Il ne s'agit que
de viser le véritable bien juridique ; tapage nocturne, c'est un délit par la
violation et par le résultat ; ne pas déclarer un étranger qu'on loge, c'est
un délit de mise en danger ; brûler des feux d'artifice dans le voisinage
de bâtiments (Stf. G. B., § 368, chiff. 7), c'est la mise en danger de ces
derniers, mais il y a, en même temps, violation de la sûreté publique,
et c'est sous ce dernier point de vue que la peine a été fixée.

pour l'empêcher n'a pas été fait, pour qu'il y ait violation punissable du devoir. C'est là ce qui donne à la peine de police l'impression d'une sévérité relativement grande par rapport au droit pénal commun.

Quelquefois, cela peut ressembler à une responsabilité de droit pénal encourue à raison de la faute commise par d'autres ; l'aubergiste est obligé de déclarer à la police l'hôte qu'il a reçu ; le maître doit déclarer le domestique qu'il a engagé ; il envoie son domestique avec la déclaration, et celui-ci oublie de faire la commission : le patron sera puni. On pourrait même parler directement d'une responsabilité du cas fortuit : la porte de la cour s'est ouverte, poussée par le vent, et le chien s'échappe dans la rue : le propriétaire est punissable pour avoir laissé errer son animal. On pourrait encore parler d'une peine pour défaut de force et d'adresse : le cheval du cavalier novice prend le mors aux dents ; le cavalier qui a fait son possible pour le retenir est puni pour être allé trop vite.

Ce sont des cas semblables, que l'on vise, quand on prétend que le délit de police ne suppose aucune faute, que les notions de *dolus* et de *culpa* sont indifférentes et que tout dépend uniquement du fait extérieur du devoir non accompli, de l'obligation inexécutée (12). Mais tout cela s'explique par ce que, dans tous les cas, il s'agit non pas d'une faute morale, d'une conduite faisant par elle-même preuve de mauvaise volonté, mais d'une *faute dans l'accomplissement d'un devoir préexistant*, devoir résultant du droit natu-

---

(12) En ce sens, les juristes français, ma Theorie d. Franz. V. R., p. 184 ss. Des tribunaux allemands ont aussi maintes fois établi cette maxime : *Loos* dans Holtzendorff, Stf. R. Zeitung, X, p. 323. Comp. sur ce point : *Haelschner*, Stf. R., I, 309, note 1 ; *Binding*, Normen, II, p. 215 ; *Weingart* dans Ger. Ztg. f. Sachsen, 1879, p. 161 ss. Les exemples sont, du reste, souvent tirés du délit fiscal, qui est cependant régi par des règles particulières.

rel et de la vie sociale. Pour remplir ce devoir, il faut manifester une certaine énergie qui garantit, dans chaque entreprise, la conduite conforme à la police ; il y a là non seulement une question de bonne volonté, mais aussi de capacité. Celui qui n'est pas capable de tenir en main ses serviteurs et ses aides, ne doit pas commencer une entreprise dans laquelle il aura à remplir, par ses gens, des devoirs envers la police. Celui qui ne peut pas tenir absolument fermée sa cour est déjà en faute par cela même qu'il laisse librement courir son animal dans cette cour ; celui qui n'est pas maître de son cheval est en faute vis-à-vis du bon ordre de la chose publique, dès qu'il monte en selle. C'est dans la possession d'une propriété, d'une usine, d'un animal, dans l'entreprise elle-même qu'on n'est pas en état de mener conformément à la police, que réside la faute qui rend punissable, dès qu'il en résulte effectivement un fait contraire à la police (13).

Si donc, le fait extérieur d'une conduite contraire à la police suffit pour constater la faute, il faut, pour échapper à la punition, faire la preuve contraire, au moyen de *causes spéciales propres à écarter la faute*. Mais si des causes de ce genre sont reconnues, cela démontre clairement que la peine de police suppose une faute.

Ces causes sont de deux sortes ; nous pouvons distinguer la justification et la disculpation.

(13) On sous-entend donc toujours quelque chose de positif, une manifestation de l'existence individuelle par la possession, la gestion, l'entreprise, l'action ; cela paraît avoir fait dire à *Haelschner*, Stf. R., I, p. 309, note 1, que la peine de police exige une « activité intentionnelle ». D'une intention au sens du droit pénal, il ne peut pas en être question. Si, par exemple, dans Bl. f. adm. Pr., 1887, p. 181, le fermier est puni parce que, après une averse, du purin s'est écoulé d'un autre immeuble sur le sien et de là sur la voie publique, cela n'implique certainement pas d'intention ; il est puni parce que, « négligeant le soin qui lui incombe, il a omis de prendre les mesures qui étaient à sa portée, pour prévenir l'écoulement du purin ». C'était la possession de la ferme qui lui imposait ce soin.

1) L'inculpé peut, contre la présomption, faire la preuve qu'il a cependant fait son devoir. Il s'agit de prouver l'existence d'une cause étrangère qui, malgré les efforts de l'inculpé, a amené le résultat contraire à la police.

Le cavalier est allé à une vitesse défendue ; mais le cheval avait été irrité par des pierres qu'on lui avait jetées. La lanterne qui devait éclairer les matériaux déposés dans la rue n'était pas allumée ; mais le vent l'avait éteinte.

La voiture allait à la descente sans que les freins fussent serrés ; mais le frein s'était rompu au moment critique.

Notons qu'une fois la preuve faite d'une cause étrangère, tout n'est pas fini. Le sujet a le devoir de prévoir et de combattre les effets de ces causes ; il a le devoir de se mettre en mesure de le faire : il fallait pouvoir retenir le cheval après quelques écarts inévitables, rallumer à temps la lanterne éteinte, éviter d'employer un frein défectueux. La preuve ne sera parfaite que s'il n'y a à adresser aucun reproche quant à l'accomplissement du devoir d'éviter effectivement le trouble.

A coup sûr, à l'impossible nul n'est tenu ; on ne peut pas exiger des efforts et des préparatifs hors de proportion avec le devoir à remplir. Il y a des limites à ce qui raisonnablement peut être considéré comme dû. Ces limites ne sont pas fixées d'une manière formelle : elles dépendent, elles-mêmes, du droit de la nature qui régit toute cette matière.

Il appartient au juge de les trouver en se laissant guider par les mœurs, par les usages et par l'opinion commune touchant ce que la société peut exiger de ses membres dans l'intérêt du bon ordre.

Cela sera toujours assez rigoureux ; mais si toutes ces exigences sont satisfaites, l'inculpé doit être acquitté malgré le fait matériel contraire à la police : il n'y a pas alors violation du devoir ; la justification est faite (14).

2) La pénalité suppose encore que, dans la conduite illicite, se manifeste une *volonté malveillante.*

Pour la peine de police, cette preuve est suffisamment faite, quand il est constaté que l'on n'a pas manifesté l'énergie nécessaire pour remplir le devoir envers la police (15). Mais ici encore, la preuve contraire est possible : les causes exclusives de pénalité, établies par le droit pénal commun, s'appliquent à toutes les affaires pénales portées devant les tribunaux ordinaires. Il y a donc lieu d'invoquer aussi, pour les contraventions de police, les règles du Stf. G. B. relatives au défaut de discernement, à la légitime défense, à la haute nécessité, à la provocation, à l'erreur (16). Leur application, naturellement, doit s'adapter au caractère particulier du délit de police.

Cela s'entend tout spécialement de cette cause d'exclusion de pénalité, qu'est *l'erreur.*

Le droit pénal commun fait une différence entre les délits intentionnels et les délits commis par négligence ; dans ces derniers, l'erreur n'exclut la pénalité

(14) Il en est de même, en droit pénal commun, dans le délit commis par négligence. Si la preuve qui décharge est plus difficile pour le délit de police, c'est parce que les exigences quant à l'énergie à employer sont plus rigoureuses ; c'est aussi parce qu'on exige spécialement de se préparer et de se rendre capable. Dans le délit de négligence, cela n'a lieu qu'exceptionnellement, par exemple, dans le cas d'homicide par la violation du devoir professionnel du médecin : *Merkel,* Stf. R., p. 309, sur § 222, Stf. G. B. Le droit pénal, en matière de police, suppose, chez tous les citoyens, un devoir professionnel de faire preuve, dans tout ce qu'ils entreprennent, d'une énergie et d'une capacité suffisantes pour éviter des troubles du bon ordre.

(15) La loi pénale peut aussi supposer une faute accentuée, une infraction voulue et intentionnelle. En règle, cela n'entraîne qu'une aggravation de la peine ; la pénalité subsiste même sans cette qualification spéciale : *Edel,* Pol. Stf. G. B., p. 116 et 117. R. Nahrungsmittel-Ges. du 14 mai 1879, § 10 et 11, § 13 et 14 ; R. Rinderpest-Ges. du 21 mai 1878, § 1 et 3.

(16) *Haelschner* dans Gerichtssaal, XVIII, p. 321 ss.

que dans le cas où l'erreur est excusable, c'est-à-dire ne repose pas elle-même sur une négligence (Stf. G. B., § 56, al. 2). Dans le délit de police, par conséquent, l'erreur ne peut être invoquée qu'autant qu'elle n'est pas elle-même la suite d'une inobservation du droit envers la police. D'ailleurs, ce devoir exige chaque fois que l'individu s'arrange de manière à être en mesure de le remplir convenablement, en particulier de se tenir au courant de ce qu'il lui faut savoir à cet effet. Ce devoir est, à cet égard, aussi rigoureux que le « devoir professionnel spécial » du droit pénal commun. Dès lors, d'après les principes de la police, non seulement l'erreur n'excuse pas, quand elle repose sur une condition légère, insouciante et négligente, mais elle est inexcusable, dès qu'il ne tenait qu'à l'individu d'avoir la connaissance nécessaire.

Il était absent; ou bien, il s'est mis, d'une autre manière, licite en elle-même, dans une situation qui lui rend difficile ou impossible la connaissance des faits qui nécessitent son activité, pour que son devoir soit rempli (17).

Il s'est fié à d'autres personnes qu'il a chargées de remplir le devoir qui lui incombe, et croit que tout est bien géré (18).

(17) O. Tr., 24 oct. 1861 : le propriétaire ne veut pas faire un procès à son locataire qui retient le logement sans droit et lui en défend l'accès ; les cheminées sont en mauvais état, sans qu'il le sache ; il en est responsable.

(18) R. G., 12 oct. 1880 (Samml. Stf. S., II, p. 327) : un jeune ouvrier avait été employé illégalement à l'insu du propriétaire de la fabrique ; ce dernier avait même expressément enjoint au contremaître de ne pas l'employer. Le tribunal, déclare le § 59, Stf. G. B. (l'erreur est une cause d'excuse) applicable, en principe, au délit de police ; mais, ici, l'ignorance du manufacturier présente elle-même une violation de ses devoirs. — O. L. G. Münich, 18 mai 1888 (*Reger*, IX, p. 96) : le propriétaire de la maison croyait, de bonne foi, que l'individu, qu'il avait engagé à cet effet, avait veillé au nettoyage du trottoir qui lui incombait ; cela ne le met pas à l'abri d'une punition. Comp. aussi O. L. G., Dresde, 29 déc. 1887 (Sächs : Ztschft f. Pr., X, p. 341) ; Kammer-Ger., 22 déc. 1881 (*Reger*, IV, p. 28), 3 fév. 1887 (*Reger*, IX, p. 25).

Il a omis de faire des investigations et recherches plus minutieuses, parce que les apparences n'éveillaient aucun soupçon (19).

L'erreur, dans ces cas, est toujours excusable moralement ; mais elle ne l'est pas au point de vue de la police ; le devoir envers la police exige même des choses extraordinaires ; celui qui laisse aller les choses comme on le fait dans la vie ordinaire, assume le risque de son ignorance, quant aux faits qui en résultent. L'énergie exigée de l'individu à cet égard ne laisse pas facilement ignorer les faits — c'est justement ce que l'on veut ; — on aboutit dès lors à ce résultat, qu'il ne peut y avoir erreur qu'autant que l'on peut relever une négligence quelconque ; par conséquent, l'erreur n'est pas excusable.

Sauf circonstances extraordinaires, l'erreur ne sera excusable que si la connaissance des faits suppose une instruction technique ou une organisation spéciale, qui ne sont pas censés être indispensables à un homme qui doit se conduire selon les exigences de la police (20).

(19) O. Tr., 5 févr. 1864 (cité par *Loos*, dans Stf. R. Zeitung, X, p. 327, qui s'en déclare scandalisé) : un individu est puni pour avoir engagé, sans l'autorisation de police prescrite, une domestique de nationalité étrangère, « quoiqu'il ait ignoré la nationalité de sa bonne ». Il faut que le patron se renseigne ; la bonne foi insouciante ne suffit pas. Toutefois, le tribunal va trop loin en alléguant que, pour condamner, « le fait dans son apparence extérieure » suffit. Si le patron s'était informé et si, malgré toutes les précautions prises, il avait été trompé, il aurait été certainement acquitté. — La même chose a été jugée au cas d'un commissionnaire, qui, sans le savoir, avait expédié de la poudre à feu. O. Tr., 16 juillet 1868 (*Oppenhoff*, R. Spr , IX, p. 458. — De même, la prescription du § 367, chiff. 7, Stf. G. B. concernant la mise en vente d'aliments nuisibles ou falsifiés a, maintes fois, donné l'occasion de discuter ces questions. « Par cette défense, déclare O. Tr., 15 déc. 1875 (*Oppenhoff*, R. Spr., XVI, p. 797), la loi a voulu obliger celui qui a l'intention de mettre en circulation des objets de ce genre, à mettre les soins exigés par les circonstances en vue de s'assurer de la sincérité et du bon état de la marchandise ». Dès lors, quand quelque chose laisse à désirer, le délit est consommé. — Dans le même sens s'expriment les motifs du projet de la loi d'Empire sur les aliments de 1874, p. 73.

(20) L'appréciation de ce qui, raisonnablement, peut être exigé à cet

Cela est surtout vrai de la faculté d'apprécier des questions de droit. La connaissance de la règle de droit dont dépend le devoir violé, et son intelligence sont, selon les principes généraux, rigoureusement supposés (21). Mais le caractère d'un fait d'être contraire à la police peut, selon les circonstances, dépendre de l'existence ou de la non-existence d'un certain rapport juridique, de la manière dont les règles de droit, des actes administratifs et d'autres faits juridiques ont produit leur effet dans le cas individuel. S'il y a erreur à cet égard, on admettra plus facilement qu'elle n'a pu être évitée par l'effort fait conformément au devoir. Le résultat — et à première vue, cela pourrait sembler assez étrange — est que, parmi les cas dans lesquels la jurisprudence reconnaît l'erreur comme une cause exclusive de la pénalité, l'appréciation erronée d'un rapport juridique joue un rôle considérable (22).

égard, peut varier selon le temps et selon les circonstances. Kammer-Ger., 2 déc. 1884 (*Reger*, VI, p. 258) a estimé qu'on ne peut pas obliger le vendeur à procéder à un examen microscopique de la viande de porc, en vue de s'assurer qu'elle n'était pas atteinte de trichine. Mais si des arrangements généraux sont pris pour faciliter cet examen, cette appréciation changera. — L'exposé des motifs du projet de loi sur les aliments de 1874, p. 25, déclare excusé celui qui « s'est efforcé convenablement de s'instruire ». Un effort est toujours supposé.

(21) Il y a une exception dans Bayr. Pol. Strf. G. B., 1861, art. 21. — Quand la pénalité suppose l'intention, la pénalité, du moins, peut être exclue par l'interprétation erronée des prescriptions : R. G, 19 avril 1888. — Très instructifs surtout sont les cas où l'erreur de droit est née avec le concours de l'autorité. O. L. G. Münich, 15 juin 1888 (Samml. V, p. 116) et *Loos* dans Stf. R. Zeitung, X, p. 327, s'occupent de cas dans lesquels des explications officielles erronées sur le droit existant n'excusent pas. O. Tr., 6 mai 1879, au contraire, parle, dans un cas analogue, d'un « rescrit qui couvre en toute occurrence ». Il est évident qu'il est plus conforme aux principes du régime du droit, que le sujet supporte lui-même la responsabilité de la manière dont il comprend la loi ; la confiance patriarcale dans l'opinion des autorités ne peut pas le décharger.

(22) Tels sont tous les cas de délits de police dans lesquels *Loos*, Stf. R. Zeitung, X, p. 327, voudrait voir une inconséquence de l'Ober-Tribunal prussien ; celui-ci, d'après *Loos*, aurait abandonné son principe purement matériel. — O. Tr., 1er mars 1866 : l'inculpé a cru, de

bonne foi, avoir acquis un droit de chasse ; O. Tr., 13 juin 1867 : on a cru, par erreur, n'être pas tenu d'entretenir le chemin public. Dans les deux cas, l'erreur excuse. *Haelschner*, Stf. R., I, p. 319, note 1, cite avec raison comme exemples principaux de l'efficacité de l'erreur les cas dans lesquels le délit de police suppose « un fait non autorisé ». On trouvera d'autres exemples dans O. L. G. Munich, 13 février 1880 (*Reger*, I, p. 336) ; 17 février 1883 (*Reger*, IV, p. 190) ; R. G., 3 mars 1884. Tel est aussi le cas de la permission de police non valable, cité § 21 note 27 ci-dessus, où le Tribunal de l'Empire a acquitté pour cause d'erreur. Il s'agit non pas d'une explication erronée de la loi, donnée par l'autorité à l'inculpé (cela ne lui servirait à rien ; comp. note 21 ci-dessus), mais d'un rapport juridique spécial qui a dû être créé par l'autorité en vertu de la loi ; ici, l'erreur est excusable.

§ 23

La contrainte de police ; l'exécution par contrainte

Nous entendons par contrainte de police *l'application des moyens de force appartenant à l'autorité en vue d'assurer l'exécution du devoir qui existe envers la police.* Vis-à-vis du sujet, la puissance publique est armée de ces moyens d'une manière illimitée. Quant à savoir comment il lui est permis, selon le droit, d'en faire usage, c'est ce qui se détermine par l'organisation de l'Etat constitutionnel régi par le droit.

Il y a des circonstances dans lesquelles la force irrésistible de la puissance publique est dirigée, sans aucun intermédiaire, contre le fait contraire à la police ; c'est la *contrainte directe*, dont nous traiterons au § 24 ci-dessous.

A côté de la contrainte directe, on a organisé, d'après les idées fondamentales du régime du droit, une *exécution par contrainte de police*, qui suit le plus possible les formes de la procédure civile.

L'exécution par contrainte de police, c'est *la procédure réglée en vue d'obtenir l'exécution d'un ordre de police auquel on n'a pas obéi* (1). L'ordre de police est,

----

(1) La différence fondamentale entre l'exécution par contrainte et la contrainte directe n'est pas observée par nos auteurs, comme elle le mérite. *Foerstemann,* Pol. R., p. 393, la laisse deviner en quelque sorte, quand il parle de la première comme du « pouvoir d'exécuter proprement dit qui appartient à la police » et lui oppose la contrainte de la police « pour son autre activité ». *G. Meyer,* dans Wörterbuch, II, p. 800, remarque avec raison que les formes de cette contrainte s'appliquent aussi dans des sphères de l'administration autres que la

pour elle, ce que le jugement est pour l'exécution de
la procédure civile. C'est donc nécessairement un
ordre *individuel.*

S'agit-il d'exécuter par contrainte un ordre contenu
dans une règle de droit, le passage à cette procédure
se fait au moyen d'un ordre individuel déclarant
spécialement et prononçant pour le sujet cette obligation (2).

L'ordre de police n'est pas, par lui-même, pas plus
que le jugement civil, la détermination des moyens de
contrainte à appliquer ni l'injonction de les employer.
Il dit simplement ce qui doit être ; il représente le
titre exécutoire ; l'exécution par contrainte s'y attache
pour lui prêter main-forte par ses différents moyens.
Des prescriptions préliminaires et introductives d'exécution peuvent déjà être jointes extérieurement à
l'ordre comme au jugement.

Les *moyens* d'exécution ont été partout réglés par
des lois récentes. Ils sont, en principe, identiques à
ceux prévus dans le C. pr. O. § 887 ss. pour obtenir la
réalisation de l'obligation de faire ou de ne pas faire.

Pour bien comprendre ces prescriptions légales et
surtout pour combler leurs lacunes, il est nécessaire
de se rendre compte des idées fondamentales qui doivent présider à cette exécution et qui la distinguent de
l'exécution de la procédure civile.

La police, c'est-à-dire l'autorité administrative,

---

police. On peut donc se servir avec lui de l'expression plus générale de
« procédure de contrainte administrative » (*Verwaltungszwangsver-
fahren*). Mais en définissant cette contrainte comme « l'exécution des
ordres et dispositions des autorités administratives ainsi que des tribunaux administratifs », il ne comprend que l'exécution par contrainte ;
il oublie la contrainte directe.

(2) *Foerstemann*, Pol. R., p. 401 : « Toute exécution de police dépend
de l'existence d'un rescrit de police ou d'une disposition de police.
Trop vague est le Bad. Pol. Stf. G. B., § 31 ; mais encore ici, un ordre
individuel, une prescription « *in concreto* » est tacitement supposée :
Binguer et Eisenlohr, Bad. Stf. R., p. 192.

n'est pas une partie qui invoque le secours du tribunal et de ses agents d'exécution. L'ordre de police n'est pas la mise en demeure qu'un particulier adresse à son débiteur ; c'est un acte d'autorité. Il est de sa nature qu'il doive être exécuté par contrainte ; l'autorité peut le ramener à effet par son propre pouvoir au moyen des auxiliaires qui sont à sa disposition. La contrainte et la force, en tant qu'elles se sont exercées uniquement avec cet effet, n'ont pas besoin d'un nouveau fondement légal. La question de ce fondement est déjà vidée par le fait que l'ordre — dont la contrainte n'est que la conséquence — est valable. De même, toutes les décisions et constatations qui se tiennent dans *ligne directe de la continuation de l'ordre* sont, par cela même, valables et efficaces. Il se peut que des prescriptions expresses de la loi les règlent et les restreignent. Il n'y a rien de juridiquement nécessaire à cet égard.

Un fondement légal nouveau ne devient nécessaire que dans le cas où il s'agit d'imposer à l'individu, comme suite de sa désobéissance, quelque chose de *plus* ou *différent* de ce qui est contenu dans son obligation d'obéir, notamment dans le cas où la contrainte affecte le caractère d'une *punition*. Mais l'exécution par contrainte ne peut pas arriver à un résultat sans ces additions ; dès lors, la question du fondement légal acquiert une importance considérable.

Fixer la ligne de séparation entre ce qui, en matière d'exécution, va de soi, et ce qui dépend de la loi, est une des tâches les plus essentielles de ceux qui étudient l'exécution par contrainte en matière de police (3).

---

(3) *Gneist*, dans *Holtzendorff* Rechtslexikon, III, 2, p. 1106 ss., n'accepte pas cette distinction. Pour lui, le pouvoir de contraindre appartient aux autorités en vertu de la tradition historique. Mais on ne peut pas ainsi faire abstraction de la transformation de toutes les bases juridiques qu'a dû amener l'Etat constitutionnel régi par le droit.

I. — *La peine coercitive est un mal à infliger au sujet, mal dont l'application est à la disposition de l'autorité en vue d'obtenir l'obéissance à un ordre individuel, émis par elle.* C'est une *peine*, en ce qu'elle répond à la notion générale d'un mal infligé par l'autorité à raison d'une conduite répréhensible ; ici la conduite répréhensible consiste toujours dans la désobéissance à un ordre individuel (4).

Mais elle frappe la désobéissance, non pas comme la peine de police, parce qu'elle a eu lieu, mais afin qu'elle ne continue pas ; elle n'a pas pour but général de faire expier, d'enseigner le devoir violé ; elle vise exclusivement l'accomplissement du devoir violé dans le cas donné. C'est un *moyen de contrainte* (5).

De ce caractère de moyen de contrainte résultent les règles particulières qui la régissent dans tous les détails ; elle se distingue par là de toutes les autres sortes de peines. Ce n'est pas une peine, en particulier au sens du Code pénal de l'Empire.

Il n'y a pas à appliquer les prescriptions des §§ 5 et 6

Anschütz, dans Verw. Arch., I, p. 385 ss., fait très bien ressortir les différentes étapes de l'histoire de la contrainte administrative en Prusse.

(4) C'est pour cela qu'on l'appelle aussi : peine de désobéissance (*Ungehorsamsstrafe*). On la désigne aussi sous le nom de peine d'ordre (*Ordnungsstrafe*). Mais, sous ce nom, on comprend encore d'autres choses : des peines disciplinaires (Comp., t. IV, § 45, II, ci-dessous), des peines pour désordre commis à une audience judiciaire (G. V. G., § 179 ; *Schicker*, Württ. Pol. Stf. B., p. 80), certaines peines fiscales (Comp., § 31 ci-dessous).

(5) *Anschütz* dans Verw. Arch., I, p. 455. *Loening* n'est pas d'accord avec la législation qui, d'après lui, sous l'influence de la fausse théorie qui considère la peine coercitive comme un moyen de contrainte, fait à cette peine un traitement tout différent de la peine criminelle, tandis qu'elle n'en diffère que par la menace spéciale contenue dans une disposition de l'autorité. Mais il nous semble qu'il y a déjà là une différence très considérable. — *G. Meyer*, dans Wörterbuch, II, p. 801, voit la particularité de la peine coercitive dans ce qu'elle est « fixée à une époque où l'on ne sait pas encore s'il y aura contravention ou non ». Par la fixation, la menace est entendue ici ; mais la menace par la règle de droit n'est-elle pas en présence de la même incertitude ? — Erronée est l'opinion de *Schulze*, Preuss. Staatssrecht, II, p. 219.

E. G. z. Stf. G. B., qui restreignent les peines à fixer par des lois particulières selon la qualité et l'étendue du moyen de contrainte (6).

1) La peine coercitive a besoin d'un *fondement légal propre*. Celui sur lequel repose l'ordre ne lui suffit pas. En effet, tout en servant à l'ordre et à son exécution, la peine coercitive agit de manière à imposer au sujet une charge qui n'est pas comprise dans l'ordre lui-même. Cette autre chose au moyen de laquelle la peine coercitive pousse à obéir à l'ordre, est une nouvelle atteinte à la liberté et à la propriété ; sans doute, cette atteinte est provoquée par la désobéissance ; mais, d'après les principes de l'État constitutionnel, elle ne peut avoir lieu qu'en vertu d'une autorisation de la loi. Qu'elle ait été usitée de tout temps, qu'on l'ait considérée de bonne heure comme un instrument indispensable des pouvoirs des autorités supérieures, cela n'y peut rien changer. L'État sous le régime de la police n'a pas créé, en pareille matière, de droit coutumier ; il n'a pas laissé subsister le droit qui pourrait avoir existé auparavant. Il n'y aurait là qu'une prescription générale émise par lui et susceptible d'être adoptée comme une loi dans le sens moderne (comp., t. I, § 10, n° 1 ci-dessus), loi qui, aujourd'hui encore, pourrait remplacer le fondement nécessaire.

Mais la tradition historique a exercé son influence sur la législation moderne pour lui faire accepter la peine coercitive d'une manière très étendue. En principe, on a placé la peine coercitive à côté de tout

---

(6) Cela n'a d'importance que dans le cas où le droit particulier n'observe pas, lui-même, ces limites ; par exemple, un droit qui ne fixe pas de limite pour la peine coercitive, comme le droit de la Saxe ; *Schwarze*, Sächs. Gerchtszeitung, XV, p. 165. — Inutile de dire qu'il ne peut pas être question d'appliquer à ces « affaires criminelles » les règles de la Stf. Pr O., et du G. V. G. ; *Thilo*, Stf. Pr. O., p. 552. Mais il ne faut pas, pour cela, les qualifier d'« affaires disciplinaires dans le sens large », comme le fait *Schicker*, Würtemb., Pol. Stf. R., p. 84, note I. Il y a là tout autre chose.

ordre légitime des autorités de police. En fait, sa
sphère d'application ne peut être délimitée que négativement : la peine coercitive est admise dans tous les
cas où elle n'a pas été exclue expressément ou par
une organisation différente de la contrainte (7).

La loi détermine les peines selon leur nature, le
plus souvent comme des *amendes*, en fixant un *maximum* (8). Ces amendes ne sont pas, en cas d'insolva-
bilité, transformées d'elles-mêmes, selon les prescriptions du Code pénal, en un emprisonnement
proportionné ; cette substitution n'a lieu que dans le
cas où la loi l'a admis expressément (9).

Le fait que le pouvoir d'édicter des peines coercitives était considéré autrefois comme un attribut de
la fonction même a laissé sa trace en ce que l'importance de la peine à infliger dépend du rang que l'autorité qui s'en sert occupe dans la hiérarchie de l'organisation administrative : l'autorité inférieure, pour
maintenir ses ordres, dispose d'une peine moindre
que l'autorité supérieure (10).

(7) Preuss. L. V. G., § 132 ; Württemb. Ges., 12 août 1879, art. 2 ;
Bad. Pol. Stf. G., art. 31 ; Hess. V. Ges., 1874, art. 80. Restrictif est
le Bayr. Pol. Stf. G. B., art. 21 ; comp. la note 17, ci-dessous. Les
députés du Palatinat, dans la Chambre bavaroise, ont autrefois vivement combattu, au point de vue de leur droit provincial, l'admission
de la peine coercitive dans l'E. G. Z. Stf. G. B., 1861, art. 28 (*Risch*
dans Dollmann, Bayr. Gesetzgebung, III. III, p. 146). Ce droit provincial
était le droit français qui, depuis la Révolution, avait éliminé la peine
coercitive. La prescription de l'art. 471, § 15 du Code pénal, que
Læning, V. R., p. 252, cite parmi les lois sur la peine coercitive, contient une simple peine de police.

(8) Excepté Württemb. Ges., 27 décembre 1871, article 2 : amende *ou*
détention. La peine coercitive a, dans cette loi, beaucoup de particularités qui la rapprochent de la peine de police. D'après le droit de la
Saxe, les autorités peuvent menacer de « peines convenables », sans qu'il
y ait de règles sur la qualité et l'étendue ; *Leuthold*, Sächs V. A., p. 376.

(9) En ce sens, *Bingner et Eisenlohr*, Bad. Stf. R., p. 194.

(10) *G. Meyer* dans Wörterbuch, II, p. 800, 801 donne un résumé de
cette législation. Une exception dans le droit récent de Württemberg
d'après la loi du 12 août 1879, art. 2 : peu importe celui qui a émis
l'ordre ; on considère celui qui prononce la peine : l'autorité supérieure
peut frapper la désobéissance à un ordre de l'autorité inférieure d'une
peine plus sévère que cette dernière ne pourrait le faire.

2) La peine coercitive est destinée à servir de moyen de contrainte pour vaincre la désobéissance à l'ordre de l'autorité. Elle est donc, pour atteindre ce but, à la *libre disposition* de l'autorité ; telle est la différence avec la peine de police. Toute la procédure est dominée par cette idée.

La peine n'est pas *édictée* à la manière de la règle de droit, une fois pour toutes, pour frapper les cas de désobéissance contre les ordres de l'autorité. L'autorité doit apprécier elle-même si, dans le cas individuel, elle veut armer son ordre de ce moyen de contrainte (11). Par un acte administratif, elle édicte alors la peine pour le cas de désobéissance. Elle peut ajouter cet acte immédiatement à son ordre. Elle peut aussi l'accomplir à part, renvoyer à cet ordre ou le réitérer. Dans tous les cas, cette disposition doit être notifiée d'après les règles de l'ordre de police. Cependant, nous rencontrons ici, de préférence, des prescriptions de formes, qui, autrement, sont si rares ; en particulier, la signification par écrit est souvent prescrite par la loi.

La menace notifiée fait naître pour celui auquel elle s'adresse, un état juridique de *pénalité conditionnelle* ; s'agit-il d'une défense, la condition est simplement l'inobservation de la défense ; s'agit-il d'un commandement, la condition est l'inobservation dans un délai déterminé qui résulte de la nature des choses ou qui est fixé expressément.

Quand la désobéissance se produit de l'une ou de l'autre manière, la pénalité conditionnelle devient effective : l'autorité a le pouvoir de *prononcer* la peine.

---

(11) Ce n'est qu'en Württemberg, loi du 12 août 1877, que la menace d'une peine prévue par la loi est toujours censée être jointe tacitement à l'ordre. Cependant, en pratique, quand on a l'intention de se servir du moyen de contrainte, il est d'usage d'avertir, donc de menacer de la peine. *Schicker*, Württemb. Pol. Stf. R., p. 78.

Pour qu'il y ait désobéissance, il ne suffit pas d'une contradiction extérieure avec l'ordre ; ici, comme dans toute peine, on suppose une *faute*. Pour savoir s'il y a faute, on appliquera les mêmes principes que ceux qui régissent la peine de police : des causes de justification et de disculpation (comp., § 22, III, n⁰ 1 et 2 ci-dessus) sont admises ici de la même manière (12).

Mais la nature de cette peine, qui est d'être un moyen de contrainte, se fait encore sentir dans son application même, et cela de deux manières.

D'abord, l'application de la peine est à la disposition de l'autorité. La peine n'est pas encourue par le seul fait de la désobéissance, comme la peine de droit commun ou la peine de police, de telle sorte que l'autorité serait tenue, selon les principes du pouvoir exécutif, de prononcer ce qui maintenant est de droit conformément à la menace faite. Au contraire, l'autorité est libre d'apprécier si elle juge opportun d'user de la contrainte. En fait, il est bon que l'autorité ne s'expose pas à avoir l'air de faire de vaines menaces ; si donc la menace n'a pas eu d'effet, en règle, la peine sera prononcée. Et la peine appliquée aura aussi la gravité indiquée dans la menace. Mais l'autorité peut avoir changé d'avis ; elle peut ne plus attacher aucune valeur à la réalisation de son ordre ; ou bien d'autres chemins sont ouverts devant elle pour atteindre le but ;

(12) C'est l'autorité même qui émet l'ordre et qui menace de la peine coercitive, qui prononce la peine ; le contrôle de la validité de l'ordre, qui s'exerce si rigoureusement lorsqu'il s'agit de statuer sur la peine de police (Comp., § 20, III, n. 1 ci-dessus), n'existe donc pas ici. Il en serait autrement d'après la loi de la Hesse du 12 juin 1874, art. 80 ; cette loi fait prononcer par le tribunal ordinaire la peine coercitive, dont l'autorité administrative a formulé la menace. Mais ici, il est déclaré expressément que le tribunal aura à prononcer la peine toutes les fois que « l'on constatera une notification suffisante de l'ordre de police à la personne dénoncée et la contravention ». Ainsi, le contrôle du tribunal est encore restreint à la question de savoir s'il y a ordre de police, c'est-à-dire ordre émis par une autorité de police dans sa compétence générale. Cela suffit pour assurer l'indépendance de l'exécution par contrainte de police.

elle peut alors renoncer complètement à infliger une peine. Elle peut aussi espérer arriver au but avec une pression moindre ; dans ce cas, elle prononcera une peine inférieure à celle dont elle avait formulé la menace, et réservera le reste (13).

Toutefois, même la condition une fois remplie, et, par suite, malgré la désobéissance manifeste, la peine ne *peut* plus être prononcée, lorsque, avant que la peine ait été prononcée, *son but, comme moyen de contrainte, disparaît*. Peut-être la prestation due a-t-elle été effectuée après coup, alors que le délai était écoulé et que la peine, d'après les principes du droit pénal pur, était définitivement encourue : la peine coercitive, dans ce cas. n'est plus à sa place, elle ne doit pas être prononcée. Il en serait de même, si l'accomplissement de l'obligation ordonnée est devenu impossible ; il n'y a plus alors rien à quoi l'on puisse contraindre ; avec son but, la peine coercitive perd son pouvoir. Il faut donc s'abstenir de la prononcer (14).

La peine *une fois prononcée* crée pour le condamné une situation juridique nouvelle qui n'est plus à la libre disposition de l'autorité ; celle-ci n'a pas le droit de faire grâce. L'amende fait l'objet d'un droit correspondant du fisc, auquel l'autorité ne peut pas renoncer ; l'amende est exigée dans les formes de la contrainte fiscale. L'emprisonnement, au cas où il aurait

(13) La libre disposition de l'autorité administrative quant à la peine à prononcer est admise même dans les législations qui rapprochent la peine coercitive de la peine de police. Württemb. Ges., 12 août 1879, quoique considérant la menace de la peine comme toujours sous-entendue, déclare dans son article 2 : « la désobéissance... *pourra* être punie ». Hess. Ges., 12 juin 1874, qui fait prononcer la peine coercitive par le tribunal, fait cependant dépendre la poursuite d'une demande de l'autorité administrative et, par conséquent, de la libre appréciation de cette dernière.

(14) En ce sens O. V. G., 31 janvier 1877, 9 juin 1877, 20 juin 1880. *Neukamp* dans Verw. Arch., III, p. 72, note 61. Il en est autrement en droit württemb.: la peine est encourue comme la peine de police ; *Schicker*, Württ. Pol. Stf. R., p. 77, note 2.

été prononcé, entre dans les formes ordinaires de l'exécution de la peine.

Quant à l'affaire de police elle-même, elle peut continuer malgré la peine prononcée et exécutée : le fait contraire à la police subsiste, le condamné reste toujours réfractaire. Dès lors, la peine, à raison de sa nature de moyen de contrainte, est encore à la disposition de l'autorité. Peu importe que le fait, auquel elle s'attache, soit le même que celui qui a déjà fait l'objet d'une condamnation ; la maxime *non bis in idem* n'existe pas pour elle. La menace de la peine peut être adressée *à nouveau* pour le même ordre et à raison de la même désobéissance qui ne fait que continuer. La menace nouvelle est faite dans l'acte même qui prononce la première peine, ou bien elle est formulée ultérieurement dans un acte séparé. Il est contraire au but et, par conséquent, impossible de laisser s'accumuler les menaces et de réunir à la fin toutes les peines à prononcer dans un seul acte. En effet, la notification de la peine édictée doit, chaque fois, augmenter la force de la nouvelle menace ; la prononciation de la peine est, comme nous l'avons vu, considérée elle-même comme un moyen de vaincre la désobéissance; c'est en ce sens qu'il faut en faire usage (15).

La réitération de la menace et de la prononciation de la peine peut continuer aussi longtemps que le but

(15) O. V. G., 10 juin 1880 (Samml., VII, p. 341) : prononcer la peine coercitive, c'est, en soi, « un moyen de contrainte pour forcer celui contre lequel ce moyen est dirigé, d'obéir, et pour atteindre ainsi un but déterminé ». Il faut que la première menace soit arrivée à son terme par la prononciation de la peine ; alors seulement, on pourra procéder à une nouvelle menace : Bayr. Pol. Stf. G. B., art. 21, al. 3. Mais il n'est pas nécessaire que l'acte qui inflige la peine soit devenu inattaquable : O. V. G., 11 décembre 1880 (Samml., VII, p. 388), décision, dans laquelle *Parey,* Rechtsgrundsätze, p. 367, n. 4, veut trouver la maxime contraire. Il en est autrement, quand, à l'avance, la menace de la peine a été adressée pour chaque cas individuel de contravention ; ici, plusieurs peines peuvent en définitive être additionnées et infligées par un seul et même acte : O. V. G., 25 octobre 1886. Comp. aussi *Anschütz* dans Verw. Arch., I, p. 455.

n'est pas atteint, et tant que le maximum de la peine, qui est à la disposition de l'autorité, n'est pas dépassé.

A cet égard, tout dépend de la manière dont la loi a voulu fixer le maximum : ce maximum peut concerner chaque cas de menace ; la réitération est alors illimitée ; il peut aussi signifier la somme que la totalité des peines prononcées à l'occasion de la désobéissance ne doit pas excéder ; il faut alors que l'autorité s'y conforme ; en règle, elle n'ira pas tout de suite jusqu'à la dernière limite ; elle se réservera la possibilité d'une pression ultérieure (16).

3) La peine coercitive rencontre encore une limite spéciale dans le *concours avec une peine dont la menace est édictée par une règle de droit.*

Elle n'est pas soumise, par elle-même, à la règle *non bis in idem.* Elle n'empêcherait pas, une fois qu'elle aurait été prononcée et exécutée, l'application de la peine conforme à la règle de droit. Mais elle est exclue lorsque, pour le fait qu'elle doit frapper, la menace d'une peine est édictée par une règle de droit.

Cette dernière théorie, qui forme donc l'exception, s'explique par les principes généraux relatifs à la force obligatoire de la règle de droit vis-à-vis du pouvoir exécutif (Comp., t. I, § 7, ci-dessus). Ces principes produisent ici leur effet dans l'ordre d'idées que nous avons rencontré dans la permission de police (Comp., § 21, II, n° 2 ci-dessus). Dès que la règle de droit a fixé une peine pour un certain fait, elle s'est emparée

---

(16) En ce sens le droit badois : *Bingner* et *Eisenlohr*, Bad. Stf. R., p. 194. Par contre, la limite indiquée dans Preuss. L. V. Ges., § 132, ne concerne que « chaque acte de punition séparément » : O. V. G., 11 décembre 1880 (Samml., VII, p. 383). Bayr. E. G. Z. Stf. G. B., 1861, art. 28, n'avait nullement prévu une réitération de la peine coercitive ; aujourd'hui, Pol. Stf. G. B., 1871, art. 21, al. 3 l'admet sans limiter la totalité des peines.

de la matière ; le pouvoir exécutif ne peut infliger de peine que selon les prescriptions de la loi. La peine coercitive, étant une peine malgré sa nature particulière, se trouve exclue par la règle de droit.

Dès lors, ce moyen de contrainte ne peut pas être employé pour amener une conduite contraire à celle que la loi frappe d'une peine ; en particulier, il ne peut l'être, quand il servirait à augmenter une peine de police.

La tentation est grande dans ce dernier cas. Dans cette hypothèse, en effet, il s'agit toujours d'un fait contraire à la police, fait que, sans cela, l'autorité serait peut-être appelée à combattre par ordre et contrainte. Toutefois, cette limite est généralement reconnue ; quand la loi ne la fixe pas expressément, la jurisprudence la fait découler de la nature même des choses (17).

Mais, pour bien déterminer la portée de notre maxime, il faut distinguer.

La peine coercitive est absolument écartée quand

(17) *G. Meyer* dans Wörterb., II, p. 801 ; *Bingner et Eisenlohr*, Bad. Stf. R., p. 193 ; *Schicker*, Württemb. Pol. Stf. R., I, p. 78 ; surtout O. V. S., 9 avril 1879 (Samml., VII, p. 278 ss.) et 12 février 1887 (Samml., VII, p. 215 ss.). Même dans le droit de police de la Saxe, cette limite, du moins, est reconnue : Ordonnance du ministre de l'intérieur, 24 sept. 1855 (Sächs. Ztschft f. Pr., VI, p. 320). La véritable explication de la maxime se laisse entrevoir dans *Anschütz* dans Verw. Arch., I, p. 457. *Rosin*, Pol. Verord., p. 107 ss., la donne maintenant très exactement ; dans la 1re édition, p. 65 ss., il s'était créé lui-même des difficultés ; il appuyait trop sur le caractère de contrainte qu'il revendiquait aussi pour la peine de police (« *psychologischer Erfüllungszwang* ») ; cela aurait exclu les autres moyens de contrainte aussi bien que la peine coercitive. C'est à raison de son caractère de peine — qu'elle partage avec le contenu de la règle de droit — qu'elle cède à la concurrence de cette dernière. Bayr. Pol. Stf. G. R., art. 21 et 22 n'admet la peine coercitive que pour l'exécution de lois (et d'ordonnances) dont l'inobservation n'est pas déjà soumise à une peine fixée par une règle de droit. Cela rend déjà le concours impossible. Il est vrai que l'autorité de police bavaroise devra quelquefois se contenter de la peine de police, sans pouvoir atteindre l'accomplissement de ce qui avait été exigé au nom de la police : Bayr. Ob. G. H., 30 septembre 1867 (*Stenglein*, Ztschft, IV, p. 26). Mais, en réalité, cela n'est pas aussi néfaste qu'il pourrait le sembler au zèle des fonctionnaires de la police.

il s'agit d'empêcher la *naissance* du fait contraire à la police, fait qui serait en même temps le délit (18).

Elle ne peut pas non plus être employée pour empêcher la *réitération* ou la *continuation* du délit. Ou bien le fait tombe sous une nouvelle peine de police, et alors la maxime s'applique aussi de nouveau. Ou bien la loi n'a pas admis une réitération de la peine, mais a voulu se contenter de cette punition unique, et alors il serait encore contraire à sa volonté de frapper ce même fait d'une nouvelle peine à titre de contrainte (19).

La peine coercitive ne peut s'attacher qu'à des faits qui *ne constituent pas en eux-mêmes le délit*, quoiqu'ils lui soient connexes. Il peut s'agir de faits propres à préparer ou à faciliter le délit, ou bien de faits concernant ses suites matérielles. C'est surtout ce dernier cas qui offre une grande importance pratique. Le délit a laissé des traces ; il a créé un état de choses qui présente un trouble du bon ordre, tout en n'étant pas par lui-même le délit, ni sa continuation. Ce trouble doit faire l'objet de l'activité de la police en vue de l'écarter ; si la police procède contre ce trouble par la voie de l'ordre et de la contrainte, elle peut user de la peine coercitive. Elle frappe alors des faits dont la règle de droit ne s'est pas réservé la solution (20).

---

(18) *Rosin*, Pol. Verord., pp. 107, 112 ; O. V. G., 12 avril 1878 : une ordonnance de police pénale défend d'organiser des bals publics sans permission ; l'autorité apprend qu'un aubergiste auquel elle avait refusé la permission veut faire danser ; elle le lui intredit sous une peine coercitive. Cela est déclaré inadmissible.

(19) *Neukamp*, dans Verw. Arch., III, p. 30. En sens contraire, *Rosin*, Pol. Verord., p. 118 ss. Quand il s'agit de l'omission d'un fait exigé dans l'intérêt de la police, *Rosin*, *loc. cit.*, note 13, évite l'incompatibilité des deux peines en coupant cette omission en deux et en attribuant à chacune sa part séparée : il y a l'omission dans le délai voulu, laquelle est frappée par la peine de police, et l'omission qui se produit encore après coup, laquelle peut faire l'objet d'une peine coercitive. Mais n'est-ce pas un moyen d'éluder toute la maxime ?

(20) La démolition de constructions faites illicitement fournit les exemples principaux : *Rosin*, Pol. Verord., p. 116 : *Schicker*, Württemb.

II. — Le droit allemand, en matière de procédure civile, offre une forme spéciale d'exécution pour le cas où il s'agit de contraindre quelqu'un à l'accomplissement d'un fait qui peut être accompli à sa place par un tiers : le créancier sera autorisé par le tribunal à faire *exécuter l'obligation aux frais du débiteur* : C. Pr. O., § 887.

Transporté dans la procédure d'exécution en matière de police, cela prend la forme d'un pouvoir accordé à l'autorité de réaliser elle-même son ordre lorsqu'il vise un fait analogue.

Cette *contrainte par substitution* est réglée comme suit :

1) La contrainte par substitution *n'a pas besoin de fondement légal propre*. A la différence de la peine coercitive, elle n'impose pas de charge nouvelle pour pousser indirectement à l'accomplissement de l'obligation ; elle se borne à réaliser ce qui, en vertu de l'ordre donné, est déjà dû. Elle ne fait qu'adapter l'obligation aux nécessités de la contrainte : à la place du simple fait, tel qu'il devrait être accompli volontairement, elle met la contrainte de supporter le fait d'un autre et de rembourser les frais. Que cette exécution soit plus incommode et plus désavantageuse que l'accomplissement volontaire, c'est un résultat conforme à la nature de la contrainte en général ; mais la faculté

Pol. Stf. R., pp. 78, 79. Au cas d'une industrie frappée par la loi pénale, il s'agira du matériel qui reste, de l'enseigne, etc., pouvant faciliter la réitération du délit : O. V. G., 9 avril 1879 (Samml., V, p. 289 ss.). O. V. G., 6 juin 1885 (M. Bl. d. I., 1885, p. 151) : Une société coopérative émet des jetons semblables aux pièces de 50 pf., ce qui est défendu par une ordonnance de police pénale. La direction de police ordonne aux membres du comité de retirer les jetons dans les 14 jours, sous peine coercitive. C'est une obligation nouvelle, dont l'inobservation n'est pas frappée par la règle de droit pénal. La poursuite devant le tribunal pénal aboutit à un acquittement, la procédure de l'exécution par contrainte, au moyen de la peine coercitive, poursuivait sa route à part.

d'opérer la transformation en contrainte est contenue de plein droit dans l'ordre d'autorité.

La législation moderne s'est emparée de ce moyen de contrainte ; elle en a surtout réglé la procédure.

En tant qu'elle ne l'a pas restreint spécialement, ce moyen est libre naturellement, même sans une loi (21).

Il faudra donc qu'il s'agisse d'un fait commandé, qui puisse être accompli par un tiers à la place du

(21) Bayr. Pol. Stf. G. B., qui est avare, nous l'avons vu, de la peine coercitive, distingue aussi, dans ses articles 16, 20 et 21, alinéa 4: l'état de choses créé par un fait punissable ne peut être changé par l'exécution par substitution qu'à la suite d'une condamnation en justice ; l'exécution par substitution, pour des choses qui ont été imposées par la loi en fixation d'une peine, peut être ordonnée comme mesure provisoire ; mais le remboursement des frais n'a lieu qu'au cas de condamnation à la peine qui sera ensuite prononcée par le tribunal ; c'est uniquement dans le cas d'un ordre servant à l'exécution d'une loi (ou ordonnance) dont l'inobservation n'est pas sanctionnée par la menace d'une peine, que l'exécution par substitution peut être ordonnée et réalisée par l'autorité administrative seule. En Alsace-Lorraine, l'institution de la peine coercitive n'est pas connue (Comp., note 7 ci-dessus). Quant à l'autre moyen de contrainte, — l'exécution par substitution, — il y avait dans la législation des difficultés assez singulières. Le droit français avait soumis cette procédure à la condition d'une condamnation judiciaire pour contravention de police, laquelle condamnation autoriserait en même temps la mesure d'exécution à prendre (ma Theórie d. Franz., V. R. p. 190). Mais la législation judiciaire de l'Empire a aboli l'article 161 du Code d'instruction criminelle français, sur lequel reposait cette procédure ; elle a défendu de confier aux tribunaux de semblables missions. La police, croyant encore avoir toujours besoin d'une autorisation de la justice cherchait à se procurer cette autorisation en assignant régulièrement les coupables devant le tribunal civil en vue de les faire condamner à démolir le travail fait contrairement à la police, etc. C'était une situation intolérable dont les effets désagréables se faisaient surtout sentir en matière de police des constructions C'est alors que, chargé en qualité d'adjoint de la ville de Strasbourg de la direction de la police municipale, j'ai cherché une issue : l'abolition de l'article 161 Code d'instruction, à mon avis, avait pour conséquence non pas de nous renvoyer devant le tribunal civil à l'effet d'obtenir son autorisation, mais de nous dispenser de la nécessité d'une autorisation qui n'était imposée à la police que par une prescription positive de la loi. Nous rentrions donc dans le droit naturel ; en particulier, l'exécution par substitution allait de soi. La contrainte, en matière de police de constructions, a été organisée dans ce sens à Strasbourg et dans d'autres villes qui ont suivi son exemple ; depuis lors, elle fonctionne parfaitement sans que sa légalité ait été mise en doute.

débiteur. L'hypothèse principale est celle où il s'agit d'un état de choses extérieur devant être modifié : des constructions, des dépôts contraires à la police doivent être enlevés, des précautions sont à prendre, des choses nuisibles et incommodes à améliorer ; en particulier, on fait ainsi disparaître les traces de délits commis.

Il se peut que, pour atteindre le but, à côté de l'exécution par substitution, le premier moyen d'exécution, la peine coercitive, soit également possible. Le Code de procédure civile a prescrit que, dans ce cas, la peine coercitive serait exclue (C. Pr. O., § 888).

Ce qui découle de la nature des choses, c'est que l'autorité aura alors le choix entre ces deux moyens ; elle emploiera l'un ou l'autre ou les deux successivement ; c'est ce qui, dans le doute, devra être observé en matière administrative. Par des prescriptions expresses de la loi et dans l'intérêt présumé du débiteur, des préférences peuvent être créées de différentes manières (22).

2) La procédure a pour point de départ l'ordre dûment notifié de faire quelque chose. Elle débute par la menace d'exécution par substitution pour le cas

(22 Le choix est libre d'après Württemb. Ges., 12 août 1879, art. 2, al. 2 (*Schicker*, Württemb. Pol. Stf. G. B., p. 80); Bad. Pol. Stf. G. B., § 30, 31 (« aussi »); Hess. Ges. 20 juin 1873, art. 50 (Prov. Aussch. f. Ober Hessen, 10 juin 1884; Ztschft f. St. u. Gem. Verw., IX, p. 170); pour la Saxe : *Leuthold*, Sächs. Verw. R., p. 375. Bayr. Pol. Stf. G. B., art. 21, ne laisse le choix libre que pour la première menace ; la réitération n'est admise que dans le cas où un autre moyen de contrainte, et spécialement l'exécution par substitution, n'est pas à la disposition de l'autorité. D'après Preuss. L. V. G. § 132, il faut préparer l'exécution par substitution à la peine coercitive, « quand la chose est faisable ». Mais faisable n'est pas identique à possible ; on doit avoir égard à des considérations d'opportunité en ce qui concerne les frais à recouvrer et les intérêts personnels de celui qui sera contraint : O. V. G. 2 octobre 1860 (Samml., VII, p. 342); 21 avril 1888 (Samml., XVI, p. 392). Il est donc inexact de restreindre, comme le fait *G. Meyer* dans Wörterb., II, p. 800, la peine coercitive à la réalisation de faits qui ne peuvent pas être exécutés par des tiers, et à des omissions.

de désobéissance. Il se peut que, en vertu d'une prescription de la loi, cette menace doive être faite expressément ; mais elle peut aussi être censée résulter suffisamment de l'ordre même qui, par sa nature, est susceptible d'être exécuté de cette manière (23).

Il se peut aussi que l'on doive accorder un *délai* pour que l'individu puisse encore faire lui-même ce qui a été ordonné ; en l'absence d'une prescription, la nécessité d'un délai résulte de la nature même des choses. A défaut d'une durée fixée, le délai est « moral », c'est-à-dire qu'il a la durée indispensable pour que le fait puisse s'exécuter. La contrainte se produit alors dans deux directions.

On accomplit, d'abord, à la place de l'individu, le fait dont s'agit. L'autorité le fait exécuter par ses subordonnés ; ou bien elle s'assure, dans ce but, les services d'autres personnes au moyen d'un contrat de louage de services ou même dans les formes du droit public, par exemple par la voie de la réquisition. En apparence, l'exécution des travaux ne se distinguera en rien des travaux analogues qu'un particulier fait faire. Seulement, derrière les travaux accomplis par substitution, se trouve la puissance publique, dont, ici, les affaires sont gérées et qui est armée de sa force irrésistible, s'il y a lieu, pour *contraindre à laisser exécuter* ces travaux. Cette contrainte se produit alors par le simple usage de la force qui brise la résistance et empêche de troubler les travaux. Il n'est pas besoin de recourir aux détours que la procédure civile impose, le créancier appelant d'abord l'huissier, et ce dernier faisant appel aux agents d'exécution de la police. La puissance publique est intéressée directement à l'affaire : ses agents se présentent dès le début

______

(23) Bayr. Pol. Stf. G. B., art. 16 et 21 ; Preuss. L. V. G. § 132 prescrit que la menace soit faite par écrit.

pour aider à l'exécution ; ou bien ils sont appelés sans formes au moindre signe de résistance. Sur l'usage même de la force, comp., § 25, ci-dessous.

L'individu est ensuite obligé de rembourser les frais occasionnés par l'exécution par substitution. La dette n'existe pas vis-à-vis des ouvriers ou des fournisseurs qui ont été employés ; ceux-là n'ont de rapport juridique qu'avec leur commettant, avec l'Etat ou avec la commune chargée de l'administration de la police. C'est l'Etat, la commune, qui sont les créanciers de la somme à rembourser.

Ce n'est pas une créance de droit civil, alors même que les paiements qui l'ont constituée se rapportaient à des prix de vente et à des salaires d'ouvrage dus en vertu du droit civil. Elle n'a surtout aucun rapport avec la créance qui appartient au *negotiorum gestor* contre le *dominus negotii*, comme nos auteurs aiment à le dire, par comparaison. La nature juridique de l'obligation de rembourser est la même que celle de *l'obligation de payer les frais qui, dans la procédure civile, incombent à la partie*, et de l'obligation de payer ces frais au tribunal, au trésor. Les salaires, les prix du matériel employé, les indemnités qui auront pu être payées à des tiers, sont des frais de procédure semblables aux taxes des témoins que le tribunal aura fait payer par la caisse judiciaire et qu'il met à la charge de la partie qui les a occasionnés.

C'est ainsi que se détermine l'étendue de l'obligation de restituer : il n'y a pas lieu de faire payer plus que l'Etat n'a dépensé pour réaliser ce qui a été ordonné à la suite du refus opposé par l'individu ; car ce refus n'a occasionné que ces dépenses (24).

(24) Ne doivent pas entrer en compte les dépenses faites pour constater le fait, pour éclairer l'autorité sur les mesures à prendre et pour les préparer : *Wielandt*, Rechtspr. d. Bad. V. G. H., p. 130, 131. Les dépenses superflues ne doivent pas être remboursées : Bad. V. G. H.,

Le montant des frais est fixé, vis-à-vis du débiteur, par une résolution de l'autorité qui dirige l'exécution. La résolution de fixation des frais ne déclare que ce qui est dû en droit ; elle a la nature d'une décision. Elle sert de titre exécutoire pour l'exécution par la contrainte fiscale ; elle fait entrer l'affaire dans les formes propres à cette procédure ; comp., § 32 ci-dessous (25).

III. — Le moyen de contrainte le plus rigoureux c'est *l'usage de la force*, c'est-à-dire la saisie du corps ou des choses de celui qui doit être contraint, pour vaincre sa résistance. Selon la puissance matérielle, ce moyen est toujours à la disposition de l'autorité d'une manière prompte et suffisante. En fait, ce moyen serait, en définitive, de nature à amener toutes sortes d'effets sur la conduite du sujet et sur l'état de ses biens. Sous le régime de la police, on en a disposé assez librement. Dans notre Etat constitutionnel régi par le droit, tout cela doit aujourd'hui être soumis à des formes et à des règles.

12 septembre 1871 dans *Wielandt*, p. 126. D'un autre côté, l'Etat n'est pas, comme un *negotiorum gestor*, restreint à demander le remboursement d'après les prix courants : C. C. H., 11 avril 1868 (I. M. Bl. 1865, p. 255). Le principe décisif sera encore qu'il faut rembourser tout ce que l'autorité a avancé de bonne foi, alors même qu'elle se serait trompée et qu'elle aurait dépensé trop.

(25) Quand l'entreprise, la possession contre laquelle l'exécution par substitution était dirigée a été, depuis lors, transmise à un tiers, ce dernier n'est pas tenu des frais. Contestée est, au contraire, la question de savoir si la procédure elle-même d'exécution par substitution qui n'est pas encore terminée, peut être simplement continuée contre un successeur : Bl. f. adm. Pr. 1872. p. 127 surtout les observations de *Luthardt*), *Foerstemann*, Pol. R., p. 402 (qui propose d'assurer la continuation par des inscriptions à prendre au bureau des hypothèques!). A mon avis, l'exécution par substitution, une fois commencée, se transmettra ; on est en effet, dans le cas où l'ordre lui-même qu'elle doit exécuter produit effet sur le successeur (comp. § 21, note 20 ci-dessus) : les travaux une fois commencés ne seront plus interrompus par le changement de possession : l'administration s'est emparée de la chose ; mais les frais ne devront frapper que le possesseur originaire. En tout cas, une location n'empêcherait pas la continuation contre le propriétaire : O. V. G., 21 octobre 1876 (Samml., I, p. 361).

Nos législations ont répondu à ces exigences en réglant les conditions légales de l'emploi de la force, au moins pour les moyens les plus graves, tels que l'arrestation et l'usage des armes ; comp. § 25 ci-dessous. Pour le reste, elles n'ont pas réussi, jusqu'à ce jour, à tracer, d'une manière ferme et par une formule exacte et généralement applicable, les limites entre la liberté et le pouvoir de police, limites doublement nécessaires en une matière aussi délicate. Tandis qu'elles ont réglé exactement les autres moyens de contrainte et déterminé leurs formes et conditions, elles se contentent de réserver, d'une manière générale, la contrainte par le simple usage de la force. Elles ajoutent, tout au plus, la recommandation de ne point faire usage de la force sans nécessité, et de n'employer que la force légale c'est-à-dire une force qui ne soit pas contraire aux lois (26).

Pour y voir clair, il faut commencer par éliminer soigneusement les cas où l'usage de la force a lieu dans les conditions spéciales de la contrainte directe ; il en sera traité au § 24 ci-dessous. Il s'agit ici de la question suivante : dans quelle mesure l'usage de la force est-il admissible comme moyen d'exécution de police par contrainte ?

L'usage de la force peut amener un état de choses conforme à l'ordre, soit *directement par lui-même*, soit par des détours en exerçant sur la volonté de celui qui est forcé une influence par des maux qui lui sont infligés ou dont il est menacé.

Dans la première forme, c'est un moyen de contrainte naturel et allant de soi, moyen qui est compris

(26) Preuss. L. V. G., § 132, chiff. 3 ; Hess. Ges., 12 juin 1874, art. 80 ; Bad. Pol. Stf. G. B., § 130 ; Württemb. Ges., 12 août 1879, al. 2 (*Schicker*, Württemb. Pol. Stf. R., I, p. 79) ; Bayr. Pol. Stf. G. B., art. 21 (*Riedel*, Erläuterungen sous l'article 21, n° 3 ; *Seydel*, Bayr. St. R., V, p. 10).

dans la force de l'ordre d'autorité que l'on réalise ainsi simplement, tel qu'il est.

Dans la seconde forme, l'effet de contrainte n'est exercé qu'au moyen d'un *renforcement* des désavantages infligés à la personne obligée d'obéir, désavantages qui dépassent le contenu de l'ordre ; pour cela, il faut un fondement légal particulier, comme pour la peine coercitive (Comp., I, n° 1 ci-dessus).

La loi peut, pour obtenir la réalisation de l'ordre, autoriser ce renforcement des désavantages ; elle pourrait aussi permettre la torture. Quand la loi s'est bornée à indiquer, d'une manière générale, l'usage de la force comme une contrainte admissible, cet usage n'est licite qu'autant qu'il constitue, pour l'ordre, un moyen d'exécution directe et, par conséquent, naturel. Autrement, l'usage de la force n'aurait aucune limite ; de cette manière, il a des limites.

Les limites, dans lesquelles l'usage de la force doit être considéré comme un moyen ordinaire de contraindre à une conduite personnelle, résultent, d'une manière éclatante, du modèle de l'exécution d'après la *procédure civile*. Tout dépend de ce qui doit être réalisé par la contrainte : supporter, ne pas faire ou faire. Cela nous amène à faire des distinctions.

1) La véritable sphère d'application de ce moyen de contrainte est le cas où il s'agit de contraindre à *supporter* quelque chose.

L'usage de la force, d'après la C. Pr. O., §§ 887, 892, s'ajoute surtout à l'exécution par substitution du fait dû ; nous venons de traiter du moyen correspondant qui existe en droit administratif.

De plus, l'usage de la force a lieu pour contraindre à supporter l'accomplissement d'un fait par le créancier (C. pr. O., §§ 890, 892) ; encore ce moyen est-il contenu dans la contrainte par enlèvement de choses (C. pr. O., § 883), par exemple la dépossession d'un immeuble (C. pr. O., § 885). Dans ces dernières hypothèses, l'essentiel est aussi de supporter le fait d'un autre ; seulement, ici, cet autre qui agit, c'est l'autorité elle-même ; c'est pour cela que la C. pr. O. distingue ces hypothèses de celle où il faut supporter un fait. Pour l'exécution par contrainte en matière de police, cette distinction disparaît ; en effet, l'autorité et le créancier sont une seule et même personne.

Dès lors, nous trouvons la maxime générale : toutes les fois que l'effet correspondant à l'ordre à réaliser peut être obtenu par un fait de l'autorité que devra supporter l'individu, l'usage de la force est le moyen de contrainte naturel (27).

Cette action de l'autorité consistera dans la modification de l'état de choses créé et maintenu par celui qui est soumis à la contrainte, quant à la disposition de ses biens, de ses entreprises : enlèvement, démolition et modification aux biens, fin de son entreprise industrielle, par l'enlèvement ou la mise hors d'usage des machines et appareils, par le renvoi des ouvriers, par la fermeture des portes aux clients. Dans ces derniers cas, l'usage de la force a une certaine ressemblance avec l'exécution par substitution. Toutefois, il y a une différence : ici, tout consiste à empêcher, à écarter ; il n'est effectué aucun travail utile, qui incombait à celui qui est contraint. Cela a une grande importance pour la question des frais : celui qui a été contraint n'a rien à rembourser ; la contrainte ne peut qu'une chose : l'obliger à supporter (28).

---

(27) *Seydel*, Bayr. St. R., V. p. 10.

(28) L'exécution par substitution et le simple usage de la force sont clairement distingués dans Bayr. Pol. Stf. G. B. art. 20, al. 1-3 et al. 4. O. V. G., 1er août 1876 (Samml., I, p. 322) rapporte une espèce où l'on a fermé de force une auberge : l'autorité « dans l'intérêt de l'ordre public », fait simplement couvrir de goudron l'enseigne placée malgré la défense. Cela n'est certainement pas une exécution par substitution avec obligation de rembourser les frais. Avec un peu trop de prolixité, l'usage de la force est motivé dans R. G., 14 janvier 1882 (Samml., IV p. 363 ss.).

En règle, cette contrainte n'est soumise à aucune forme ; un avertissement préalable n'est même pas exigé. Mais, en fait, on ne s'en dispensera pas facilement (29).

On s'abstiendra aussi de l'usage de la force, quand d'autres moyens de contrainte suffisent ou qu'une peine de police peut produire l'effet voulu ; d'une manière générale, toutes les fois que la mesure de force sera hors de proportion avec l'avantage que l'intérêt public retirera de la répression de la désobéissance. Il n'y a là que des raisons d'équité ; mais, dans une certaine mesure, le principe de la proportionnalité des manifestations du pouvoir de police (Comp., § 19, II, n° 2 ci-dessus) trace une limite juridique que l'usage de la force ne doit pas dépasser.

2) Les règles qui précèdent permettent aussi de déterminer jusqu'à quel point l'usage de la force peut servir à exécuter un ordre *de ne pas faire*. Il ne faut pas dire que ce moyen de contrainte peut être employé toutes les fois qu'il s'agit de ne pas faire.

La force ne peut, en obligeant à supporter un fait, réaliser une obligation de ne pas faire, que dans le cas individuel immédiat, pour le moment (30). Naturellement, on conçoit que l'on rende ainsi impossible pour la durée interdite le fait défendu. Mais on aurait besoin pour cela de s'emparer tout à fait de la personne. La force deviendrait alors toute autre chose qu'un moyen d'exécuter l'ordre.

Une neutralisation pareille n'est pas tacitement comprise dans l'admission générale de l'usage de la force comme moyen de contrainte. C'est pour cela que

---

(29) *Bingner et Eisenlohr*, Bad. Stf. R., p. 163 : la mise en demeure peut être omise quand il y a péril en la demeure.

(30) Mot. du projet de la C. Pr. O., p. 443 (*Hahn*, Mat., I, p. 466) : omettre et supporter, si ce n'est supporter un fait pour le cas individuel, ne peuvent pas être réalisés directement par la force.

les formes plus graves de l'usage de la force, qui, en fait, sont susceptibles et ont pour but d'amener une neutralisation, par exemple l'arrestation et l'emploi des armes, ont été réglées spécialement par la loi, celle-ci a fixé les conditions dans lesquelles elles sont admises ; comp., § 25 ci-dessous.

3) Tout autre est la question de l'admissibilité de la force pour réaliser, par la voie d'exécution, un *fait positif* qui a été ordonné.

Ici, l'exécution de la procédure civile ne donne pas de modèle. La raison en est que la simple traduction du contenu du jugement dans l'usage de la force ne peut avoir d'autre influence, sur la conduite de la personne, que de l'obliger à supporter ou à ne pas faire.

Il en est de même pour l'exécution par contrainte d'un ordre de police. L'exécution par contrainte d'une obligation de faire ne peut avoir lieu par l'usage de la force que si l'on peut disposer d'un renforcement de maux à infliger, renforcement que la loi doit avoir autorisé spécialement. Même dans ce cas, ce n'est toujours qu'une tentative, une contrainte psychologique, dont le résultat reste incertain.

L'usage de la force peut produire effet dans cette direction, quand elle se présente seulement comme imminente, sous la forme d'une *menace*. Elle doit alors toujours signifier un mal extrinsèque et en dehors du fait ordonné ; en effet, la réalisation par contrainte du fait ordonné lui-même n'étant pas possible, il n'est pas possible de s'en servir comme menace.

L'usage de la force peut aussi servir à *ébranler la volonté récalcitrante* par les maux qui en résultent. Il peut surtout rapprocher l'individu du fait ordonné, de telle manière que la pression morale qu'exerce le sentiment de la force suffira à en amener l'accomplissement. On traînera l'individu à l'endroit où il doit agir ; on lui forcera la main pour prendre les instruments ; on le mettra dans la position voulue. On ne peut pas aller plus loin ; mais la volonté brisée fera d'elle-même le dernier pas.

C'est la façon dont la réquisition militaire procède en temps de guerre ; elle se sert, en outre, de menaces plus graves.

Des prescriptions expresses de la loi permettent de faire une tentative de ce genre pour réaliser par la force d'autres obligations de faire ; nous disons une tentative ; en effet, la question de savoir si le dernier pas sera fait ou non, dépend de la fermeté de la volonté à vaincre. Mais jamais cette manière d'employer la force ne sera un moyen de contrainte, qui soit sous-entendu ; il faut une loi expresse ; ce procédé n'est pas contenu dans l'ordre exécutoire, pas plus que la peine à laquelle il ressemble par son effet et par sa nature juridique (31). C'est se tromper complètement que d'argumenter comme on aime à le faire, en disant que la loi qui charge l'autorité de réaliser un fait a voulu aussi lui donner, par le droit de faire cet usage de la force, le moyen d'atteindre ce but. En effet, la force n'est pas ici un moyen qui atteigne le but directement ; si cependant l'on veut la comprendre dans l'autorisation générale, par ce motif qu'elle peut servir indirectement à atteindre le but, je ne vois pas alors pourquoi la torture proprement dite serait exclue (32).

<hr>

(31) Stf. Pr. O. § 50 permet, outre l'amende et l'emprisonnement, d'amener de force le témoin, qui, sans excuse, n'a pas comparu. Lors des débats au Reichstag, on expliquait toutes ces « mesures de contrainte » comme des « peines qui ne peuvent être prononcées que par le juge ». C'est dans le même sens que la peine coercitive est encore considérée comme un moyen de contrainte : elle est destinée à ébranler la volonté ; comp. la note 15 ci-dessus. Pour d'autres exemples : Seemannsordnung, 27 décembre 1872, § 20 ; Preuss. Gesindeordnung, 8 novembre 1810, § 51 ; Bayr. Pol. Stf. G. B., art. 106, al, 4 et 5.

(32) *Bingner et Eisenlohr*, Bad. Stf. R., p. 183 ; *Seydel*, Bayr. St. R.,

Contraste insuffisant

NF Z 43-120-14

Dans la pratique, nous voyons très souvent encore nos autorités employer des mesures de force contre des personnes qui ne veulent pas obéir à l'ordre qu'elles donnent d'effectuer un fait déterminé. L'individu récalcitrant est arrêté et mis en prison ; ou bien il est amené de force devant l'autorité à laquelle il doit fournir des renseignements. L'autorisation d'agir ainsi est tirée de l'argumentation sus-indiquée ; il faut, dit-on, que l'autorité puisse exercer cette contrainte ; ou bien encore, on trouve dans la désobéissance, un danger pour l'ordre et la sûreté publique, danger qui doit être prévenu par ces mesures.

Quand on examine de près ces hypothèses, on a souvent l'impression qu'il ne s'agit plus du tout d'une exécution par contrainte, à l'effet de réaliser un ordre de police : l'homme qui a été amené de force pour fournir des renseignements n'en sera pas plus capable, ni mieux disposé ; l'arrestation n'avance nullement, pour le moment où cela importe, l'accomplissement du fait dû. En réalité, c'est plutôt le prestige de l'autorité, — prestige offensé par la désobéissance — qui réclame une satisfaction et qui se donne instantanément cette satisfaction par les désagréments qui atteignent si manifestement le récalcitrant. L'esprit de corps est, sans qu'on en ait conscience, assez fort, même dans nos cours suprêmes de justice, pour les rendre peu disposées à condamner ce procédé (33).

V, p 10. La question revient à la théorie de la contrainte directe ; comp. § 24, note 13 ci dessous.

(33) Amener de force est admis, dans le style officiel, sous le nom de *Realcitation, Sistierung, Zwangsgestellung,* parmi les institutions du droit administratif : Bayr. Ob. G. H., 19 octobre 1855 ; Bl. f. adm. Pr., XI, p. 399. 400 ; Obr., 8 octobre 1887. *Seydel,* Bayr. St. R., V, p. 10, croit pouvoir mettre cela d'accord avec le principe si énergiquement établi par lui, que la force corporelle n'est admise qu'autant qu'elle est susceptible de réaliser directement ce qui a été ordonné. On n'est contraint, dit-il, qu'à « comparaître devant l'autorité » ; or, cela, du moins, peut être réalisé par la force. Mais alors on pourrait aussi commencer par contraindre le propriétaire qui doit nettoyer son trot-

toir à « comparaître » dans la rue en l'y amenant par la force ; peut-être alors balaiera-t-il, tout comme l'individu qui a été *sistiert* consent à fournir des renseignements. Le fait, qui est le but, n'est pas réalisé par le moyen même de la contrainte. Il en est autrement, quand on fait amener une personne en vue de lui faire une communication : il s'agit alors de souffrir un fait ; cela peut être réalisé par la force jusqu'au bout ; mais cette force n'est légitime qu'autant que l'ordre qu'elle doit exécuter est légitime ; or de quel droit nos autorités commandent-t-elles aux sujets de subir cette formalité ? En Prusse, la pratique de l'usage de la force va encore beaucoup plus loin que ces *Sistierungen.* O. V. G. 1er décembre 1880 (M. Bl. d. I., 1880, p. 45) : Lors d'un incendie, le maître commande à un élève en pharmacie qui assiste en spectateur, de porter une petite pompe à incendie ; désobéissance ; arrestation immédiate dans la salle de police ; l'élève arrêté prie qu'on le mette en liberté, jurant de faire maintenant ce qui est commandé ; ayant été reconduit sur le lieu de l'incendie, il refuse à nouveau ; en conséquence, il subit une nouvelle arrestation. Le tribunal déclare que cela a été possible en vertu de la loi « pour la protection de la liberté individuelle du 12 février 1850 », attendu que la sûreté publique était compromise par la force contagieuse du mauvais exemple que la désobéissance devait donner aux autres. Même solution dans l'affaire O. V. G., 16 novembre 1889 (Samml., VIII, p. 407) : le commandant de la compagnie des pompiers volontaires, l'incendie une fois éteint, ne voulait plus rester, malgré l'ordre du fonctionnaire de police, attendu que celui-ci n'aurait plus rien à lui commander et ne pourrait que lui « demander ». Mais le danger « pour la sûreté publique », danger à raison duquel son arrestation a été déclarée justifiée, est, à coup sûr, simplement celui-ci : l'autorité offensée pouvait se procurer immédiatement une satisfaction éclatante. Dans le droit de la Saxe, tout ceci est reconnu comme « émanation de la puissance d'exécuter attribuée aux autorités » : Sächs. Ztschft f. II, p. 71. Contre tous ces abus, *Seuffert* dans Wörterbuch, II, p. 675, 676 se prononce avec beaucoup d'énergie.

§ 24. *Suite.*

La contrainte directe.

L'exécution par contrainte a pour seul but de servir à un ordre ; — l'ordre ne pouvant pas, à cause de la désobéissance, obtenir ce à quoi il tend, l'exécution par contrainte met à sa disposition ses différents moyens pour vaincre la désobéissance ; — la contrainte directe a un but propre : le moyen qui appartient à la puissance de l'autorité est lancé, sans intermédiaire, contre le fait contraire à la police.

L'unique moyen de contrainte directe est l'usage de la force, par des agents d'exécution de police et autres auxiliaires (1). Qu'ils agissent de leur propre initiative ou sur l'ordre de service émis par l'autorité dirigeante (2), ou bien après une détermination préala-

(1) La terminologie est très défectueuse. On emploie l'expression « usage de la force » (*Gewaltanwendung*) comme synonyme de « contrainte directe » (*unmittelbarer Zwang*). G. *Meyer*, dans Wörterbuch, II, p. 262 ; — ou bien l'on réunit les deux choses dans l'expression « contrainte directe et physique » (*unmittelbarer physischer Zwang*) : G. *Meyer*, V. R., I, p. 68. De cette manière, ce que nous appelons contrainte directe est perdu de vue, ou bien on n'en parle pas : G. *Meyer*, Wörterbuch, II, p. 800 ss. — *Auschütz*, dans V. Arch., I, p. 461, appelle dans ce sens la contrainte directe elle-même un « moyen de contrainte ». La logique de la langue s'y oppose, à mon avis. Pour y voir clair, il faut commencer par distinguer l'exécution par contrainte et la contrainte directe ; l'une et l'autre ont un élément commun : l'usage de la force leur sert de moyen.

(2) L'ancienne manière de voir fait une grande différence suivant qu'il y a ordre de service ou non : O. Tr., 4 juin 1872 (J. M. Bl., p. 89). Mais, en ce qui concerne le rapport au sujet, cela n'a d'importance que dans le cas où une loi en a fait expressément une condition de la validité de la contrainte. On en trouve des exemples dans : Preuss. Ges., 12 février 1850 ; R. Reblaus. Ges., 6 août 1875, § 2 ; R. Viehseuchen-Ges., 23 juin 1880, § 27, al. 3.

ble du but précis à atteindre par un acte administratif (3),
cela ne fait pas de différence essentielle ; l'opposition
qui existe avec l'exécution par contrainte de police
reste la même.

La question, dans laquelle se concentre tout l'intérêt, est celle de *l'admissibilité en droit* de l'atteinte
portée à la liberté et à la propriété. L'exécution par
contrainte de police est couverte, à cet égard, par
l'ordre qu'elle réalise ; elle n'a besoin d'un fondement
légal propre que dans le cas où elle doit user de
moyens qui vont plus loin (comp. § 22, I, n. 1, III,
n. 3). Pour la contrainte directe, la question de sa
justification se pose dès le début.

Cette justification peut résulter d'une *prescription
légale particulière*, autorisant l'usage de la force pour
un but de police déterminé (4). L'interprétation du
texte de la loi indique ce qui peut être fait ; pour user
de cette autorisation, on peut suivre les règles ordinaires.

Mais, en outre, une contrainte directe a lieu dans
une large mesure, sans fondement légal particulier,
tantôt en vertu d'un renvoi très général qui se trouve
dans une loi, tantôt même en dehors d'un renvoi de
ce genre, mais toujours avec une légitimité incontes-
tée. Ce phénomène d'un usage de la force *allant de soi*,
n'est rendu possible que par la nature particulière du
pouvoir de police. Il s'agit de faire valoir le devoir
préexistant des sujets. En règle, la police le fait dans
les formes de l'Etat constitutionnel régi par le droit.

(3) R. Viehseuchen. Ges., § 18, par exemple, admet le recours contre
l'acte par lequel l'autorité ordonne d'abattre des bestiaux suspects de
maladies contagieuses ; ce n'est pas un ordre donné au propriétaire ;
ce n'est pas non plus un simple ordre de service pour les agents ; c'est
un acte administratif dirigeant la contrainte directe qui se fait en
vertu de la loi.

(4) Des exemples dans : R. Viehseuchen. Ges., § 24 ; R. Reblaus. Ges.,
§ 3, al. 2, chiff. 2 ; R. Nahrungsmittel Ges., 14 mai 1879, § 2 et 9.

Mais le fait contraire à la police peut, dans le cas individuel, se manifester avec tant de force et d'énergie que le droit naturel du pouvoir de police l'emporte sur les limites formelles de la liberté : la réserve constitutionnelle au profit de la loi n'a pas été faite pour des hypothèses semblables ; tous les moyens de force dont dispose l'autorité, peuvent être employés par cela même. Pour savoir quand l'on sera dans ce cas et quand le fait contraire à la police est assez grave pour que l'usage de la force aille de soi, il faut en chercher les modèles dans le *droit civil* et dans le *droit pénal*. Ils nous serviront à tracer les justes limites. Le droit civil et le droit pénal reconnaissent des cas dans lesquels, même dans un Etat policé, l'individu est laissé libre de faire usage de la force contre son prochain. Sans titre spécial, d'avance, il y est autorisé. Notre Code pénal prévoit, dans ses §§ 52 et 53, les cas de *nécessité pressante*, et de *légitime défense* ; notre Code civil, dans ses §§ 227 à 229, prévoit les cas de légitime défense, de haute nécessité et de *justice qu'on se fait à soi-même*. Nous verrons que cette énumération doit être complétée par le droit naturel (5). Mais, avant tout, il ne faut pas perdre de vue que toutes ces règles visent des rapports entre particuliers et ne peuvent pas être transportées purement et simplement dans la sphère des rapports entre la puissance publique et le sujet. Elles doivent subir des transformations, des extensions et des restrictions, une orientation toute nouvelle. Par conséquent aussi, les groupes logiques de la classification se forment tout autrement. Nous distinguons : l'usage de la force pour la *défense administrative*, *pour empêcher des faits punissables*, et pour *des mesures de haute nécessité*.

(5) *Linde*, dans sa Ztschft, I, p. 394 ss., a exposé autrefois ce droit naturel. Nous verrons que le nouveau Code civil allemand ne le rend pas superflu.

I. — L'administration publique poursuit ses buts au moyen de personnes et de choses ; elle s'en sert pour toutes sortes d'entreprises, d'établissements et d'organisations. Combattre les troubles qui pourront y être apportés par les particuliers, c'est l'œuvre de la police (Comp § 19, II, n. 3, ci-dessus). Si le trouble prend le caractère d'une *attaque*, d'un empêchement, d'un dommage, d'un obstacle matériel émanant de l'existence individuelle, la police y répond par la contrainte directe : elle écarte le trouble par l'usage de la force. C'est ce que nous appelons la *défense administrative*. C'est elle-même, c'est son existence immédiate, que l'administration défend ici. Son rôle ressemble à celui d'un particulier dans le cas prévu par les paragraphes susvisés du Code civil. Toutefois, cette défense administrative ne se laisse pas enfermer complètement dans l'une des catégories du Code. Elle présente des caractères de toutes ces catégories.

1) L'*objet* de la défense administrative, « le bien juridique armé » (*das wehrhafte Rechtsgut*) est ici, comme nous venons de le dire, l'administration elle-même dans son existence extérieure.

L'administration, c'est l'administration proprement dite, l'administration publique au sens que nous avons fixé au t. I, § 11, III, n. 1 ci-dessus.

Dès lors, la défense par l'usage de la force s'applique non pas à une propriété, à une possession quelconque de l'Etat, mais exclusivement aux choses destinées à servir à un intérêt public. Le fonds rural de l'Etat, ses bâtiments de fabrique sont protégés comme toute autre propriété privée. Les choses publiques, au contraire, routes, ponts, forteresses, etc, sont défendues dans leur intégrité et leur usage par l'emploi de la force, de la contrainte de police directe. Les places, bâtiments, locaux, n'ayant pas le caractère de choses publiques au sens technique (comp. t. III, § 35 ci-dessous), sont traités de la même manière, en tant qu'ils se trouvent compris dans le service public. Il se peut que, dans un seul et même bâtiment, il y ait, pour les différentes parties, un droit de défense juridiquement différent. L'obstruction de l'accès de locaux officiels, bureaux, salles d'audience, sera écartée directement par la police, par la force ; mais si, par exemple, le locataire d'un magasin qui se trouve dans le bâtiment public n'obstrue, par des dépôts de marchandises, que l'accès du logement de service d'un fonctionnaire, le droit civil s'applique.

De même, il faudra distinguer pour les *choses mobilières*, ustensiles, armes, approvisionnements. La protection de la police embrasse aussi des choses qui, appartenant non pas à l'Etat mais au fonctionnaire, sont cependant destinées au service public.

La *personne* du fonctionnaire ne jouit de cette protection que dans le même sens : en tant qu'il est en service, et que le service est troublé en sa personne. Alors, d'un côté, sa défense personnelle revêt le caractère plus sévère de la police, puisqu'il défend en même temps la chose publique ; d'un autre côté, l'intérêt de l'administration est défendu, en sa personne, par tout fonctionnaire appelé à servir à cette entreprise ou à la protection de l'ordre public en général (6).

Enfin, le véritable objet de la défense administrative apparaît aussi très nettement : la défense par la force a lieu lorsque l'acte d'autorité, l'accomplissement tranquille de la *besogne administrative* éprouve un trouble, sans qu'il y ait attaque contre des personnes ou des choses. Ainsi, un individu trouble, en parlant trop haut, un débat en plein air ou blesse, par sa conduite,

---

(6) Le consentement de la personne attaquée, consentement qui écarterait le droit de légitime défense (*Binding*, Stf. R., I, p. 737), sera donc ici sans influence.

la dignité et la solennité d'un acte. Au seul point de vue de la défense du fonctionnaire ou de la possession de l'Etat, l'usage de la force à l'effet d'éloigner cet individu ne se justifierait pas ; c'est l'administration elle-même, dans sa marche et dans ses manifestations extérieures, qui est protégée (7).

2) La défense suppose une *attaque illégale*. Le Code civil, §§ 227, 228, fait des distinctions très strictes ; s'il n'y a pas attaque illégale, l'usage de la force ne peut être justifié que dans les conditions étroites du § 228, c'est-à-dire au cas de nécessité pressante.

Pour la contrainte directe de police, bien des hypothèses qui, en droit civil, appartiendraient tout au plus à cette seconde catégorie, sont comprises dans le droit de la défense administrative : il faut, en effet, considérer comme une attaque, tout trouble apporté à l'administration et émanant de l'existence individuelle. S'agit-il d'un trouble qui émane des forces de la nature ou de choses sans maître, ce que l'administration fait pour le combattre ne s'appelle pas contrainte et usage de la force, c'est simplement un *travail*. Au contraire, au trouble émanant de l'existence individuelle se joint immédiatement l'idée de violation du devoir envers la police, l'idée aussi de possibilité d'une justification au point de vue de l'ordre juridique ; l'absence de cette justification transforme le trouble en attaque illégale. La contrainte et l'usage de la force sont le travail de l'administration dirigé contre l'existence individuelle dont cette attaque émane et qui en est rendue responsable.

Nous n'avons pas besoin ici d'une illégalité plus fortement accentuée (8).

(7) La susceptibilité pour apprécier une conduite inconvenante n'est pas la même pour les différentes fonctions publiques. Les *procédures* devant les tribunaux, ainsi que les solennités religieuses, sont celles qui se montrent le plus jalouses de leur dignité. Il faut ajouter tout de suite les parades et cérémonies militaires ; comp. § 25, III, ci-dessous.

(8) Pour dégager la voie navigable du canal, l'administration fait

3) En droit civil, l'acte de haute nécessité dépend de la condition que le dommage causé à autrui ne soit pas hors de proportion avec le danger (C. civ., § 228). C'est une particularité de cette institution qui elle-même forme une exception au droit strict. La légitime défense n'y est pas soumise.

La défense administrative par l'usage de la force est soumise tout entière à cette règle, commune à toutes les mesures de police, la règle de la *proportionnalité* (comp. § 19, II, n. 2 ci-dessus). Elle donne une certaine direction pour apprécier s'il convient de procéder par la contrainte, quels moyens il faut choisir et jusqu'à quel point il faut la pousser (9). En principe, l'usage de la force ne doit cesser qu'au moment où le but poursuivi est atteint. C'est ce qui arrive lorsque l'attaque est complètement vaincue et écartée. Même chose quant à ses effets. La défense administrative ne cesse pas, comme la légitime défense du droit pénal, « lorsque l'attaque illégale a réussi définitivement ». Elle est, en outre, dirigée contre l'état de choses créé par l'attaque victorieuse présentant un trouble continu. Ainsi, il y a lieu à l'usage de la force non seulement contre celui qui veut déposer sa chose pour gêner la circulation, mais encore au cas où cet individu a réussi ; la chose trouvée dans la rue pourra, après coup, être enlevée ou détruite. De même, une autorité pourra non seulement défendre contre toute

---

sauter un bateau qui a coulé : c'est de la défense administrative par l'usage de la force. La théorie de la légitime défense en droit pénal considère la « volonté de l'attaque » comme une condition essentielle. Mais, d'après *Binding*, Stf. R., I, p. 735 ss., cette attaque peut aussi émaner d'un animal ; *V. Thur*, *Notstand*, p. 55, admet même une espèce de légitime défense contre une barque qu'on a laissé flotter. Le droit civil est plutôt disposé à ranger ces cas dans les prescriptions restreintes du § 228 du Code civil : *Planck*, Comment., I, sous le § 227, 1 c.

(9) L'édile qui, dans la loi 12, Dig., XVIII, 6, fait simplement briser les meubles qui ont été laissés sur la voie publique, commettrait aujourd'hui un excès de pouvoir.

soustraction ses dossiers et tous objets nécessaires au service, mais encore elle pourra les faire chercher de force, même chez un tiers de bonne foi, si on refuse de les lui restituer sans droit. Cela ressemble à une attaque ; mais juridiquement, l'administration ne fait ici que défendre ses biens ainsi que la bonne marche de ses services.

Ainsi, la défense administrative embrasse des hypothèses qui correspondraient plutôt aux règles du Code civil § 229 sur la justice qu'on se fait à soi-même (10).

II. — L'usage de la force par contrainte de police sert aussi à combattre des attaques qui ne sont pas dirigées contre l'administration elle-même. Cela suppose que l'attaque est déjà caractérisée et réprouvée, comme trouble du bon ordre, par une règle de droit ; en d'autres termes, cela suppose qu'elle se présente comme un fait frappé par la loi pénale ou, ce qui revient au même, par une ordonnance pénale.

L'empêchement, par la force, de faits punissables, forme la seconde catégorie principale de la contrainte directe allant de soi (11).

Elle correspond à l'usage de la force privée pour la légitime défense dans le cas où l'attaque est dirigée contre un *tiers*. Dans son application la plus remarquable, celle où l'agent de police vient au secours de l'individu attaqué contre le malfaiteur, elle coïncide

---

(10) Nous avons cité, § 19, note 7 ci dessus, un arrêt de O. V. G. dans lequel l'autorité fait rechercher de force des documents qui n'ont, pour le service public, qu'un intérêt indirect. Le Code civil, § 859, al. 2, est beaucoup plus strict. Le § 229 ne peut être comparé ; il suppose que « l'intervention de l'autorité publique ne peut pas avoir lieu à temps » ; les autorisations exceptionnelles qu'il donne ne pourraient pas être invoquées par l'autorité elle-même.

(11) Bayr Ausf. Ges. z. Stf. Pr. O., 19 août 1879, art. 102, et Pol. Stf. G. B., art. 20, y font allusion. V. *Riedel,* Erlæuterungen z. Pol. Stf. G. B., p. 29 : il y a ici un principe général qui n'a pas été formulé « parce qu'on estimait qu'il allait de soi que les autorités de police, dans ces hypothèses, ont le pouvoir de prendre les mesures dictées par la nature des choses ».

même, extérieurement tout au moins ; cependant, ses conditions et ses moyens en diffèrent essentiellement.

1) Ce que la police protège par l'usage de la force, ce n'est pas, en effet, la personne de l'attaqué et son bien juridique mis en danger, c'est *l'ordre public* qui est également attaqué en lui. C'est pour cela que l'usage de la force a lieu aussi pour empêcher des faits punissables qui n'autoriseraient personne à invoquer la légitime défense et qui, par conséquent aussi, ne permettraient à personne de participer à cette défense, par le simple motif qu'ils ne blessent personne, ni un individu, ni une communauté, y compris l'Etat, quant à sa possession particulière et à son existence exté-rieure. On trouvera des exemples dans certains attentats aux mœurs et surtout dans la plupart des délits de police.

2) Ce que l'on combat, ce n'est pas, comme dans la légitime défense, toute attaque illégale. Ce n'est pas la mission du pouvoir de police de lutter contre le dommage civil (Comp. § 19, I, n. 2 ci-dessus). On ne combat de cette façon que ce qui est caractérisé par la loi pénale comme contraire à l'ordre public, l'illégalité d'un rang supérieur. Dans la manière dont cette con-dition est plus spécialement déterminée, notre insti-tution est en harmonie avec la légitime défense. Qu'im-porte, dnas l'un et l'autre cas, que la punition soit subordonnée à une plainte de la personne lésée. Pour l'usage de la force de la police, comme pour celui qui par la légitime défense vient au secours d'un tiers, l'autorisation cesse dès que le consentement de la personne lésée exclut la pénalité. Le moment aussi où l'usage de la force devient possible est fixé uniformément par l'apparition du danger immédiat : l'attaque ou le fait punissable doit avoir com-mencé, ou, du moins, le progrès des faits doit être

arrivé au point que l'attaque, le fait punissable soit imminent (12).

3) En ce qui concerne les limites à observer dans l'usage de la force et les moyens employés, nous n'avons qu'à rappeler ce qui vient d'être dit au sujet de la défense administrative (I, n. 3 ci-dessus) (13). Cependant, ici comme pour la légitime défense, l'usage de la force cesse d'être autorisé dès que le fait punissable est accompli et a atteint son but. L'introduction de la poursuite pénale est l'affaire de la police judiciaire ; quant à réparer les conséquences fâcheuses qui peuvent avoir résulté du délit, cela s'effectue dans d'autres formes de la contrainte de police (14).

(12) *Binding*, Stf. R., I, p. 746. Trop restrictive est la thèse de *Edel*, Bayr. Pol. Stf. G. B., p. 153, qui suppose, au moins, une « tentative punissable », et *Standinger*, dans Dollmann, Bayr. Ges. Gebung, III, VII, p. 184, n. 4, qui suppose un « acte de tentative », punissable ou non ; de même, *Foerstemann*, Pol. R., p. 411, qui voudrait supposer « que des personnes se trouvent en train d'accomplir une action contraire à la défense faite et ne veulent pas y renoncer ». Trop large est la thèse de C. C. H., 12 février 1870 (cité au § 20, note 21 ci-dessus : la Cour veut voir là un cas d'exécution de police par contrainte) ; de même, R. G., 16 nov. 1885, où il est déclaré que c'est à juste titre que le gendarme enlève de force sa canne à un jeune homme, parce que « d'après toutes les circonstances, vu spécialement les querelles qui avaient lieu dans les années précédentes à l'occasion des opérations du recrutement, ainsi que l'état d'excitation et de disposition de l'inculpé et de ses compagnons à se livrer à des voies de fait, il s'est formé la conviction qu'une rixe était imminente ». Mieux justifié paraît être l'usage de la force dans l'affaire O. V. G., 4 oct. 1882 (Samml., X, p. 376) : dans une auberge une querelle est sur le point d'éclater ; les clients se pressent d'une autre salle vers l'endroit où la querelle se produit ; l'agent de police se place devant la porte et ne laisse entrer personne.

(13) Bayr. Ob. G. H., 7 janv. 1879 (Samml., IX, p. 29) : un voiturier laisse sa voiture attelée sans surveillance, ce qui est défendu sous la sanction de peine de police. Les gendarmes font sortir de force le voiturier de l'auberge et le placent sur sa voiture pour qu'il la fasse partir. C'est là une contrainte directe dont la légitimité est très douteuse : l'usage de la force ne pouvait être appliqué qu'à la voiture laissée sans surveillance.

(14) La question se pose de savoir si l'usage de la force doit toujours être admissible même vis-à-vis d'une pénalité minime. Il n'est pas possible de tracer ici une limite de droit ; c'est comme pour le droit de la défense administrative. Tout au plus, on peut recommander aux agents de police de montrer une certaine indulgence : *Edel*, Pol. Stf.

III. — La troisième espèce de contrainte directe allant de soi se rattache à l'institution connue, dans le droit civil et dans le droit pénal, sous le nom de *droit de haute nécessité* ; la disproportion qui existe entre le dommage causé et le bien juridique supérieur qui ne pouvait être sauvegardé que moyennant le dommage, enlève à ce dommage tout caractère d'illégalité (15). Le bien juridique que la police protège, c'est le bon ordre de la chose publique ; la limite qui s'oppose à l'usage de la force, c'est la liberté garantie par la réserve constitutionnelle. Par suite de circonstances extraordinaires, la force à déployer peut paraître de si peu d'importance en comparaison du péril à écarter, que la limite recule d'elle-même. C'est ce que nous appelons le *droit de haute nécessité en matière de police*. Il rend l'usage de la force légitime, écarte la légitime défense contre cette force ; au contraire, la résistance sera punie selon les règles qui la concernent (Comp. § 25, I, ci-dessous).

Les circonstances dans lesquelles il y a disproportion de ce genre peuvent se présenter de deux manières différentes : ou bien le trouble en lui-même excède la mesure commune ; ou bien c'est l'intérêt particulier de la personne contre laquelle la force s'exerce qui l'emporte.

1) Le premier cas est celui du *péril urgent*. De l'existence individuelle peuvent résulter des dangers pour des tiers, et, par conséquent aussi, pour le bon ordre

G. B, p. 153 ; mieux encore, *Bingner et Eisenlohr*, Bad. Stf. R., p. 180 ss. Lorsque le fait punissable se présente avec un caractère durable, la loi en ordonne souvent la suppression dans la forme de l'exécution par contrainte, par conséquent par un ordre individuel exécutoire ; dans ce cas, la contrainte directe est écartée. Bayr. Pol. Stf. G. B., art. 32 al. 1, art. 33 al 2, art. 34 al. 2, art. 50 a ; Gew. Ord. § 15, al 2 (*Landmann*, Comment., I, p. 122, 123).

(15) Comp. pour ce qui suit : *Stammler*, Strafrecht. Bedeutung des Notstandes ; *V. Thur*, Notstand im Civilrecht ; *Wessely*, Befugnisse des Notstandes und der Notwehr ; *R. Merkel*, Kollision rechtmæssiger Interessen.

de la chose publique, dangers qui ne sont pas des attaques contre l'administration publique (I ci-dessus), ni
des faits punissables (II ci-dessus). Dès lors, ces deux
autres espèces de contrainte directe sont écartées ; les
moyens ordinaires réglés par les principes du régime
du droit doivent suffire pour y pourvoir. Mais lorsque
le danger éclate avec une puissance et une impétuo-
sité extraordinaires, le droit de haute nécessité de la
police apparaît. Le fou furieux est arrêté et lié, l'animal malfaisant est tué, la maison en feu est démolie.
Un particulier, d'après le droit civil, ne pourrait se
livrer à des atteintes pareilles que pour défendre sa
propre personne ou celle d'autrui, légitime défense ou
haute nécessité, ou à titre de gestion d'affaires ; en
d'autres termes, à la condition d'avoir une justification spéciale à un titre quelconque. C'est seulement
pour la police que la haute nécessité de l'ordre public
intéressé est une cause d'autorisation générale.

Mais il y a des circonstances dans lesquelles ce
droit de haute nécessité reçoit une aggravation spéciale : ce sont les cas de *calamité publique*, lorsque des
forces naturelles d'une grande puissance mettent en
danger, dans une vaste proportion, la vie des hommes
et leur propriété, incendie, inondation. Il est évident
que les mesures de force dont on fera alors usage prennent des dimensions en proportion avec le danger.
Mais ce qui est juridiquement important, c'est surtout
la *direction* que prennent les mesures. On ne démolit
pas seulement la maison qui brûle ; on abat aussi, à
coups de canon, tout un pâté de maisons voisines ; on
perce la digue par laquelle le propriétaire a voulu protéger son immeuble, pour faire écouler les flots qu'elle
refoule. Or toutes les mesures de police se dirigent
d'ordinaire contre le point d'où émane le trouble ; ici
ce point n'est pas la maison voisine, ni la digue, c'est
la maison en feu, c'est la poussée des eaux du fleuve.

Mais la force de l'homme doit reconnaître son impuissance en présence de la véritable source du mal. C'est pour cela qu'on dirige le mal contre l'objet innocent, ou, pour mieux dire, contre l'objet moins coupable. En effet, les maisons voisines qui menacent de propager l'incendie, la digue qui refoule les flots d'une manière peut-être funeste, sont toujours aussi, par elles-mêmes, des incommodités publiques, des incommodités auxiliaires tout au moins, qui augmentent et qui aggravent le danger de l'incommodité première. Dès lors, la mesure prise contre elles rentre dans le caractère général de la police. Mais, que cette mesure, au lieu de s'en prendre à l'incommodité principale, comme cela serait de règle et comme cela découle de la nature des choses, attaque l'incommodité secondaire, c'est là ce qui donne à la chose un caractère extraordinaire et qui ne peut être justifié que par les principes de la haute nécessité (16).

2) Dans les rapports entre individus, il y a des circonstances dans lesquelles un homme fait usage de la force contre un autre, sans qu'il ait aucun danger à détourner de lui ou d'un tiers : il le fait plutôt à cause d'un danger dans lequel se trouve ce dernier. Il est alors exempt de pénalité, à l'abri de toute responsabilité civile, et une légitime défense ne peut pas s'exer-

---

(16) La partie frappée est, en réalité, la moins coupable ; elle supporte les conséquences de ce fait que la force de la défense n'était pas suffisante dans l'autre direction. Il résulte de là qu'il convient de chercher pour elle une compensation équitable. En droit prussien, on voulait, autrefois, accorder au propriétaire de la maison démolie en vue de prévenir la propagation de l'incendie, une *actio de in rem verso* contre les compagnies d'assurance contre l'incendie (*Feuersozietœten*) qui en profitent. Les principes de la contribution en matière d'avarie grosse devaient aussi s'appliquer aux propriétaires des maisons : *Foerstemann*, Pol. R., p. 460 ss Les Français invoquent, dans ce cas, la *lex Rhodia de jactu* : ma Theorie d. Franz. V. R., p. 193. S'il doit y avoir une indemnité, les règles du droit civil n'y suffisant pas, il faut plutôt recourir à la grande théorie de droit public dont nous parlerons au t. IV, § 53.

cer contre lui. L'aliéné que le passant arrête pour le conduire à l'établissement d'aliénés, l'ivrogne que l'ami ramène à la maison, ne sont pas autorisés à récriminer contre cette force bienveillante. L'hypothèse principale est celle du *sauvetage* d'un danger mortel, sauvetage qui, selon les circonstances, a lieu au moyen de mauvais traitements ; par exemple, l'homme sur le point de se noyer est pris par les cheveux et tiré hors de l'eau. Le sauvetage peut se faire ainsi même contre la volonté de l'individu et malgré sa résistance réfléchie. Le suicidé qui, dans l'eau, oppose à son sauveur une résistance désespérée, est légitimement contraint par ce dernier ; il peut même être étourdi d'un coup de poing, afin d'être plus facilement transportable.

Tout ceci est, incontestablement, du droit en vigueur, mais qui ne semble pas entrer dans les catégories usitées. Nos législations ne s'en occupent pas.

Au point de vue du droit administratif, tout ceci a ses analogies. Les mésaventures, les accidents, les coups de désespoir qui surviennent aux individus intéressent la police, parce qu'ils constituent, en même temps, des troubles au bon ordre de la communauté. Pour écarter ce trouble par l'usage de la force, la police trouve peut-être un titre dans les différentes causes qui l'autorisent à intervenir. S'il n'en existe pas, le raisonnement qui légitime l'intervention du sauveteur agissant uniquement au nom de l'amitié ou de l'humanité, lui permet de compléter ses pouvoirs. L'intérêt public, il est vrai, n'est peut-être pas aussi urgent pour justifier des mesures de force ; mais, d'un autre côté, l'intérêt propre de l'individu que ces mesures frappent, leur enlève tout caractère de gravité. Ainsi, il y a disproportion entre le trouble et l'atteinte à la liberté, disproportion qui autorise l'usage de la force. Les principés du droit de haute nécessité de la police trouveront leur application.

Cette idée du droit particulier de la police comme sauveteur a reçu un développement spécial pour le cas où il s'agit de faire usage de la force contre une personne en vue de la protéger contre des tiers.

Un individu est exposé à de mauvais traitements, peut-être même à un danger extrême ; il arrive au poste de police en demandant à être reçu dans les locaux de police pour être en sûreté. Mais ce bénéfice peut lui être octroyé malgré lui. On appelle cela « l'arrestation dans le propre intérêt ». Notons que c'est encore un cas de *déviation* de la direction naturelle du pouvoir de police. La police devrait vaincre les agresseurs et les mettre dans l'impuissance de nuire. Mais, peut-être, sa force matérielle n'est-elle pas suffisante en ce moment pour amener ce résultat. Elle est tout juste suffisante pour soustraire aux attaques l'individu persécuté. On lui fait violence ; mais cette violence est d'importance minime en comparaison de ce qui attend l'individu s'il reste en liberté. Dès lors, il y a disproportion entre l'atteinte qu'il éprouve et l'intérêt public de faire cesser le trouble ; c'est donc à bon droit qu'il est arrêté.

C'est à bon escient que nous classons cette hypothèse dans la catégorie du droit de haute nécessité de la police. Il n'est pas admissible que la police choisisse elle-même l'objet le plus commode, ni qu'elle se soustrie à toutes limites de droit en invoquant l'importance médiocre des intérêts opposés ; seule, la haute nécessité soit de la communauté, soit de l'individu qu'elle frappe, lui confère des autorisations extraordinaires (17).

<hr>

(17) *G. Meyer*, V. R., I, p. 162, déclare l'arrestation admissible en vertu des principes généraux et même sans autorisation légale, quand « elle paraît nécessaire dans l'intérêt de la sûreté, de la tranquillité ou de la moralité publiques ou pour la protection même de la personne arrêtée ». Cette « nécessité » devrait cependant avoir, dans ce dernier cas, un caractère tout autrement prononcé que dans les autres. Il n'est

pas même désirable que la loi prévoie expressément des arrestations pareilles, comme le fait la loi pruss. du 12 février 1850, § 6. Il faut que le fonctionnaire ait bien conscience qu'il fait quelque chose d'extraordinaire, et qu'il n'y est autorisé que par des circonstances extraordinaires.

Continuation ; cas particuliers de la contrainte par l'emploi de la force

L'emploi de la force sert à l'exécution de police par contrainte aussi bien qu'à la contrainte directe. Les conditions dans lesquelles ce moyen de contrainte est possible ont été exposées dans les paragraphes précédents. Pour son application, il y a des règles communes.

I. — L'administration, lorsqu'elle emploie la force, se sert des hommes qu'elle se procure par le service personnel du droit public sous ses différentes formes, ou par le contrat de louage du droit civil, ou par le secours des citoyens réquisitionnés. Parmi ces individus se distingue une espèce particulière de fonctionnaires subalternes qui, par leur profession, sont destinés à prêter main-forte à l'emploi de la force en matière de police. Ce sont les *officiers d'exécution de police.*

L'administration des rois de France, par sa *maréchaussée*, avait donné aux princes allemands le modèle d'un corps d'agents de police organisés militairement, qui, sous les noms de milice de police, dragons de police, hussards de police, etc., fut instituée partout. Au commencement du xixᵉ siècle, notre *gendarmerie* en est sortie. Elle a son équivalent dans le corps militairement organisé des agents de la sûreté dans les villes plus importantes. Il faut ajouter les officiers d'exécution de police avec « organisation civile », les employés de police locaux (agents de la sûreté, gardiens de la paix, gendarmes de nuit), ou les employés de police spéciaux, comme les gardes forestiers, les gardes champêtres, etc. (1).

Tous ces officiers d'exécution ont un privilège propre dont ils jouissent lorsqu'ils procèdent à l'emploi de la force pour lequel ils sont destinés. Ce privilège produit son effet dans la poursuite pénale à raison de la *résistance* qu'ils peuvent rencontrer à cette occasion.

La résistance à la puissance publique est punie en vertu du § 113, Stf. G. B., qui forme maintenant le droit commun. Pour que cette pénalité soit encourue, il faut que la personne à laquelle la résistance est opposée ait été autorisée, à un titre quelconque, à employer la force au nom de l'autorité ou à participer à cet exercice. Ainsi, tout d'abord, il n'y a pas de différence suivant qu'il s'agit d'un officier d'exécution ou d'une autre personne. Mais on suppose que l'exercice de la force a été légitime. Le tribunal pénal procédera donc à un examen de la légalité de l'acte du fonctionnaire auquel la résistance a été opposée. Quant à ce qui est nécessaire pour que l'acte soit légal, on trouve la règle dans l'ordre jurique déterminant le rapport entre le sujet et l'Etat au nom duquel l'acte a été accompli. Cette règle reçoit une application absolue lorsqu'il s'agit de tout autre individu que l'officier d'exécution ; pour l'acte de l'officier d'exécution, au contraire, la règle ne s'applique qu'avec une restriction importante. C'est là ce qui fait sa *situation privilégiée* (2).

---

(1) *G. Meyer*, dans Wörterbuch, II, p. 262. Pour l'historique : *V. Kamptz*. Allg. Codex der Gendarmerie, 1815 (F. Meinert), Der Soldat als Beistand der Polizei, 1807.

(2) L'officier d'exécution, naturellement, ne se confond pas avec « le fonctionnaire appelé à l'exécution des lois, etc. », dans le sens du § 110, Stf. G. B. On trouvera un exemple dans R. G., 10 janvier 1887

L'acte de l'officier d'exécution est, pour la question de la pénalité en cas de résistance, considéré dans certains cas comme valable, bien qu'il ne le soit pas par lui-même. Celui qui a résisté doit être puni, parce que l'acte est légal au sens du § 113; et toutefois, ce même acte peut être attaqué et redressé par la voie du recours ou de la justice administrative; il peut même entraîner pour l'État l'obligation de payer une indemnité, parce qu'il n'est pas légal.

La raison de ces appréciations contradictoires est la même que celle qui a déjà, dans la question de la responsabilité civile du fonctionnaire, fait fléchir les principes généraux du droit des délits (comp. t. I, § 17, I, n° 1, ci dessus).

La punition de la résistance est considérée comme une protection spéciale accordée au fonctionnaire agissant. Cette protection lui est refusée quand il agit illégalement. Toutefois, dans l'intérêt du service même, on ne doit pas lui imputer l'illégalité à laquelle il est spécialement exposé par son devoir; à cet égard aussi, il ne doit pas supporter les risques de l'exercice de sa fonction. Il suffit donc que l'acte soit, en général, un acte de la fonction de l'officier d'exécution se tenant dans les limites générales de sa compétence (3). L'il-

---

(Samml. Stf. t. VII, p. 289): un assesseur avait ordonné l'arrestation immédiate d'un individu pour désordre commis à l'audience et y avait lui-même participé; la Cour déclare punissable la résistance opposée « comme étant dirigée contre un fonctionnaire appelé à l'exécution d'une décision du tribunal ». Il s'était appelé lui-même et d'une manière un peu sommaire. En tout cas, il n'était pas devenu, pour cela, officier d'exécution, ce qui aurait pu avoir des conséquences; comp. la note 9 ci-dessous.

(3) Lors des débats en seconde lecture sur le § 113, le Reichstag avait décidé de subordonner la pénalité attachée à la résistance uniquement au fait que le fonctionnaire aura agi « dans sa compétence ». En troisième lecture, on a substitué, sans aucune explication, l'expression « acte légitime de sa fonction ». Verhandlungen, 1870, I, p. 430; II, p. 1169; comp. aussi les explications du député *Planck*, loc. cit., I, p. 429. La condition de la compétence générale fait défaut, lorsque le fonctionnaire sort de sa circonscription territoriale ou s'occupe d'une

légalité qui peut survenir ne doit pas lui nuire quand elle est la suite d'une erreur de sa fonction ou d'un ordre de service.

1) L'illégalité de l'acte est couverte, — de sorte que, quant à la résistance, l'acte est considéré comme légal, — lorsque l'illégalité ne repose que sur une *erreur* dans laquelle le fonctionnaire pouvait tomber sans manquer à ses devoirs. A des erreurs semblables inhérentes à sa fonction, l'agent est toujours exposé, toutes les fois qu'il doit agir avec une appréciation personnelle des circonstances matérielles (4). La résis-

autre branche d'administration : *Oppenhoff*, Stf. G. B., sous le § 113, n. 10 ; *Olshausen*, Stf. G. B. sous le § 113, n. 13 *a* : *Binding*, Stf. B., I, p. 741. De même, dans le cas d'*abus* de la fonction dans un intérêt personnel ou dans l'intérêt d'une partie (O. Tr., 10 mars 1869), ainsi que dans ce qu'on appelle *excès* proprement dit : mauvais traitement et injures à l'occasion de l'exercice de la fonction. Si ces faits ne sont pas couverts par l'autorité de la fonction, ce n'est pas parce qu'ils sont punissables ; au contraire, ils sont punissables parce qu'ils n'ont pas la nature générale d'un acte de la fonction et tombent ainsi sous l'application du droit pénal commun. *Hiller*, Rechtmæssigkeit der Amtsausübung, p. 85, 86.

(4) D'ordinaire, on dit que c'est le cas où la question de savoir s'il faut faire l'usage de la force et comment on doit en faire usage « est laissée à l'appréciation consciencieuse des fonctionnaires » : *Oppenhoff*, Stf. G. B. sous le § 113, n. 13 ; *Hiller*, Rechtmæssigkeit der Amtsausübung, p. 80 ; *Seeger*, Abhandl. aus d. Stf. R., p. 314 ; *John*, dans Höltzendorff Handb., III, p. 120 ss. ; *Freund*, dans Arch. f. öft. R., I, p. 126 ss. ; *Binding*, Stf. R., I, p. 742 ; Verhandl. des Nordd. Reichstags, 1870, p. 478 (surtout les deux discours du député *Planck*). L'expression prête à des malentendus : s'il doit y avoir libre appréciation de la part du fonctionnaire et que celui-ci reste dans les limites de cette latitude, il n'y a pas d'illégalité devant être couverte par son erreur. En ce sens, *John* (Hölzendorff Handb., III, p. 121) enseigne, en effet, que la résistance opposée à l'acte argué d'illégalité n'est punie que dans le cas où on aurait laissé au fonctionnaire une pareille latitude. Elle est donc impunie lorsque, par exemple, le fonctionnaire croyant, par erreur, qu'il y a un motif de dissolution, dissout une réunion. Ainsi, il n'y aurait rien de particulier pour l'officier d'exécution. Mais *Hiller*, Rechtmæssigkeit der Amtsaussübung, p. 80, déclare avec raison la résistance punissable justement dans le cas que *John* cite comme exemple d'impunité. *Binding*, Stf. R., I, p. 742, voulant, au lieu d'une légalité présumée au profit du fonctionnaire, une légalité réelle, prétend qu'il s'agit ici de cas dans lesquels « le droit de procéder à un acte de la fonction dépend, d'après la loi, non pas de l'existence de ces conditions, mais de la conviction qu'en a le fonctionnaire après un examen consciencieux ». Tel serait, par exemple, le cas pour

tance ne reste donc impunie que dans le cas où le
fonctionnaire aurait, sciemment, ou, ce qui revient
au même, par ignorance coupable de la situation, fait
fausse route (5). Elle sera aussi impunie quand l'erreur de l'agent concerne non pas des faits à apprécier, mais l'ordre juridique même qu'il devra observer ; une erreur semblable est toujours coupable ;
ignorance et inintelligence des règles de droit dont
dépend la possibilité de l'acte (6), inobservation des

l'arrestation provisoire de la personne prise en flagrant délit, d'après
Stf. Pr. O., § 127. Mais ce droit, au cas de soupçon de fuite, appartient
à tout le monde ; et cependant, « l'assassin apparent », qui résiste à
l'arrestation faite par erreur, n'est puni que dans l'hypothèse où celui
qui commet l'erreur est un officier d'exécution ; il ne l'est pas quand
c'est un autre fonctionnaire ou un particulier. Dès lors, ce qu'il y a ici
de spécial tient non pas à la forme de l'autorisation, mais à la qualité
de l'officier d'exécution. Voici des exemples : O. Tr., 24 sept. 1874
(*Oppenhoff*, Rspr., XV, p. 389) : les conditions de l'intervention avaient
été, par erreur, considérées comme étant données. O. Tr., 9 oct. 1876
(*Oppenhoff*, Rspr., XVII, p. 104) : on a cru, par erreur, qu'il s'agissait
de bois volé et saisi. R. G., 31 mars 1880 : un cheval est mis en four-
rière par une erreur semblable. R. G., 5 nov. 1881 : l'huissier, par
erreur, saisit contre le mari des choses appartenant à la femme. R. G.,
19 nov. 1881 : l'huissier saisit des vivres nécessaires, croyant, par
erreur, qu'il y en avait encore en quantité suffisante. Dans tous ces
cas, la résistance a été punie.

(5) O. Tr., 20 oct. 1871 : le porteur de contrainte avait saisi des
objets qu'il savait insaisissables ; la résistance reste impunie. Bayr.
Ob. G. H., 19 janv. 1874 (Samml., IV, p. 39) : une société avait obtenu
une prorogation de l'heure de clôture ; deux agents de police qui
l'ignorent veulent obtenir l'évacuation des locaux avant l'heure. La
résistance est punie. Les intéressés, dit le tribunal, auraient dû fournir des explications. Si alors les agents avaient insisté pour l'évacuation, la résistance aurait été impunie, tout au moins si l'explication
avait raisonnablement exclu la possibilité de continuer à avoir une
opinion erronée.

(6) *Oppenhoff*, Stf. G. B. sous le § 113, n. 11 ; *Bolze* dans *Golldam-
mer* Arch., XXIII, p. 293 ; *John* dans Holtzendorff Handb., III, p. 121.
R.G., 1er mai 1882 (Samml. Stf. t. IV, p. 415) : le gendarme soupçonne
un individu d'avoir l'intention de braconner dans la forêt voisine ; il
le fouille pour rechercher des lacets. La résistance reste impunie parce
que, d'après le droit bavarois applicable, l'empêchement par la force
suppose que le délit est imminent ; mais le gendarme n'avait pas
admis cela lui-même ; il avait commis une erreur de droit. R. G.,
24 oct. 1884 (*Reger*, V, p. 351) : le gendarme avait procédé à une saisie
selon la Stf. Pr. O., § 94 ss., saisie à laquelle ne sont autorisés que les
« auxiliaires du ministère public » ; d'après le droit prussien applicable, le gendarme n'a pas cette qualité. Dès lors, la résistance reste
impunie.

formes prescrites (7), voilà les exemples principaux de la résistance non punissable.

2) L'illégalité doit aussi être écartée par un *ordre de service* exigeant l'acte, tout au moins lorsque, sans cela, le fonctionnaire se verrait, aveuglément et sans un examen personnel possible, lancé contre la résistance impunie (8). C'est pour cela que l'ordre dûment notifié couvre entièrement les conditions de la légalité de son action qui sont *derrière cet ordre*, à savoir : le pouvoir de l'autorité qui lui ordonne de procéder contre le sujet de la manière indiquée, et la validité de l'acte d'autorité qu'il est chargé d'exécuter. Tout cela, l'officier d'exécution n'est pas appelé à le contrôler ; dès lors, si la mesure dirigée contre le sujet est illégale simplement parce qu'ici il y avait quelque irrégularité, l'agent doit être protégé contre la résistance ; son acte sera traité, à cet égard, comme légal (9).

(7) Il ne peut s'agir ici que des formes prescrites par des règles de droit ; des prescriptions « instructionnelles » ne sont pas obligatoires pour le rapport avec le sujet. Si *Neumann*, dans *Goltdammer*, Arch., XXII, p. 269, exige que les formes soient prescrites « par une loi ou par une instruction prévue par la loi », il veut, sans doute, entendre par cette dernière instruction une ordonnance. Les formes prescrites concernent les documents dont l'officier d'exécution doit être porteur, l'ordre de service spécial qui le commet, le lieu et le moment où son acte doit être accompli, la présence de témoins, etc. *Hiller*, Rechtmæssigkeit, p. 75-78.

(8) R. G., 1er nov. 1880 (Samml. Stf. t. II, p. 424) insiste avec une grande force sur ces considérations de l'utilité et de la justice naturelle.

(9) Les auteurs de droit pénal se plaisent à exiger, pour que la résistance soit punie, que l'acte à exécuter soit légal : *Hiller*, Rechtmæssigkeit, p. 82 et 83 ; *Seeger*, Abhandl., I, p. 315 ; *Oppenhoff*, Stf. G. B. sous § 193, n. 13 ; *V. Kirchenheim* dans Gerichtssaal, XXX, p. 190 ; *Neumann* dans *Goltdammer*, Arch. 22, p. 226. Comp. l'énumération dans *Olshausen*, Stf. G. B. sous le § 113, n. 15 a Souvent, on confond ici, avec l'acte à exécuter, l'ordre de service, la commission donnée à l'officier d'exécution. Cela apparaît très nettement chez *Neumann* dans *Goltdammer* Arch., loc. cit. ; cet auteur parle de l' « exécution » de la commission, compte parmi les commissions les « ordres, commandements, jugements et dispositions » indiqués par le § 113 ; il fait alors (p. 223) dépendre la légalité de l'officier d'exécution de la « légalité de la commission ». *Olshausen*, qui, de son côté, exige

Ce dont il doit répondre, c'est simplement qu'il est, en général, compétent pour effectuer, sur l'ordre de cette autorité, des actes semblables (10), et que les prescriptions de la loi qui concernent directement son fait à lui, sont observées (11). A cet égard, l'ordre ne le couvre pas ; si donc il y a ici quelque irrégularité, la résistance sera impunie.

II. — La *forme* et la *mesure* de la force à employer se déterminent toutes les deux selon le but à atteindre, selon la nature du fait contraire à la police qu'il s'agit de combattre. Leur limite juridique, c'est ce qui est nécessaire. Quand la législation prévoit des mesures de force pour des buts spéciaux — prélèvement d'échantillons de marchandises mises en vente, des-

seulement que l'autorité supérieure soit « compétente pour la commission », cite, loc. cit., *Hiller* comme étant de cet avis ; celui-ci cependant exige que l'autorité soit compétente pour émettre les « ordres, dispositions, jugements, qui doivent être exécutés » et, par suite, les actes que la commission veut faire exécuter. Comp. aussi *Bölze* dans *Goltdammer* Arch., XXIII, p. 393, où il y a des confusions semblables. La jurisprudence est unanime pour dire que l'officier n'a pas à examiner la validité de l'acte à exécuter, et que, par conséquent, l'absence de cette validité ne peut pas rendre impunie la résistance opposée à l'acte. *Olshausen*, Stf. G. B. sous le §. 113, n. 15 a.; *Neumann*, dans *Goltdammer* Arch., XX, p. 219. Non seulement il n'est pas nécessaire que l'acte à exécuter soit valable, mais encore l'acte peut ne pas exister du tout, à moins que, par suite de prescriptions de formes concernant l'acte même de l'officier d'exécution, et ordonnant, par exemple, qu'il soit porteur d'une expédition exécutoire, cette existence extérieure ne soit indispensable ; en dehors de ces cas, le fonctionnaire n'a pas même la faculté d'examiner ce qui est derrière la commission d'exécuter. Cette force justificative de l'ordre de service peut avoir pour effet que la résistance contre l'officier d'exécution soit punie dans des hypothèses où elle ne le serait pas contre son supérieur, si celui-ci essayait d'exécuter la mesure en personne. C'est ce qui est remarqué avec raison dans *Goltdammer* Arch., XIX, p. 808, à propos de O. Tr., 27 sept. 1871. L'assesseur, dans le cas cité note 2 ci-dessus, aurait pu lui aussi faire cette distinction.

(10) En ce sens, *Olshausen*, Stf. G. B. sous le § 113, n. 15 a.

(11) R. G, 1er nov. 1880 (Samml., Stf. S. I. p. 424), reconnaît la maxime : « les ordres ne peuvent pas rendre légitime l'action illégitime ». La Cour veut parler d'un ordre de service du supérieur et d'un acte illégitime en lui-même accompli par celui auquel cet ordre est adressé, ce qui est derrière l'ordre du supérieur étant, d'après les motifs de l'arrêt, sans importance.

truction d'effets contaminés, répressions d'émeutes — elle détermine, pour ces cas spécialement, la limite de ce qui est possible.

Mais il y a certains moyens de force d'une application générale qui, à raison de leur nature, ont été soustraits aux conséquences qui résulteraient de la nature des choses et qui ont été placés sur des fondements particuliers et formels.

1) Le *dépôt de police*. — Pour remédier aux troubles causés par une personne, il peut devenir nécessaire d'attenter de force à sa liberté. Il y a déjà quelque chose d'analogue dans tout empêchement apporté à la libre circulation; il peut aussi être nécessaire d'éloigner de force une personne de l'endroit où elle se trouve, et même de l'enfermer pour un certain temps.

C'est ce dernier procédé qui semble se recommander tout spécialement aux officiers d'exécution de police comme le moyen le plus simple et le plus radical, attendu que leurs attributions en matière de justice pénale mettent déjà à leur disposition les locaux nécessaires.

Cependant, les lois se sont emparées de ce moyen de force et l'ont réglé d'une manière spéciale et expresse (12). Elles déterminent surtout les conditions dans lesquelles une arrestation et une détention de cette espèce sont possibles en matière de police. Ces conditions sont formulées d'une manière plus ou moins large; elles embrassent tantôt toutes sortes de troubles pouvant être écartés par l'usage de la force contre la personne qui les cause, tantôt seulement certaines espèces de troubles plus graves. Elles déterminent également — et c'est ce qu'il y a de plus important dans leurs prescriptions — la *durée* de la détention.

---

(12) Preuss. Ges., 12 févr. 1850, § 6 ; Bad. Pol. Stf. G. B , § 30, al. 3 ; Bayr. Ausf. Ges. z. Stf. Pr. O., art. 102. Comp. pour l'ensemble de cette législation, *Seuffert*, dans Wörterb., I, p. 690.

Considérée au point de vue de la nature des choses, cette détention de police devrait prendre immédiatement fin dès que le but de la police est atteint ; par contre, elle devrait durer aussi longtemps que le danger du trouble existe. Combien de temps la détention durera-t-elle ? La législation, naturellement, n'a pas voulu abandonner ce point à la libre appréciation des agents de police ; elle a tracé les limites d'une manière formelle. La détention dans le dépôt de police ne peut avoir lieu que pour un court délai fixé.

Il faut que la personne mise en dépôt soit relâchée après 24 heures, 48 heures ou « dans le courant du lendemain au plus tard », alors même que le danger du trouble à combattre — et à raison duquel l'arrestation a eu lieu — continueraient encore. La mise en liberté peut être contrariée par un mandat d'arrêt lancé par le juge ou par l'exécution d'une peine privative de la liberté ; ce sont d'autres questions. Au point de vue de la police, la contrainte est terminée. Il n'en pourra y avoir une nouvelle que lorsque se présenteront des causes nouvelles.

D'un autre côté, ce délai fixé existe également au profit de la police ; il lui évite d'observer scrupuleusement et d'une manière gênante les limites naturelles de la controverse. L'homme s'est peut-être calmé tout à fait ; il est de toute vraisemblance qu'il se soumettra maintenant à l'ordre ; logiquement, la contrainte devrait cesser immédiatement. Ou bien la possibilité extérieure du trouble a disparu ; les mesures de police, les travaux que l'homme pouvait empêcher ou gêner ont été achevés ; l'objet de ses attaques s'est éloigné. Pourtant, la prolongation de la détention jusqu'à l'expiration du délai n'est pas une illégalité. La crainte vague que l'individu puisse cependant recommencer, l'impossibilité de constater, sans une instruction minutieuse, qu'en réalité il ne pourrait plus rien faire de mal, les lenteurs inévitables des formalités à remplir, le détenu devant être amené à un fonctionnaire déterminé, etc., tout cela pourra retarder la mise en liberté. La détention ne devient illégale qu'autant qu'il y a mauvaise volonté du fonctionnaire. La loi a abandonné l'individu au pouvoir de police pour un court délai ; il y a là — on ne saurait le méconnaître — l'idée d'une peine méritée (13).

Lorsque les conditions légales particulières de l'arrestation et de la mise au dépôt de police ne sont pas indiquées, les moyens de force de ce genre ne sont pas complètement exclus. Cela est surtout important pour les législations qui restreignent le cercle de ces conditions, ou qui même ne l'admettent, comme la loi bavaroise, que pour empêcher des faits punissables. Dans la mesure où, selon les principes généraux, l'usage de la force en lui-même est admis (comp. § 23, III, et § 24 ci-dessus), la liberté de la personne, quand le but poursuivi l'exige, n'est plus sacrée. Dès lors, en particulier pour la défense administrative et dans l'intérêt propre de cette personne, l'arrestation sera toujours possible. Seulement — et c'est là la grande différence — la force n'est pas ici réglée formellement ; seules les nécessités du but la justifient quant à sa durée. Ce qui excède cette nécessité devient immédiatement un tort (14).

---

(13) *Eisenlohr*, Bad. Stf. G. B., p. 184, prétend que le délai légal est simplement le maximum dans les limites duquel ce qui est juridiquement possible se détermine par la nécessité. Il en trouve la preuve dans la prescription du § 77, d'après laquelle des personnes ivres ayant causé des désordres doivent, par exception, être retenues non pendant quarante-huit heures entières, mais seulement pendant vingt-quatre heures. La loi, d'après lui, exprimerait ainsi sa volonté que la contrainte devra cesser dès que l'individu sera dégrisé ; pour cela, il suffira d'un délai de vingt-quatre heures. Mais le législateur ne peut pas avoir prévu une véritable ivresse de vingt-quatre heures : il y a donc encore ici un certain excédent avec une légère couleur de pénalité.

(14) Dans une instruction générale du ministre de l'intérieur pruss. (Min. Bl., 1879, p. 71), il est dit : « Le pouvoir des autorités de police

2) *Pénétrer dans le domicile* d'une personne est une manifestation de la force qui s'ajoute accessoirement à différentes espèces d'activités de la police ; peu importe que l'activité principale et représentant le but poursuivi soit ou non, en elle-même, un usage de la force.

C'est le fait de pénétrer et de séjourner dans le domicile d'un individu sans son consentement. Il y a consentement tacite de la personne, lorsque les locaux ont été destinés par elle à une certaine circulation. Ce consentement général peut être aussi invoqué par les agents de police. Mais ceux-ci, selon les circonstances, sont aussi autorisés à y pénétrer et à y séjourner malgré l'individu.

La législation n'a pas abandonné, non plus, ce pouvoir aux conséquences logiques des principes généraux de la contrainte de police ; elle l'a délimité formellement. Elle l'a fait en imitant les règles de la procédure criminelle sur la police judiciaire, de manière à tracer les limites de ce pouvoir d'une façon beaucoup plus restrictive que cela ne résulterait de l'application pure et simple des principes généraux.

Cette délimitation tend surtout à une protection

de garder au dépôt de police des personnes qui peuvent être expulsées d'après les §§ 361 et 362 Stf. G. B., tant que la réalisation de l'expulsion par transport n'est pas devenue possible faute du consentement de l'Etat d'origine, est incontestable. Il y a lieu de prendre en considération non seulement les prescriptions du § 6 de la loi pour la protection de la liberté individuelle du 12 févr. 1850, mais encore les pouvoirs dont l'Etat, d'après les principes du droit des gens, peut faire usage contre des étrangers dans l'intérêt public ». Il sera procédé de la même manière contre les mendiants, vagabonds, etc., « quand il s'agit encore de statuer définitivement sur leur placement ». L'usage de la force va ici un peu loin, mais son admissibilité en droit ne saurait être contestée. La personne elle-même représente, dans ces cas, le trouble du bon ordre, trouble qui doit disparaître de la scène de la liberté commune. Il n'y avait pas, il est vrai, à invoquer ici les principes du droit des gens ; entre la puissance publique et l'individu — étranger aussi bien que mendiant — c'est non pas le droit des gens qui vaut, mais le droit administratif.

rigoureuse du domicile contre l'entrée de la police pendant la nuit.

Pendant le jour, les agents de police sont libres de pénétrer dans le domicile, quand ils y sont appelés par des *actes de leur fonction qui doivent s'y accomplir* : notifications d'ordres de police, arrestations, changements et démolitions par la voie d'exécution de police par contrainte, etc. La délimitation de ce pouvoir se fait d'une manière plus précise par son contraire, à savoir : *regarder* simplement et *voir* s'il y aura à accomplir un acte de leur fonction.

De semblables recherches pouvant être augmentées arbitrairement en nombre et en intensité, il y a là un danger contre lequel il convient de protéger la paix du domicile. Ces recherches ne sont possibles qu'en vertu d'une autorisation spéciale de la loi (15). Pour les besoins de l'instruction criminelle, existe la *perquisition* avec toutes ses formes (Stf Pr. O., § 102, 103). Pour que la police puisse surveiller et prendre des renseignements, différentes lois spéciales l'autorisent à s'introduire dans le domicile des individus (16). Mais la justice n'a pas, à cet égard, un pouvoir général et sous-entendu.

(15) La loi du 12 févr. 1850, § 7 (Prusse), ne permet de pénétrer dans le domicile qu'en vertu « d'un pouvoir résultant d'une qualité officielle ou d'une commission de la part d'une autorité ayant l'autorisation légale ». Si l'on voulait, avec *Foerstemann*, Pol. R., p. 439, admettre comme fondement suffisant, dans le sens de cette loi, l'autorisation si large contenue dans A. L. R., II, 17, § 10, cette forme d'usage de la force, en dépit du texte si sévèrement restrictif de la loi, serait sans limites. Mais les tribunaux maintiennent la restriction dans le sens indiqué ci-dessus ; ils ne considèrent pas les autorisations générales comme suffisantes pour légitimer la recherche dans un logement privé. R. G., 24 sept. 1880 (Samml. Stf. S., II, p. 249 ; O. V. G., 8 nov. 1876 (Samml. I, p. 375).

(16) Exemples d'autorisations spéciales : loi de l'Emp , 14 mai 1879, §§ 2 et 3, touchant les locaux dans lesquels des aliments sont fabriqués, conservés ou mis en vente ; Gew. O., § 139 *b*, relatif à l'inspection des fabriques ; la législation particulière ajoute : l'inspection des cheminées, la visite des logements insalubres, l'inspection des pharmacies.

Sont exceptés de ces limites protectrices, d'une manière générale, les locaux qui, quoique appartenant à un particulier, sont cependant, selon la destination qui leur a été donnée, accessibles au public : auberges, théâtres, salles de danse, salles de concert, etc. Tant qu'elles ont ce caractère, elles l'ont aussi pour la police, et même dans un sens plus prononcé. Les agents de la police ont le droit d'y entrer non seulement pour accomplir un acte de leur fonction, mais encore pour exercer simplement une surveillance et pour s'informer. L'entrepreneur, il est vrai, peut, après avoir ouvert ses locaux au public, apporter des exceptions et en refuser, par exemple, l'accès à un individu quelconque ou lui enjoindre de sortir : il y aurait violation du domicile à ne pas se soumettre à ces exceptions. Mais cela ne s'applique pas à l'agent de police dont le droit est absolu. C'est ce qui fait l'importance juridique de la notion de ces « locaux accessibles à la police » (17).

Pendant la nuit, l'entrée de la police est soumise à de nouvelles restrictions. Nous faisons encore abstraction de la perquisition appartenant à la sphère de la police judiciaire (Stf. Pr. O., § 104).

Pour la police pure, il ne suffit pas qu'elle ait quelque chose à faire dans la maison. Il faut que quelque chose d'extraordinaire s'y passe qui appelle son action immédiate ; sinon, la police doit attendre qu'il fasse jour.

Il peut y avoir un cas de *nécessité urgente* qui justifierait l'entrée de force par un particulier : incendie, inondation, danger de mort pour les habitants de la maison qu'il s'agit de sauver ; voilà les exemples prin-

---

(17) *Oppenhoff*, Stf. G. B. sous le § 143, n. 11 ; *H. Seuffert* dans Wörterb., I, p. 292. Le droit de la police sur les locaux ouverts ne comprend pas les perquisitions intérieures, ni les saisies ou les prélèvements d'échantillons ; il faudrait, pour cela, un titre spécial.

cipaux ; mais il peut y avoir d'autres cas d'une nature semblable.

En outre, on reconnaît qu'un motif formel justifiant l'entrée de la police sont les *cris de détresse* partis de la maison. Il n'est pas nécessaire que ce soit le maître du logement qui appelle la police. Tous ceux qui s'y trouvent soit à juste titre, soit à tort, ont la faculté d'amener cette compétence de la police. Les cris n'ont pas besoin de sortir de la maison, il suffit que celui qui appelle vienne de là. Le secours invoqué ne peut consister que dans un acte urgent rentrant dans la fonction de l'agent. Mais il n'est pas nécessaire que l'agent soit désigné distinctement et spécialement par le cri de détresse, ni que la police soit appelée expressément. Le cri : « Au secours ! » ou mieux seulement : « La police ! » est un motif suffisant pour pénétrer (18).

Les « locaux ouverts à la police » ayant cette qualité en temps de nuit sont exposés, par cela même, aux entrées de la police, même pendant la nuit, tant qu'ils restent ainsi ouverts. Après la clôture de l'auberge et le départ des clients, la maison est protégée comme une autre.

3) Le moyen le plus efficace pour venir à bout d'un individu, c'est *de faire usage des armes*. Ce moyen est permis, d'une manière inégale, au personnel servant à la contrainte de police.

Le point de départ de toute cette théorie doit être pris dans le fait que l'usage des armes, par ses effets, excède les limites dans lequelles se tient, en principe, la contrainte de police. La force, en effet, doit écarter

(18) Loi du 12 févr. 1850, § 8 (Prusse) ; *V. Roenne*, Preuss. St. R., II, p. 50, note 4. Il va sans dire que l'autorisation de faire des recherches peut comprendre tacitement l'autorisation d'entrer pendant la nuit, quand le fait que la loi veut faire surveiller doit se passer justement pendant la nuit, par exemple, une fabrication.

le trouble, empêcher celui qui l'a causé de continuer; elle ne doit pas lui infliger un mal qui subsistera après que le trouble aura disparu. L'usage des armes, par sa nature, amène toujours un mal de ce genre. Dès lors, à la différence des deux moyens de force dont nous venons de parler, celui-ci n'est pas admis dès que l'usage de la force, en général, est devenu possible. Il faut un fondement juridique pour que l'on puisse choisir ce moyen rigoureux.

Ce fondement peut résider dans le *droit commun de la légitime défense.* Les cas dans lesquels l'usage de la force est admis pour la contrainte directe en matière de police, surtout ceux de la défense administrative et de l'empêchement de faits punissables, ne coïncident pas nécessairement avec la légitime défense. C'est par extraordinaire que l'agent de police se trouve dans la situation prévue par le Code pénal d'avoir à repousser une attaque illégale faite contre lui-même ou contre un tiers. Dans cette hypothèse, le but de la police est au second plan ; la mesure de la force à employer, ainsi que la possibilité de l'usage d'une arme qu'on a sous la main, se règlent d'après les principes qui existent pour tout le monde au cas de légitime défense. Il n'y a pas ici de particularités de droit administratif. Sans influence est le fait que le fonctionnaire, en prévision des attaques auxquelles il pourra avoir à résister dans l'accomplissement de son service, a été muni d'une *arme d'ordonnance.* Cela équivaut à l'instruction de service de ne pas se servir, autant que possible, d'autres armes ou instruments que de l'arme d'ordonnance. Dans les rapports avec les tiers, il devient en même temps plus vraisemblable qu'il sera fait usage d'une arme, puisqu'une arme est toujours sous la main. Toutefois, l'usage d'un instrument moins dangereux ne sera jamais illégal vis-à-vis de l'adversaire ; l'usage d'une arme plus grave semblera peut-être justifié par les principes de la légitime défense. Le fait d'être muni d'une arme d'ordonnance n'implique, pour l'agent de police, aucune particularité vis-à-vis du droit commun de la légitime défense.

Mais, en outre, il y a des *règles spéciales pour l'usage des armes* ; ces règles ont été établies expressément par la loi (19).

Partout, la loi vise, en première ligne, les cas où la gendarmerie doit faire usage de son arme d'ordonnance.

Pour désigner ces cas, on est d'accord pour l'essentiel, sauf quelques divergences dans le détail. Le gendarme doit se servir de son arme : pour se défendre lui-même ou pour défendre des tiers contre des attaques effectives ou des menaces sérieuses ; pour vaincre la résistance par voies de fait ou menaces, résistance qui met obstacle à l'accomplissement de son devoir de procéder à une arrestation, de maintenir un poste, etc. ; et, selon quelques législations, pour empêcher l'évasion de la personne arrêtée.

Ces pouvoirs spéciaux de se servir de l'arme — la chose est évidente — excèdent, en plusieurs points, le droit de légitime défense ; briser la résistance, empêcher l'évasion, etc., cela ne rentre plus dans la légitime défense. D'un autre côté, l'usage de l'arme, comme nous venons de le voir, n'est jamais compris dans le droit de contrainte qui appartient à la police comme moyen naturel de l'usage de la force. Il s'ensuit que ces pouvoirs spéciaux se restreignent à la mesure que la loi leur a donnée. Le droit de légitime

---

(19) Le modèle commun se trouve dans Preuss. Dienstinstruction f. d. Gendarmerie, 30 déc. 1820, § 28. Comp. Bayr. Verord., 24 juillet 1868, §§ 74 et 75 ; Württemb. Instr., 5 juin 1823, §§ 48 et 49 ; Sachs. Verord., 14 juin 1855, § 1 ; Bad. Ges. über d. Gendarmerie, 31 déc. 1851, § 36. L'ensemble de cette législation dans *G. Meyer* dans Wörterbuch, II, p. 850.

défense subsistera dans toute son étendue au profit du gendarme, en tant que cela peut lui être utile (20). Mais le pouvoir d'user de l'arme en dehors de ces cas ne peut être accordé que par une loi ou une ordonnance légale, et non par une instruction de service (21).

Un ordre de service même exprès du supérieur ne peut pas autoriser le gendarme à se servir de l'arme dans une mesure plus grande et dans des cas autres que ceux que la loi a permis ; il y a ici une règle concernant directement son action personnelle. Il n'y a pas d'ordre qui puisse couvrir sa contravention (22).

Ces pouvoirs spéciaux, le fonctionnaire ne peut pas non plus les exercer au moyen d'autres armes que celles désignées par la loi, « les armes qui leur sont confiées », les armes d'ordonnance.

Enfin, ce pouvoir n'appartient pas à tout officier d'exécution de police, pas même à tout officier d'exécution que l'autorité jugera à propos de munir d'une arme (23). La délimitation de la catégorie des fonc-

(20) Le droit de légitime défense est expressément réservé au gendarme dans Verord. d. Min. d. I., 17 juin 1867 (Saxe), où l'on ajoute avec raison que cela va de soi.

(21) Dès lors, la validité de l'instruction ministérielle württemb. prétendant régler la question de sa propre autorité pourra être contestée. Comp. *Van Calker*, Recht. des Militärs z. adm. Waffengebrauch, p. 17, p. 39. L'auteur va seulement trop loin quand il prétend que la loi doit régler directement cette question, ne peut pas faire de délégation, et même que ce règlement ne peut se faire que dans le Code pénal ou dans le Code d'instruction criminelle. Les lois s'entendent cependant entre elles.

(22) Comp. la note 11 ci-dessus. D'après la Preuss. Instr. de 1820 (comp. aussi Bayr. Verord. de 1868), « les gendarmes ont le droit de se servir des armes qui leur sont confiées, même sans l'autorisation de l'autorité supérieure, quand etc. » *Seydel*, Bayr. St. R., V, p. 21, veut entendre cela en ce sens qu'*avec* l'autorisation de l'autorité supérieure l'usage des armes pourrait avoir lieu même sans cela, c'est-à-dire en dehors des cas spécialement indiqués. Mais l'instr. prussienne, évidemment, n'a pas voulu créer un semblable droit d'autoriser l'usage des armes, elle ne fait que renvoyer à la possibilité d'une pareille autorisation qui, à l'époque, était donnée dans la plénitude de la puissance d'autorité du régime de la police, mais qui aujourd'hui n'existe plus.

(23) Preuss. Min. d. I., 13 juillet 1823 et Allerh. Erl. du 4 février

tionnaires autorisés, telle qu'elle est donnée par la loi elle-même, est seule décisive. Elle vise, en première ligne, les gendarmes. Quand la loi ne parle que de ceux-là, une interprétation extensive au profit d'autres catégories de fonctionnaires ayant un nom différent n'est pas exclue. Ce qu'il faut seulement c'est que, malgré cet autre nom, ils désignent matériellement la même chose que la gendarmerie. Cette identité essentielle ne résulte pas du fait que l'agent est muni d'une arme d'ordonnance; la condition dont dépend le droit particulier du gendarme et qui fait que ce pouvoir s'étend à d'autres catégories de fonctionnaires, c'est le fait d'être *organisé militairement*. Le privilège accordé à la gendarmerie de l'usage des armes en matière de police existe ordinairement — et, en partie, avec des formes plus sévères — au profit des sentinelles, postes et patrouilles militaires (comp. III ci-dessous). Quand la gendarmerie fut détachée comme troupe spéciale pour le service de la police, il fut entendu tacitement, lorsqu'on ne l'a pas dit expressément — que les particularités de l'usage de la force militaire seraient aussi conservées pour son service de sûreté intérieure (24). La loi réglant ce privilège par des prescriptions expresses vise précisément le cas spécial d'hommes de police organisés militairement. Il n'y a donc pas de difficultés pour appliquer ces règles partout où se retrouve cette qualité décisive.

1854 (Min. Bl. d. I., 1854, p. 69) voudrait, il est vrai, étendre à tous les fonctionnaires exécutifs de la police le droit spécial qui appartient aux gendarmes de se servir de leurs armes. Mais parmi ces fonctionnaires figure aussi, par exemple, le veilleur de nuit (O. Tr. 22 déc. 1858) : doit-il pouvoir manier sa hallebarde d'ordonnance en vertu de ce privilège ? Tel n'est pas le droit existant.

(24) Ainsi, le Preuss. Gendarmerie edict du 20 juillet 1812 s'est contenté de dire que la gendarmerie a un costume et des armes militaires (§ 64) ; le privilège de l'usage des armes allait alors de soi. Ce n'est qu'en 1820 qu'il fut réglé expressément. Els. Lothr. Ges., 20 juin 1872, § 2, déclare simplement les règles sur l'usage d'armes militaires en temps de paix applicables à la gendarmerie.

Tel sera surtout le cas pour les agents de la sûreté militairement organisés des grandes villes. Lorsque cette qualité n'existe pas, une interprétation extensive ne doit pas avoir lieu. Seule une prescription spéciale de la loi pourrait établir, pour un cercle de fonctionnaires plus étendu, le privilège de l'usage des armes.

III. — C'est l'*armée permanente*, le *miles perpetuus*, qui a donné aux formations idéales de notre jeune puissance d'Etat leur fondement dans les dures réalités ; la souveraineté intérieure, elle aussi, est son œuvre. Aujourd'hui que l'administration et surtout la police sont depuis longtemps pourvues de moyens de contrainte propre, l'armée et ses ressources inépuisables continuent cependant à servir au maintien du bon ordre de la communauté par l'usage de la force nécessaire. Non seulement l'armée apparaît, au cas de nécessité extrême, comme le dernier moyen de contrainte ; mais encore elle prête une collaboration moins éclatante, quoique beaucoup plus importante, dans le service journalier de *garde de garnison.*

Tout ce que nous venons de dire sur l'usage de la force en matière de police et sur son fondement juridique ne s'applique pas naturellement à cette activité. Le soldat, en effet, n'est pas officier d'exécution de police ; la destination essentielle de l'armée n'est pas de poursuivre des buts de police.

Dès lors, se pose la question de savoir comment se justifie l'usage de la force du militaire contre le sujet, ou, comme l'on dit, en temps de paix. Pour nous, sa possibilité juridique ne résulte pas de ce que, en fait, l'usage de la force du militaire n'est que trop facile à exercer.

Nous avons des lois expresses qui règlent cette matière. Elles forment, en partie, des institutions spéciales, telles que l'*état de siège*, la *répression de l'émeute.* Pour une autre partie, elles règlent, d'une manière générale, l'usage des armes du militaire en temps de paix. Ce sont ces dernières prescriptions qui nous intéressent (25).

Dans ces prescriptions, il est facile de le remarquer, on suppose toujours que le militaire a, *conformément au droit et à son devoir*, manifesté une activité, au cours de laquelle peut intervenir l'usage des armes réglé par les lois, par exemple, arrestations, transports, protection de personnes, de bâtiments, de mesures de toute espèce, cordons, etc. Dès lors, le fondement juridique de ces activités supposées reste en question. Par les prescriptions sur l'usage des armes du militaire, on ne dit pas encore comment et quand le militaire représente, vis-à-vis du sujet, des intérêts de la police et agit pour ces intérêts.

Le soldat invoquera simplement son instruction de service ou l'ordre spécial d'un supérieur. L'obéissance militaire l'empêche de se livrer à tout autre examen ; en même temps, elle le couvre quant aux conséquences pour sa personne. Mais, vis-à-vis du sujet, cela ne constitue pas un titre juridique. L'instruction et l'ordre de service ne peuvent que formuler, appliquer, attribuer le pouvoir déjà existant de la puissance militaire.

L'activité légitime du militaire en matière de police est le résultat de causes diverses. On peut distinguer trois cas principaux d'usage de la force du militaire en temps de paix :

1) Le fonctionnement paisible des services et établissements publics appartient au bon ordre de la chose publique ; écarter, par la puissance d'autorité, les

(25) Preuss. Ges. über den Waffengebrauch des Militärs du 20 mars 1837 a servi de modèle ; les cas dans lesquels l'usage des armes est possible sont ceux que nous ayons mentionnés, II, n. 3, ci-dessus, en parlant de l'usage des armes permis à la gendarmerie. Comp. *G. Meyer*, dans Wörterb., II, p. 848 ss. ; *van Calker*, Recht des Militärs z. adm. Waffengebrauch.

troubles qui y sont apportés, c'est une partie principale de la police (comp. § 19, I, n. 3 ci-dessus). Cette défense est exercée dans la forme de la contrainte directe par le personnel ordinaire de la police, par les officiers d'exécution de police, ou bien, séparément, par les agents subalternes et les serviteurs du service intéressé : employés du service hydraulique, cantonniers, fossoyeurs, personnel inférieur des tribunaux, etc. Le titre juridique est dans les principes de la défense administrative (comp. § 24, I. ci-dessus). L'armée est aussi un de ces services publics ; elle a même cette particularité de posséder en abondance les forces personnelles pour assurer sa propre défense.

C'est en vertu de ce droit que l'armée protège ses bâtiments de service, ses places d'armes, ses fortifications et tout ce qui s'y rapporte, matériel, instruments, armes, provisions et pièces d'inventaire de toute sorte, munitions, etc. Ce qui peut les endommager ou en entraver l'usage est repoussé avec contrainte directe. Toutes les formes de l'usage de la force peuvent y servir. L'arrestation de la personne de l'agresseur est possible selon les règles de la Stf. Pr. O. à raison du délit commis ; mais, même sans cela, elle constitue simplement le moyen d'empêcher, qui est de droit naturel comme nous venons de l'exposer ci-dessus (II, n. 1). Elle est même ici un moyen relativement moins sévère. La loi a, en effet, ajouté ici la permission d'user des armes.

Non seulement les choses corporelles appartenant au grand service public qu'est l'armée sont protégées de cette manière, mais encore sa marche et son fonctionnement. Pour ce fonctionnement, il y a bien des locaux spéciaux ; mais le service fonctionne aussi en marches, haltes, parades, dans les rues et places publiques, refoulant le public, et ne supportant aucun dérangement : nous voyons la rue barrée par des postes qui repoussent à coups de crosse ceux qui avancent; nous voyons l'individu pressé, qui essaie de gagner, à travers la longue file des troupes qui passent, le trottoir de l'autre côté de la rue frappé à coups de plat d'épée. Ce n'est pas, comme on pourrait le croire d'après les apparences, simplement de la violence; c'est la défense propre d'un service public, très susceptible, il est vrai; c'est de la police (26).

2) Si ce que nous venons de dire représente une nature de pouvoir de police propre appartenant au service public de l'armée vis-à-vis des sujets, l'armée peut encore être appelée à participer, par l'exercice de sa force, à la police d'autres services, c'est-à-dire à l'activité de la police appartemant à d'autres administrations. C'est alors de la *contrainte de police militaire dérivée*. Son objet et son étendue se déterminent d'après le droit de la branche d'administration à laquelle s'attache l'activité auxiliaire du militaire. Seulement, les conditions et les formes de cette activité auxiliaire ont naturellement dû être fixées d'une manière aussi simple et aussi uniforme que possible, afin que les hommes aient à marcher d'après une ligne nettement dessinée.

Il se peut que d'autres services et établissements aient besoin d'une protection plus forte que celle que leurs propres forces et le personnel ordinaire de la police pourraient procurer; l'armée leur prête alors des sentinelles et des postes. Cela se fait surtout pour garantir les prisons et autres édifices publics importants. Quant à savoir la part que, dans la contrainte de police, le militaire aura à prendre, cela dépend de l'ins-

(26) Partant, l'usage de la force se trouve ici aggravé par le point d'honneur militaire. Bayr. Garnisonsdienst-Instr. 5 avril 1885, § 12, exige que, suivant le cas, on se serve de l'arme avec la dernière énergie; car « ce n'est qu'ainsi que la dignité du service militaire est sauvegardée ». Pour la police civile, semblables considérations ne peuvent pas exister.

truction de service. Mais le droit de la contrainte, dont l'instruction doit observer les limites, est emprunté au droit de la défense personnelle de l'établissement protégé ; il faut toujours ajouter la forme spéciale de contrainte résultant de l'autorisation donnée par la loi de se servir des armes (27).

Le personnel ordinaire de la police peut aussi, dans le cas individuel, se trouver en présence d'un trouble du bon ordre qui excède ses forces. La loi permet, sous certaines conditions, de réclamer le secours de l'armée ; celle-ci agit alors à côté de ce personnel ou à sa place, mais toujours avec les formes sévères quant à l'usage de la force, qui lui sont propres. Le principal cas est celui de l'intervention du militaire pour combattre des *attroupements* et des *émeutes*. La loi peut y appeler directement l'activité du militaire, abstraction faite d'une réquisition de l'autorité civile. C'est alors du droit spécial.

Il y a aussi des situations moins difficiles, non prévues par la loi et dans lesquelles le personnel de police peut avoir besoin d'un semblable secours. Les sentinelles, postes et patrouilles militaires reçoivent d'habitude l'instruction de prêter main-forte. Leur titre juridique vis-à-vis du sujet est encore, alors, dans le droit qui appartient au fonctionnaire de police qu'elles secourent, de faire usage de la force, bien que ce fonctionnaire, étant donné l'intervention du militaire, perde la direction des mesures de force qui auront lieu (28).

(27) C'est ainsi que le poste militaire, dans une maison de correction, a le droit de faire usage de la force : pour empêcher des tentatives d'évasion et d'effraction, pour réprimer une émeute des prisonniers, pour protéger contre une attaque les fonctionnaires ou employés ou même d'autres prisonniers (Bayr. Specialinstruction, dans *van Calker*, loc. cit., p. 57).

(28) *Foerstemann*, Pol. R., p. 113. Quand, à l'occasion d'un incendie qui a éclaté dans une ville de garnison, les militaires font la haie pour interrompre les communications dans la rue (*Foerstemann*, loc. cit.,

3) Enfin l'usage de la force du militaire contre l'individu peut se justifier par les mêmes causes *qui autoriseraient un particulier* à cet usage. La défense du soldat en service pour repousser une attaque dirigée contre lui-même ou contre d'autres membres de l'armée en service, rentre encore dans la catégorie de la défense administrative (comp. n. 1 ci-dessus). Par contre, le militaire exerce, comme un particulier et selon les principes du Stf. S. B. § 58 al. 2, le secours pour la légitime défense d'un tiers, qu'il s'agisse d'un particulier ou d'un fonctionnaire en service. De même, les sentinelles, postes et patrouilles sont autorisés par Stf. Pr. O. § 127 à procéder à l'arrestation provisoire dans le cas de flagrants délits, comme tout le monde et non autrement.

Quant à savoir si cela leur est permis au point de vue de leur devoir de service, cela dépend de l'instruction et de l'ordre spécial. Si tel n'est pas le cas, cela n'empêche pas l'usage de la force d'être légitime vis-à-vis de la personne contre laquelle il a été exercé, le droit légal existant en soi. Mais si tel est le cas, alors l'intervention du soldat est protégée par la pénalité de la résistance selon Stf. G. B. § 113, al. 2 ; elle est accompagnée, en outre, du droit de faire usage des armes sous les conditions des lois spéciales qui règlent la matière (29). Les conditions de la possibilité juridique de son intervention continuent quand même à dépendre de ce qui constitue le fondement légal, à savoir : la défense légitime d'après le Code pénal, et

p. 111), cela peut avoir lieu tant dans leur propre intérêt pour aider les travaux des pompiers qui servent à protéger les bâtiments militaires, que pour venir en aide à la police civile. Chacun de ces deux motifs suffit à lui seul. Mais il faut qu'il y ait une cause justificative; il n'est pas de droit naturel que les militaires puissent barrer n'importe quelle rue.

(29) Cela se fait alors « dans notre service pour le maintien de l'ordre, de la tranquillité et de la sécurité publiques », au sens du § 1 Preuss. Ges. über d. Waffengebrauch, 20 mars 1837.

le droit d'arrestation qui appartient à tout le monde.
Dès lors, l'arrestation est impossible, lorsque le coupable n'est pas soupçonné de vouloir prendre la fuite et lorsque son identité est constatée. Il n'y a pas, pour le militaire, de droit spécial de procéder à des arrestations pour un délit quelconque. L'instruction elle-même ne peut pas l'accorder.

Ce dernier groupe d'usage de la force militaire ne rentre donc plus dans la sphère du pouvoir de police; il faut appliquer le droit commun en vigueur pour tout le monde, renforcé, pour la manière dont il s'exerce, par des additions tirées du droit militaire.

SECTION II

Le pouvoir financier (*die Finanzgewalt*).

§ 26

La loi du budget et le pouvoir financier.

Les *finances* sont les revenus de l'Etat; l'*adminis-tration des finances* est l'activité de l'Etat concernant ses revenus. Le *pouvoir financier*, c'est la puissance publique dirigée vers les revenus de l'Etat.

Ce pouvoir n'apparaît pas dans les activités d'éco-nomie privée par lesquelles l'Etat peut se créer des revenus, dans les dispositions de droit civil sur les biens de l'Etat et leurs produits, contrats de bail à ferme et de bail à loyer, etc.

Mais nous ne le reconnaissons pas non plus dans tous les rapports de droit public, d'où résulte, pour l'Etat, un avantage pécuniaire. Les amendes et les confiscations, les rétributions pour des jouissances concédées et les droits à la restitutions de deniers publics confiés aux comptables appartiennent à l'en-semble de leurs institutions juridiques spéciales, comme moyens ou comme résultats de rapports pré-existants.

Nous n'appelons la puissance publique pouvoir financier que dans le cas où elle agit sur le sujet pour le besoin des revenus de l'Etat, spontanément et en dehors de rapports spéciaux.

Ainsi limité, le pouvoir financier forme la notion supérieure qui réunit toute une série d'institutions juridiques qui la placent à côté du pouvoir de police comme un principe d'une nature essentiellement analogue et ayant avec elle une grande affinité.

Dans l'un et l'autre cas, la puissance publique se manifeste par des effets strictement unilatéraux. Elle se borne à commander, à imposer, à contraindre ; lorsqu'elle semble accorder au sujet quelque chose, c'est tout au plus un relâchement de cette force dominatrice.

Mais, d'un autre côté, les deux pouvoirs présentent, dès le début, une importante différence.

Derrière le pouvoir de police, nous avons trouvé un principe de droit naturel qui aide à interpréter et à compléter le droit de la police : c'est le devoir général de ne pas troubler le bon ordre. L'exercice du pouvoir financier n'a pas ce fondement de droit naturel ; le devoir général du sujet de payer des impôts est une formule dénuée de sens et de valeur juridique.

En revanche, dans l'organisation de l'Etat constitutionnel, on a placé au-dessus de tout le mouvement des finances et spécialement au-dessus de la manifestation la plus importante du pouvoir financier — la perception des impôts — un autre régulateur suprême. C'est le budget de l'Etat ; il est déterminé, à son tour, par le droit budgétaire de la représentation nationale ; il apparaît dans la *loi du budget*.

La signification de cette loi est, dans la doctrine du droit public, l'objet de vives controverses. La plupart des théories auraient pour conséquence logique d'attribuer à la loi du budget un effet juridique, qui agirait fortement sur la sphère du droit administratif.

D'après certains, les articles de la loi du budget sont des *règles de droit*, obligatoires pour l'administration des finances : comme règles de droit, ces articles auraient forcément leur effet direct pour et contre les sujets intéressés aux dépenses et aux recettes ordonnées (1). D'autres appellent la fixation du budget un *acte administratif*.

S'il s'agissait sérieusement d'un acte administratif, nous devrions rechercher les rapports juridiques des sujets qu'il détermine (2). On parle aussi d'une *procuration* (*Vollmacht*), donnée au gouvernement pour percevoir les recettes et faire les dépenses, et qui, comme toute procuration, serait la condition de la validité de ses actes vis-à-vis des tiers, des sujets (3). Ou bien on attribue à cette loi la signification d'une *instruction* pour les fonctionnaires chargés de l'exécution du budget, instruction qui déterminerait les obligations de leurs fonctions (4).

Nous ne pouvons pas laisser de côté la loi du budget sans déterminer exactement l'influence qu'elle est appelée à exercer sur notre matière.

De même que pour la formation de la notion de la loi (comp. t. I, § 5 ci-dessus), le droit constitutionnel moderne s'est inspiré, pour fixer la part de la représentation nationale dans l'administration des finances,

(1) Le représentant principal de cette opinion est *Haenel*, Ges. im form. u. mat. Sinne, p. 291 ss. Comp. la critique de *Laband*, St. R., 4ᵉ édit. all. IV, p. 846 ss.; édit. française, VI, p. 381 et s.

(2) Nous rencontrons cette expression surtout chez *Jellinek*, Ges. u. Verord., p. 288 ; *G. Meyer*, St. R., p. 609 ; *Arndt*, dans Arch. f. öff. R., III, p. 540 ss. Mais il faut remarquer que ces auteurs ne pensent pas à un véritable acte administratif ; ce mot, pour eux, doit seulement signifier que la loi du budget n'est pas une règle de droit. Cela n'est pas inexact ; mais cela ne nous dit rien du tout.

(3) V. *Roenne*, Preuss. St. R., I, p. 633, 634; v. *Martitz* dans Tüb. Ztschft. XXXVI, p. 271 ; *Seidler*, Budget u. Budgetrecht, p. 221 ss.

(4) *Bornhak*, Preuss. St. R., II, p. 59 ss. ; *Arndt*, dans Arch., f. öff. R. III, p. 540 ss. Comp. la critique de *Laband*, St. R., 4ᵉ éd. all. IV, p. 497, note 2 ; édit. franç., VI, p. 368 et s.

d'idées juridiques de la période précédente. Dans les
Constitutions primitives, cela apparaît dans la réglementation des impôts. Cette réglementation est, en
principe, temporaire et ne représente pas seulement,
comme la loi constitutionnelle ordinaire, un acte
commun édicté pour les sujets de concert avec la
représentation nationale et par le gouvernement; elle
est considérée comme une *concession (Bewilligung)*
faite au gouvernement par la représentation nationale. Jamais on ne verrait dans une loi de police, en
même temps, la « concession » de mesures de police
faite par l'un des facteurs de la législation à l'autre.
Mais, dans cette concession d'impôts, revit l'idée des
Etats du pays « venant au secours de leur prince avec
une somme d'argent » (5). Il est vrai que les formules
du nouveau droit constitutionnel nous ont été four-
nies par la France, directement ou par la voie de la
Belgique. Mais, là aussi, on ne saurait méconnaître
l'influence des mêmes idées transmises par les anciens
Etats (6).

Dès lors, d'après cette manière de voir, nous sommes ici en présence d'un rapport entre le gouvernement et la représentation nationale. Celle-ci est obligée de consentir ce qui est nécessaire pour que
l'autre puisse gérer les affaires. Mais, d'un autre côté,
elle apprécie elle-même ce qui est nécessaire et ce

(5) Pour l'historique : *Gneist*, Ges. u. Budget, p. 133 ss.; *Seydel*, Bayr.
St. R., IV, p. 291, *Pfizer*, R. der Steuerverwilligung, va trop loin,
quand il trouve que, dans la Constitution de son pays, le « droit de
l'imposition autonome du vieux Würtemberg » est directement réalisé;
Etats et représentation nationale, imposition autonome et consentement à la loi d'impôt sont des choses bien différentes.

(6) *Gneist*, Ges. u. Budg., p. 118, voit dans le droit public français
moderne en général, et spécialement en ce qui concerne cette matière,
une négation complète de la « continuité du droit ». C'est le contraire
qui est vrai. On n'a qu'à citer *Tocqueville*, l'Ancien régime et la Révolution. Pour les origines du droit budgétaire en particulier : *Leroy-
Beaulieu*, Science des fin., 6ᵉ éd., II, p. 4 ss., et surtout *Desmousseaux*
dans le *Correspondant*, tome XXXXII, p. 217 s.

pourquoi les impôts doivent être consentis; elle fait accompagner les deniers d'impôt consentis d'une affectation obligatoire pour le gouvernement. C'est en ce sens que l'on parle d'un *droit* qu'a la représentation nationale de consentir les impôts et qui se développe aujourd'hui, de lui-même, dans son *droit du budget* avec tous ses détails. Dès qu'il s'agit de lever des impôts, il faut soumettre à la représentation nationale un état de prévoyance contenant un tableau des recettes et des dépenses à faire (7). Elle évalue les recettes, constate les dépenses d'après leur objet et leur montant, en tant qu'elle les juge nécessaires; elle consent les impôts nécessaires pour couvrir la différence. Dès lors, dans toutes les dispositions sur les moyens de l'Etat, on est tenu d'observer les limites des dépenses consenties. Dans chaque dépense, en effet, il y a des deniers d'impôts (8). Dépasser ces crédits, c'est, de la part du gouvernement, une violation du droit de la représentation nationale de consentir les impôts; cela engage la responsabilité ministérielle.

C'est ainsi que la chose se présente dans les Constitutions primitives. Dans le développement ultérieur, ces idées n'ont fait que revêtir des formes nouvelles. Cela s'est produit surtout sur deux points :

1) La fixation du budget est essentiellement une résolution de la représentation nationale ; le gouvernement, à moins de conflit, n'a qu'à l'accepter (9).

(7) *Leroy-Beaulieu*, Science des fin., II, p. 3 : « L'origine de ces budgets ou états de prévoyance, c'est le droit, qu'a la nation de refuser ou d'accorder des impôts ». Il ne s'agit donc pas de simples mesures de prudence de l'administration des finances. Le véritable motif apparaît, d'une manière éclatante, dans les Constitutions de l'Allemagne du Sud : *Bornhak*, Preuss. St. R., III, p. 575 ss.

(8) *Seydel*, Bayr. St. R., IV, p. 399, note 1. Il compare (p. 401 ss.) très justement l'effet du consentement d'impôts qui engage la totalité du budget à celui de la clause d'appropriation du droit anglais.

(9) La Déclaration des droits de l'homme de 1789, art. 14, ne pro-

Mais bientôt l'usage a prévalu de donner à cet accord la forme d'une loi et de le publier comme telle (10). Des textes de chartes constitutionnelles plus récentes ont prescrit expressément cette forme (11). La signification juridique de l'acte n'est pas changée pour cela. La loi de finances ne doit exprimer autre chose que le droit budgétaire de la représentation nationale, tel qu'il est compris dans le système constitutionnel. Aussi, gouvernement et représentation nationale, en traitant ultérieurement du budget, ne se font-ils pas scrupule d'abandonner la forme de la loi, qu'elle soit prescrite ou choisie volontairement : par une inconséquence apparente, il est procédé, par de simples résolutions de la représentation nationale, à l'approbation des comptes sur l'exécution du budget, à la

---

clame, comme droit des citoyens, que celui « de constater, par eux-mêmes ou par leurs représentants, la nécessité de la contribution publique, de la consentir librement et d'en suivre l'emploi ». Dans cette maxime, qui contient toute l'essence du droit budgétaire, il n'est pas question de loi. Une *loi* du budget n'est mentionnée que dans la Constitution du 22 frimaire an VIII, art. 45. C'est que, d'après cette Constitution, tous les actes du Corps législatif — qui est aussi appelé à fixer le budget — doivent porter le nom de lois. La Constitution de Reuss A. L. ne connaît que des consentements périodiques d'impôts ; elle ne connaît pas de loi du budget. On publie tous les ans une loi sous le nom de « Patente concernant les contributions à payer dans l'année... ». Elle n'indique que le taux des impôts consentis. En même temps, le texte « du budget fixé en recettes et dépenses » est imprimé ; mais ceci seulement à titre de « communication ». Toutefois, le gouvernement est lié par ce plan, aussi bien que, ailleurs, par la loi du budget.

(10) La Const. Bav. ne connaît pas de loi du budget ; néanmoins, on propose le budget comme « partie d'une loi de finances » : *Seydel*, Bayr. St. R., IV, p. 389. La Saxe qui, par sa Constitution, est dans le même cas, publie une « loi de finances » contenant le total des recettes et dépenses fixées et, de plus, le consentement des impôts ; *Loebe*, Staatshaushalt des Kgr. Sachsen, p. 45 ss.

(11) C'est surtout le cas dans les Constitutions qui ne supposent pas de consentement périodique des impôts (Const. de la Prusse, Const. de l'Empire) ; aussi y a-t-il ici une raison spéciale, dont nous parlerons tout à l'heure. Lorsque l'un et l'autre sont prescrits — consentement périodique des impôts et loi du budget — cette dernière n'est quelquefois publiée que dans un extrait et pour note ; évidemment, pour l'effet à produire, il suffit du consentement des impôts pour ce budget. Ainsi, par exemple, Schwarzburg-Rudolstadt.

décharge du gouvernement et même à la régularisation de dépenses ayant dépassé les prévisions (12). Ici, la nature des choses veut simplement qu'en matière de budget, la représentation nationale agisse *à l'encontre* du gouvernement et non pas, comme dans une loi qui produit un effet extérieur, par des règles de droit, par des actes administratifs, par des autorisations de vendre, etc., *avec* le gouvernement.

2) La force obligatoire du budget, une fois fixée, repose originairement sur le consentement d'impôts qui y est attaché. Il est logique que les impôts soient consentis pour la période restreinte pour laquelle le budget doit être valable. Le fait que l'une ou l'autre classe d'impôts devient stable — ce qui surtout arrive pour les impôts indirects — n'empêche pas ce système de fonctionner.

La limite de dépenses fixée par le budget reste obligatoire aussi longtemps qu'il y a encore des impôts consentis en vertu de cette fixation pour couvrir les nécessités.

Le seul résultat est un certain affaiblissement du système. La forme originaire contenait, pour le gouvernement, une contrainte juridique double : en faisant des dépenses non reconnues, il viole le droit de la représentation nationale ; et en levant des impôts qui ne sont pas consentis chaque fois à nouveau, il viole, en outre, le droit de chaque contribuable individuellement selon l'effet de la réserve constitutionnelle de la loi. Ce dernier côté, avec l'extension des impôts permanents, perdra son importance. L'autre côté ne changera pas.

Mais ce second côté peut disparaître complètement ;

(12) Régularisation de dépenses faites en dehors du budget par de simples résolutions : *Laband*, St. R., 4ᵉ édit. all., IV, p. 5o3 ; édit. fr., VI, p. 3o3 ; de même, pour un bill d'indemnité : *Seydel*, Bayr. St. R., IV, p. 437.

et, par conséquent, la connexité du droit de consentir les impôts et du droit budgétaire peut s'évanouir. Tel est le cas lorsqu'il devient de principe que tous les impôts soient permanents, consentis une fois pour toutes. Alors disparaît la cause juridique qui, originairement, a donné au budget sa force obligatoire pour le gouvernement.

Mais alors la clause de la charte — qui, sans cela, est superflue — d'après laquelle le budget doit être fixé dans la forme d'une *loi*, acquiert une importance souveraine (13). Elle n'est autre chose que la *reconnaissance directe du droit budgétaire* qui, sans elle, n'existerait pas. Quel est ce droit budgétaire ? En tout cas, ce n'est pas un droit nouveau. Ni la charte belge, ni celle de la Prusse qui l'imite, ni celle de l'Empire — qui, de son côté, suit cette dernière — n'ont prétendu mettre au monde, par leurs formules peu claires, une idée nouvelle fondamentale. Elles ne veulent que confirmer le droit budgétaire, tel qu'il est donné dans l'organisation commune de l'Etat constitutionnel.

Or, cette clause porte :

Le gouvernement est obligé de soumettre le budget à la représentation nationale — même quand il n'y a pas à donner spécialement un consentement d'impôts — afin que ce budget soit fixé dans la forme d'une loi. — Et encore :

Le gouvernement est lié, vis-à-vis de la représentation nationale, au budget fixé, de manière à ne pas pouvoir dépenser les deniers publics pour autre chose et pour des sommes supérieures à ce qui est prévu dans ce budget, absolument comme si un consentement d'impôts avait été fait sur cette base (14).

(13) Const. Pruss., art. 99 ; Const. de l'Empire, art. 69.

(14) Puisque cette loi ne doit pas avoir d'effet extérieur, on peut bien s'abstenir d'en publier les détails ; entre le gouvernement et la représentation nationale qui l'ont faite, ces détails produiront quand même leur effet : *Laband*, St. R., IV, édit. all., p. 497; édit. fr., VI, p. 292. Logi-

Ainsi, l'importance de la fixation du budget est partout la même dans toutes nos Constitutions ; elle est partout celle qu'on avait primitivement en vue. On peut ajouter à cette fixation, pour figurer dans le même acte législatif, toute sorte de choses : des dispositions d'ordre administratif, telles que des règles de droit administratif concernant l'exécution du budget, des instructions pour les fonctionnaires, des autorisations de vendre des immeubles de l'Etat ; ou des dispositions d'ordre constitutionnel ou politique, telles que des manifestations pour ou contre un ministère. Nous devons faire ici abstraction de tout cela. Nous devons nous en tenir à ce qu'il y a, dans cette fixation du budget, d'essentiel et de constant. Quel est, d'après cela, le caractère juridique de l'acte ?

La loi du budget ne présente, par son contenu, qu'un compte, un devis, un *plan* de l'exercice futur. Le gouvernement, placé vis-à-vis de la représentation nationale comme administrateur responsable des deniers publics, manquerait à son devoir s'il voulait procéder sans ce plan. Mais ce plan, il pourrait le faire seul (15).

Ce qu'il y a de particulier, c'est que ce plan doit

quement, on ne devrait rien publier du tout, parce que cette « loi » ne vise pas les sujets ; mais par respect pour le nom de loi, on fait un simulacre de publication. *Haenel,* Ges. im form. u. mat. Sinne, p. 292, proteste énergiquement contre ceux qui veulent « construire sur la même forme » le droit budgétaire de la Saxe et de la Bavière d'un côté, celui de la Prusse et de l'Empire de l'autre ; ce sont, d'après lui, des « types différents dans le principe ». Mais la différence ne concerne pas ce qui est l'essentiel ; au point de vue de l'effet pratique, elle ne se fait même pas beaucoup sentir dans cette question de forme, à laquelle *Haenel* attache tant d'importance : comme nous l'avons vu (comp. la note 10 ci-dessus), en fait, ce budget reçoit partout la forme d'une loi.

(15) *Laband*, St. R., 1re édit. all., III, p. 353, avait encore défini le budget de l'Empire simplement comme « un programme de l'administration de l'Empire, établi par les organes suprêmes du pouvoir de l'Empire ». Ce droit budgétaire assez affaibli a été critiqué avec raison par *Haenel*, Ges. im form. u. mat. Sinne, p. 310 ss.

être accompagné d'une déclaration de la représentation nationale *approuvant* ses articles.

Cette approbation est d'abord une constatation et une attestation de la nécessité des dépenses qui y sont portées ; elle a pour effet juridique de *décharger d'avance* le gouvernement de sa responsabilité matérielle vis-à-vis de la représentation nationale, s'il s'y conforme (16).

Mais cette constatation préalable est, en même temps, une *condition de forme* imposée par la Constitution au gouvernement vis-à-vis de la représentation nationale. Le gouvernement lèse le droit de cette dernière et se rend responsable vis-à-vis d'elle, quand il veut procéder à la gestion financière sans cette constatation préalable ou en dehors d'elle (17).

Quant aux détails de cette responsabilité, à la façon

(16) En ce sens, *Laband*, St. R., 2ª édit. all., p. 1001, 4ª édit. all., p. 497 ; édit. franç., vI, p. 292 ; mais l'importance juridique de la fixation du budget se restreint, d'après lui, à cet effet. Il ne s'agirait donc que d'un moyen de tranquilliser des ministres ayant horreur de leur responsabilité. Si les ministres ne réussissent pas à obtenir une loi du budget, quelle en sera la conséquence ? « Le gouvernement n'est pas obligé de suspendre son activité administrative ; mais il exerce cette activité sous sa propre responsabilité » (*loc. cit.*, 4ª édit. all., IV, p. 509 ; édit. franç., VI, p. 314 et 315). Qu'il l'exerce raisonnablement, et tout est parfait. Sur ces bases, il nous est donné (4ª édit. all., p. 570 ss.; édit. fr., VI, p. 314 et s.), tout un guide d'administration sans loi du budget. Dans le même sens, *Bornhak*, Preuss. St. R., III, p. 601, propose, comme conséquence unique de l'absence d'une loi du budget, que, « désormais, les autorités auront à apprécier et à décider souverainement quelles dépenses dans l'intérêt de l'Etat elles ont à faire ou à ne pas faire ». Cela, estime-t-il, est très désagréable.

Cette doctrine est évidemment insuffisante. Le droit budgétaire qui, en réalité, est en vigueur dans toute l'Allemagne, a un caractère plus sérieux.

(17) *Jellinek*, Ges. u. Verord., p. 292 ss. appelle le budget constitutionnellement établi « la condition de l'administration financière au point de vue du droit ». Mais contrairement à ce que nous venons d'exposer, il entend par là que la validité juridique des actes de l'administration financière — et, par suite, leur effet extérieur — dépend de l'accomplissement de cette condition. *Zorn*, dans Annalen, 1889, p. 392, et *Laband*, St. R., édit. all., IV p. 536 ; édit. franç., VI, p. 364, lui opposent, avec raison, que cela revient au système combattu par *Jellinek* lui-même, et d'après lequel la fixation du budget

dont elle est mise en jeu, dont elle peut être couverte, cela dépend évidemment du droit constitutionnel seul.

Ce sont des questions internes des grands pouvoirs constitués. Elles ne concernent ni les tiers, ni les sujets, ni les fonctionnaires personnellement.

Que le gouvernement soit devenu responsable ou non, la validité de son acte de gestion, vis-à-vis des tiers dépend exclusivement de l'ordre juridique qui règle les rapports de ces derniers avec l'Etat, soit le droit civil, soit le droit administratif.

C'est seulement d'une manière indirecte que la loi du budget exerce une influence sur le droit administratif. Son contenu forme la matière des instructions à donner aux fonctionnaires qui seront chargés de

serait l'autorisation nécessaire pour rendre la gestion du gouvernement juridiquement possible et valable.

Laband, loc. cit., édit. all., p. 538 ; édit. franc., VI, p. 367, ajoute que la théorie exposée par moi n'en diffère pas au fond ; l'attestation dont je parle ne serait autre chose que l'autorisation constitutionnellement nécessaire ; ce serait seulement une expression moins précise. Mais « attestation » me semble être une expression très précise ; elle a été choisie à bon escient pour éviter l'équivoque qui s'attache, comme on le voit, au mot autorisation. Autoriser quelqu'un, cela s'entend trop facilement dans le sens de le rendre capable de produire un effet juridique ; ce qui serait faux ici. Mais, abstraction faite de l'effet extérieur, il serait également faux de ramener le pouvoir du gouvernement de gérer les finances à une autorisation de la représentation nationale. Cela peut se dire dans les pays où la souveraineté nationale et le gouvernement parlementaire forment la base de la Constitution (*Boucard et Jèze*, Eléments de la science des fin., 2ᵉ édit., I, p. 165 ss). Mais en Allemagne, le gouvernement reçoit l'autorisation de gérer les finances directement de la Constitution même. La constatation préalable de la nécessité des dépenses n'est qu'une formalité à observer à l'occasion de cette fonction, une condition de forme, comme nous le disions. Notre définition renferme tout ce que *Laband* attribue à la fixation du budget, en y ajoutant un élément nouveau qui doit être indispensable. Naturellement, toute l'importance juridique de cet acte se concentre sur les dépenses. *Laband, loc. cit.*, édit. all., p. 538, édit. franç., VI, p. 368, me reproche que, d'après ma définition, le côté des recettes « tombe dans le vide ». Mais il me semble qu'il n'en est pas autrement dans son système (loc. cit., édit. all., IV, p. 500; édit. franç., VI, p. 297). Toutefois, il y a une différence : pour lui, en fin de compte, c'est le droit budgétaire tout entier qui tombe dans le vide, puisque toute importance juridique sérieuse lui est enlevée.

l'exécution du budget ; il forme la base pour la fixation du salaire afférent aux différents emplois qui
pourront même s'y référer tacitement ; il sert de motif
aux impositions de taxes par acte administratif. Et
même, en dehors de ces questions financières directes,
la nécessité de se conformer au budget fixé se fait
sentir dans tout ce que l'administration fait ou ne
fait pas.

Mais, cela ne fait pas que la fixation du budget, par
elle-même, entre dans les institutions du droit administratif ; cette fixation ne fait pas partie des manifestations du pouvoir financier que nous étudions ici.

$ 27

L'impôt ; modalités de l'imposition

L'impôt est un paiement en argent imposé au sujet par le pouvoir financier en vertu d'une règle constante (1).

Il est donc de l'essence de l'impôt que l'obligation de payer soit créée par une manifestation de la puissance publique, que ce soit, par conséquent, une *obligation de droit public*. Mais il est aussi de l'essence de l'impôt que l'imposition se fasse d'après une règle *constante*, c'est-à-dire qu'elle se détermine d'après des faits fixés d'avance et présentant une certaine régularité. La puissance publique pourrait procéder, en dehors de règles de ce genre, dans le cas individuel, par loi spéciale ou en vertu d'autorisations qui seraient données au gouvernement. En fait, elle ne le fera pas ; si cela arrivait, une imposition de paiements isolés de cette nature *ne serait pas un impôt* (2).

(1) *Neumann*, Die Steuer u. d. öff. Interesse, p. 395, définit les impôts : « les paiements ordonnés en vertu du pouvoir financier pour obtenir des revenus publics ». Il manque ici l'élément de la règle constante. La plupart des auteurs se contentent d'expliquer l'impôt simplement comme une sorte de « droits » (*Abgaben*), *Schoenberg*, Handb., II, p. 13 ; p. 111 ; *v. Mayr* dans Wörterb., I, p. 3 ; *Seydel*, Bayr. St. R., IV, p. 66 ; *G. Meyer*, V. R., II, p. 197. Mais qu'est-ce qu'une « *Abgabe?* » Bayr. Obst. L. G., 8 janv. 1886, déclare, par exemple, que c'est le « nom collectif de tous les revenus de l'Etat appartenant au droit public ». Cela ne nous avance donc pas à grand chose.

(2) La prétendue contribution de guerre (*Bluntschli*, Mod. Völker. R., n. 656) n'est pas une contribution, c'est-à-dire un impôt. Sur la règle constante comme élément essentiel de la notion de l'impôt : *Wagner*, Finanzw., 3e éd., p. 499 ; de même O. V. G., 2 fév. 1884.

Cette règle doit tenir compte des facultés relatives des sujets de supporter l'impôt ; c'est ce qu'on appelle la *proportionnalité* de l'impôt. S'il est dérogé à ce principe, la mesure conserve le caractère d'impôt ; mais c'est alors un impôt *injuste*.

La science des finances enseigne comment il faut combiner les règles qui servent de base à l'impôt, pour qu'il soit à la fois juste et propre à remplir son but principal, à savoir, procurer un revenu à l'Etat.

L'impôt, par sa nature, peut s'adapter à toutes ces considérations d'utilité. Car il y a, dans sa notion, un élément négatif : l'imposition se fait indépendamment de toute cause spéciale devant la justifier, elle se fait *spontanément*. Cela distingue nettement l'impôt d'un groupe important d'obligations de payer, qui, dans la forme extérieure, peuvent avoir beaucoup d'affinités avec lui : je veux parler des rétributions et des contributions spéciales.

L'une et l'autre, elles visent des paiements en argent que l'individu devra faire *en considération des rapports spéciaux dans lesquels il est entré avec une entreprise publique et à titre d'équivalent.*

La *rétribution* (*Gebühr*) est l'équivalent des avantages que l'individu retire personnellement de l'utilité que les services publics offrent au public ; c'est dans l'acte par lequel il en fait usage, que l'obligation de payer a sa cause et sa mesure. Nous en parlerons au t. IV, § 52 ci-dessous.

Les *contributions spéciales* (Beiträge) sont des paiements en argent que l'individu doit faire pour des entreprises ou établissements publics, parce qu'il est censé avoir un intérêt particulier à leur existence et à leur fonctionnement en général ; ce sont les avantages retirés non pas d'actes de jouissance isolés, mais d'une situation qui lui est faite, et pour lesquels il contribue pour sa part. Nous en parlerons au t. IV, § 48 ci-dessous (3).

L'acte, par lequel l'obligation de payer l'impôt est créée, c'est l'*imposition*. Cet acte doit obéir aux conditions de l'Etat constitutionnel et régi par le droit.

L'imposition est une atteinte à la propriété ; comme telle, selon la Constitution, elle a besoin d'un *fondement légal*.

Les principes du *régime du droit* exigent qu'elle se conforme, autant que possible, à sa formule : règle de droit, acte administratif, exécution. Seulement, comme toujours, c'est dans la mesure du possible. Les considérations d'utilité pratique, au point de vue des finances, y apportent des limites.

Mais surtout, l'imposition, dans sa formation juridique, subit l'influence du *droit budgétaire* qui, d'après la Constitution, appartient à la représentation nationale ; elle est aussi influencée par cette idée — appartenant également à la sphère du droit constitutionnel — que la loi d'impôt contient un consentement à l'impôt donné au gouvernement par la représentation nationale (4).

Il en résulte des formes différentes d'imposition, et, par conséquent, des espèces différentes d'impôts.

I. — L'imposition a besoin d'un fondement légal. Ce fondement ne peut pas consister en une autorisation générale donnée par la loi pour des actes

(3) *Neumann*, die Steuer u. d. öff. Interesse, p. 391 et 392, donne à peu près les définitions ci-dessus. Il est à remarquer que *rétribution* et *contribution spéciale* sont des notions de la science des finances, découlant essentiellement du rapport matériel. Il n'y a pas de formes juridiques déterminées, qui y correspondent. Ainsi, par exemple, les rétributions peuvent être dues en vertu de conventions de droit civil ou en vertu d'actes de droit public de différentes espèces : il y en a aussi qui revêtent les formes propres à l'impôt. Dans ce dernier cas, c'est seulement le caractère matériel de la rétribution d'être un équivalent, qui entraîne des différences essentielles.

(4) Comp. § 26 ci-dessus ; *Gneist*, Ges. u. Budg., p. 138 ss. ; *Pfizer*, R. der Steuerbewilligung ; *Seydel*, Bayr. St. R., IV, p. 392.

individuels, que le gouvernement accomplirait ensuite discrétionnairement. L'imposition ne peut pas imiter, en cela, l'ordre de police. Il est de son essence de se faire d'après une règle constante, d'être déterminée par une règle de droit. Nous aurons donc, ordinairement, pour point de départ, une loi déterminant, dans la forme d'une règle générale, l'obligation de payer l'impôt, et cela d'une manière si stricte que sa réalisation n'est autre chose que l'application de cette règle au cas individuel, sans qu'il y ait lieu à une libre appréciation quelconque. Cette *loi d'impôt* a alors pour contenu trois choses. Elle détermine les faits extérieurs auxquels l'obligation s'attache, *l'objet de l'imposition*; puis le montant de la somme qui sera due, le *taux de l'impôt*; enfin, la procédure dans laquelle l'obligation doit être réalisée, la *forme du recouvrement*.

La distinction de ces trois éléments est d'une importance immédiate.

Nous avons exigé, pour l'imposition, un fondement légal et une règle constante. Ces deux conditions pourraient être remplies à la fois par l'autorisation donnée au gouvernement de régler lui-même ce qui est nécessaire pour atteindre le but déterminé sous la forme d'une *ordonnance*, comme cela se pratique sur une si grande échelle dans la sphère du pouvoir de police.

En fait, des délégations de ce genre n'ont lieu que pour le troisième élément, pour les formes du recouvrement. Ces dernières peuvent être abandonnées au règlement suivant les prescriptions juridiques de l'ordonnance. Les deux autres éléments, en principe, n'admettent pas de délégation à l'ordonnance. La loi pourrait, à chaque moment, faire une délégation. Mais elle ne le fait pas ; elle garde, au contraire, rigoureusement pour elle la détermination tant de l'objet que du taux de l'impôt (5).

Cela ne s'explique ni par la réserve constitutionnelle de la loi, ni par les principes du régime du droit. C'est plutôt l'effet particulier de l'idée du droit qui appartient a la représentation nationale de *consentir les impôts*. Il n'est pas convenable, estime-t-on, que la représentation se dépouille de ce droit au profit du gouvernement et de ses ordonnances. C'est pour cela qu'on ne le fait pas (6).

Ces idées du droit constitutionnel se font sentir encore plus dans le *consentement périodique des impôts*. Nous distinguons les *impôts fixes et les impôts variables*. Les premiers sont créés par la loi dans les formes ordinaires du régime du droit : les règles de la loi visent des circonstances permanentes et sont elles-mêmes données à titre permanent. L'impôt fixe est celui qui repose sur une imposition légale à effet perma-

(5) Du moins, c'est la règle. La loi toute puissante peut agir autrement. Un exemple dans la loi de l'Empire concernant le tarif douanier du 15 juillet 1879, § 6 : des droits de douane additionnels comme mesures de rétorsion sont établis par ordonnance impériale ; cette ordonnance — ceci est caractéristique — doit être, comme une ordonnance d'urgence, soumise aussitôt au Reichstag ; elle tombe de plein droit, si le Reichstag ne donne pas son assentiment. La même procédure a lieu pour fixer les droits sur les matières assimilées au tabac en vertu de la loi de l'impôt sur le tabac du 16 juillet 1879, § 27.

(6) Comme preuve de l'énergie avec laquelle cette particularité de l'impôt se fait sentir, nous citerons la brochure de *Hecht*, Die Geschäftssteuer auf Grund des Schlussnotenzwangs. Au Reichstag, on avait proposé que le Bundesrath fût autorisé à déterminer, pour certaines espèces d'opérations de bourse, les conditions dans lesquelles elles seraient imposables. « Cela signifie simplement, dit l'auteur, une délégation par le Reichstag au Bundesrath des droits lui appartenant constitutionnellement et des devoirs lui incombant constitutionnellement. Une délégation pareille est incompréhensible et inadmissible ». Et cependant, en matière de police, combien on fait de délégations en réalité ! Mais il est évident que, pour l'impôt, des idées spéciales exercent leur influence. Ce qui est aussi caractéristique, on parle ici d'une délégation faite par la représentation nationale ; en matière de police, cela serait considéré plutôt comme une délégation faite par la loi.

nent. L'impôt variable, au contraire, sépare les éléments de l'imposition légale. Une partie seulement est donnée à titre permanent et forme la *loi d'impôt* proprement dite. Cette loi d'impôt contient tous les éléments d'une imposition légale, sauf un seul qui est omis volontairement : elle contient la désignation de l'objet de l'impôt, le taux de l'impôt, la forme du recouvrement, mais le taux de l'impôt est incomplètement exprimé ; c'est un simple nombre proportionnel attribué aux objets de l'impôt, un « simplum », un « capital » d'impôt. On ne dit pas qu'il est dû telle ou telle somme ; on dit seulement dans quelle proportion les objets seront frappés de l'impôt quand il sera imposé.

Une semblable loi d'impôt est inachevée ; elle ne peut pas avoir d'effet sous cette forme. Pour la faire fonctionner, il faut combler la lacune, fixer le montant qui doit être exigé de ces objets, dans ces formes de recouvrement et dans cette proportion.

Achever et compléter le contenu de lois incomplètes pour les rendre propres à être exécutées, accommoder leurs prescriptions aux besoins particuliers selon les temps et les lieux, c'est, d'ordinaire, la tâche du pouvoir exécutif : toute loi qui contient une pareille lacune confère tacitement à celui-ci la fonction et l'autorisation de la combler convenablement (comp., t. I, § 6, II ; § 10 n. 2 ci-dessus). Tel n'est pas ici le cas. L'achèvement de la loi d'impôt par l'insertion des sommes à percevoir est réservé à la loi ; l'idée du droit qu'a la représentation nationale de consentir les impôts fait de cette réserve une chose naturelle et qui s'entend de soi.

Dès lors, les lois d'impôt incomplètes sont rendues efficaces par les lois spéciales, qui se répètent à des périodes fixes. Les lois complémentaires évaluent le montant à fixer selon les besoins, lesquels varient naturellement ; cela résulte chaque fois du budget proposé ; c'est ainsi que l'impôt qui dépend de lois de cette espèce devient variable.

II. — Si l'une des particularités juridiques de l'impôt est d'exclure, par principe, la participation de l'ordonnance à la création de l'obligation, nous rencontrons, en revanche, un autre élément qui se manifeste par des formes caractéristiques. Cet élément, nous le trouvons dans l'organisation de l'impôt de répartition.

En science des finances, on distingue les impôts *de quotité* et les impôts *de répartition*. La différence est dans la manière d'exprimer, par le taux de l'impôt, la somme totale à percevoir, et d'en faire résulter la taxe individuelle. La loi peut commencer par faire calculer une certaine somme directement pour le cas individuel, ou bien par fixer une somme totale qui sera répartie sur les cas individuels. Dans la première hypothèse — qui est celle de l'impôt de quotité — on ne sait pas tout d'abord, ce qui reviendra à l'État comme produit final. Dans l'impôt de répartition, au contraire, on sait tout de suite ce qui en résultera pour l'État ; mais la cotisation de l'individu n'apparaîtra que lorsque l'on aura procédé à la répartition entre les unités débitrices de l'impôt, lesquelles sont inconnues tout d'abord en nombre et en importance.

Juridiquement, cette différence n'a aucune valeur. Impôts de quotité et de répartition ne frappent l'individu que moyennant l'application à son cas particulier d'une règle de droit déterminant complètement l'imposition ; cette application dans l'un et dans l'autre cas repose sur un calcul à faire. Que ce calcul, dans l'impôt de répartion, se fasse par un chemin plus long que dans l'impôt de quotité, cela ne peut pas établir entre ces deux espèces d'impôt une opposition juridique.

Mais la répartition peut aussi se faire à plusieurs *degrés*, avec des *contingents* distincts. La somme totale est d'abord répartie entre certains districts ou groupes de contribuables; les sommes partielles ainsi obtenues — les contingents — seront peut-être encore une fois réparties entre des subdivisions; enfin, on arrivera aux individus.

L'importance juridique de cette attribution de contingents est très différente.

1) Il est possible qu'il ne s'agisse que d'une mesure réglant le *fonctionnement intérieur* des autorités chargées de l'exécution de l'impôt. On obtient les contingents par l'addition des unités imposables que le district renferme, avec leurs cotes calculées à l'avance conformément à la somme totale à répartir. Pour les contribuables, cela n'a aucune signification juridique; leur dette résulte, comme auparavant, directement de la loi elle-même; c'est d'après la loi qu'elle doit être rectifiée en cas d'erreur.

2) Mais les contingents peuvent aussi avoir pour but de *fixer définitivement* les parts revenant à chaque district dans la somme totale. L'attribution est faite par la loi ou par un acte du prince ou d'une autorité désignée dans ce but; elle est publiée en forme. La fixation du contingent n'est pas autre chose que la simple exécution de l'imposition moyennant calcul. Cela résulte très clairement de ce fait, qu'on peut prévoir, même à l'encontre de lois ou ordonnances de ce genre, une procédure de rectification pour erreur. Mais une fois faite, le certificat donne, comme un jugement passé en force de chose jugée, une nouvelle base formelle pour les répartitions subséquentes; l'exactitude des cotisations individuelles ne dépend plus que d'elle.

Cette procédure a sa place surtout lorsque la loi a attaché au contingent fixé des responsabilités quant au recouvrement de l'impôt, lorsque le corps d'administration propre ou la totalité des autres contribuables du district sont tenus des sommes irrecouvrables (7).

3) L'impôt reçoit une forme particulière quand la fixation du contingent est rendue non seulement définitive, mais encore juridiquement indépendante d'une simple addition des unités d'impôt renfermées dans le groupe et calculées selon le taux légal de l'impôt. Le contingent, une fois fixé, se répartit entre les membres du groupe selon le taux de l'impôt. Mais la fixation des contingents eux-mêmes se fait selon *d'autres principes*. Ces principes, il est vrai, ne font pas complètement abstraction de la somme des unités d'impôt qui doivent supporter le contingent ; mais peut-être les calculent-ils d'après une moyenne ; ou bien ils mettent, à la place de tout calcul, une libre appréciation de leurs facultés relatives en général.

De cette façon, entre les déterminations contenues dans la loi elle-même et leur exécution, un élément nouveau s'introduit, ayant son effet propre, pour déterminer la mesure des dettes d'impôts voulues. C'est ce qui caractérise l'impôt de répartition proprement dit (8).

(7) Exemple : la répartition de la contribution foncière d'après les lois Pruss. du 21 mars 1861 et 8 février 1867. La répartition de la somme totale entre les provinces se faisait par ordonnance royale « d'après les résultats des constatations faites sur le revenu net des immeubles » (loi 1861, § 7) ; elle était soumise, à chaque degré, à une rectification, quand « des erreurs matérielles sont prouvées » (loi 1867, § 1 c.). Les rectifications à la suite de demandes en réduction n'ont d'effet que sur le contingent, cela veut dire que la fixation du contingent oblige solidairement tous ceux qui y sont compris. D'après la loi Württemb. sur la contribution foncière du 24 avril 1873, l'impôt établi d'après le revenu net constaté sera réparti entre les circonscriptions des districts, puis des communes. La répartition entraîne la responsabilité, pour les cotes irrécouvrables, des corps d'administration propre correspondant à ces circonscriptions (*v. Sarwey*, Württemb. St. R. II, p. 504).

(8) *Wagner*, Finanzw., II, p. 597, 598, relève cet avantage de l'impôt.

La nature juridique de la fixation de contingent dans le second et dans le troisième cas est problématique. Qu'elle se fasse dans la forme d'une loi, cela ne nous dit rien de son caractère matériel. Se fait-

de répartition, qu'il permet de « tenir compte des situations locales ». Naturellement, cela n'est possible que si la formation des contingents se fait d'après d'autres règles que celles que la loi établit pour la dette individuelle. — Exemple : loi sur la patente Pruss. du 19 juillet 1861, en ce qui concerne les groupes du commerce, des auberges et débits de boissons, et les arts et métiers. Ces groupes forment des unités locales pour l'impôt. Tous les commerçants de la circonscription sont taxés d'après une *moyenne* ; l'addition donne le contingent ; ce contingent est alors réparti entre les individus par des députés de cette communauté selon l'*importance effective* de leur commerce. L'exemple le plus frappant est donné par la contribution foncière de l'Alsace-Lorraine, qui repose encore entièrement sur les principes du droit français. La répartition de la somme totale entre les districts se fait d'après une évaluation de leurs facultés respectives, leurs forces contributives, et non en additionnant les dettes individuelles. Les opérations cadastrales ont été faites dans chaque département isolément et non pas d'après des principes identiques pour le pays entier, dans l'intention d'empêcher que le cadastre ne devienne, contre la volonté de la loi, la base de la répartition à faire entre les départements. *Dufour*, Droit adm., III, n. 698 ; comp. aussi sur les inégalités qui en résultent : *Boucard et Jèze*, Science des fin., 2ᵉ édit., II, p. 653, note 1. — L'indépendance juridique de la fixation du contingent par rapport à la règle qui détermine la dette individuelle, voilà ce qui fait la nature du véritable impôt de répartition et la différence entre la contribution foncière de l'Alsace Lorraine et celle de la Prusse. *v. Philippowich* dans Wörterb., II, p. 615, néglige cette différence ; il traite sur un même pied ces deux contributions d'impôts de répartition. *Wagner*, au contraire, qui a bien saisi la véritable nature de l'impôt de répartition, cherche, par un moyen assez singulier, à revendiquer ce caractère pour la contribution foncière Pruss. et à assimiler cette dernière à celle de l'Alsace-Lorraine. Il faut remarquer, *loc. cit.*, II, p. 598, note 10, que les opérations cadastrales en Prusse s'étaient faites originairement « d'une manière plutôt sommaire que véritablement exacte ». Dès lors, les contingents reposaient sur un établissement inexact du cadastre, les dettes individuelles sur un établissement exact ; par conséquent, il y aurait vraiment, pour ces deux choses, une différence de base. Mais telle n'a pas été la volonté de la loi ; si nous réservons ce nom au véritable impôt de répartition, il faudrait dire, d'après cela, que la contribution foncière de la Prusse devant être, d'après les intentions de la loi, un impôt de quotité, aurait dégénéré, par suite d'un accident dans la réalisation, en impôt de répartition. Mais cette manière de voir, très juste au point de vue de la science des finances, n'est pas permise au juriste. *v. Lesigang* dans Wörterb. der Staatsw., IV, p. 212, pour distinguer la contribution foncière prussienne d'un impôt de répartition pur, l'appelle assez justement un « impôt de quotité à contingents ».

elle par le prince ou par une autorité administrative, on parle bien alors d'une ordonnance. Mais y a-t-il vraiment là une ordonnance au sens exact de ce mot ? (Comp. t. I, § 10, n. 2 ci-dessus). Quand la répartition est faite par des représentants élus du district supérieur immédiat, l'acte ne porte même pas un de ces noms dont on pourrait se contenter provisoirement.

En tout cas, la nature juridique de l'opération est, chaque fois, la même. A la notion de la règle de droit ne correspond pas la simple fixation de la somme à supporter, d'après la loi d'impôt, par les contribuables du district pour une année donnée. Ce ne peut être qu'un acte administratif. Comme telle, la répartition aurait la particularité de donner une détermination juridiquement obligatoire pour une masse de contribuables qui ne sont pas désignés individuellement, mais qui doivent encore être déterminés selon les indications de la loi. Nous avons déjà rencontré des exemples de ces effets plus généraux de l'acte administratif (9).

III. — Le régime du droit veut que toute activité du pouvoir exécutif soit déterminée par des règles de droit. L'imposition obéit à ce principe d'une manière assez large. Mais le régime du droit exige, en outre, que l'effet à produire sur le sujet soit encore, pour le cas individuel, déterminé juridiquement par une *déclaration d'autorité* de ce qui doit être, par *juge-*

---

(9) En France, beaucoup d'auteurs considèrent la fixation des contingents par les représentants des degrés inférieurs comme une émanation du pouvoir législatif. *Dufour*, Droit adm., III, n. 700 : « Ces assemblées accomplissent cette mission comme délégués du pouvoir législatif auquel est réservée la fixation de l'impôt ». Mais il est évident qu'on se trouve, encore ici, sous l'influence des idées propres à l'impôt et à la façon dont il est consenti. Le pouvoir législatif signifie la représentation nationale qui consent les impôts. Il ne s'agit pas de règle de droit. L'acte a la même nature que la loi qui, pour les impôts variables, fixe annuellement le montant à recouvrer de cette manière. Il n'y a pas là non plus une règle de droit.

ment ou par *acte administratif*. Cette déclaration ne sera mise à exécution que postérieurement. Cela ne doit avoir lieu, comme toujours, que dans la mesure du possible ; il y a des limites dans les raisons prédominantes d'utilité pratique. Pour une partie des impôts, cette fixation individuelle du devoir du sujet précédant la perception, telle que le régime du droit l'exige, a pu être facilement observée et d'une manière générale. D'autres impôts s'attachent, au moyen de règles simples, aux phénomènes passagers de la vie commune ; ici la perception suit immédiatement la naissance de la dette qu'il faut saisir dans le courant rapide des choses ; une constatation formelle par déclaration d'autorité, avec les recherches et les lenteurs inévitables qu'elle entraîne, irait contre l'intérêt propre du débiteur. Entre ces deux extrêmes, il y a une sphère douteuse dans laquelle se trouvent certains impôts qui, d'après leur objet, pourraient être rangés raisonnablement dans l'une ou dans l'autre de ces formes ; c'est l'opinion qui décide le choix, ou bien ce sera la tendance plus ou moins grande du législateur à observer les formes du régime du droit.

Tous les impôts se divisent donc en deux catégories, selon qu'ils suivent l'une ou l'autre forme de recouvrement: l'impôt décrété par la loi est perçu soit en vertu d'une déclaration obligatoire expresse déterminant le cas individuel, soit sans cette déclaration, en vertu de la loi directement.

Cela coïncide, jusqu'à un certain point, avec la classification principale qu'on a l'habitude de faire en impôts *directs* et impôts *indirects*. Cette classification, à l'origine, est partie exclusivement de considérations tirées de la science des finances.

Peu à peu, des raisons juridiques, des considérations tirées de l'organisation légale des formes du recouvrement s'y sont mêlées, et cela de plus en plus, dans le sens de la distinction que nous venons d'établir. En fait, les principaux exemples d'impôts directs fournissent, en même temps, les exemples principaux de l'imposition effectuée au moyen d'un acte administratif ; inversement, d'ordinaire, il y a coïncidence entre les impôts indirects et les impôts perçus simplement en vertu de la loi. Il nous sera donc permis de conserver pour notre classification, au lieu d'en inventer de nouvelles, les expressions traditionnelles devenues courantes. Dans la sphère douteuse cependant où la science des finances — peut-être sous l'influence d'idées juridiques — est hésitante. nous analyserons cette concordance fortuite au moyen de la notion juridique (10).

1) Le recouvrement des *impôts directs* est précédé d'une procédure dont le but est d'assurer l'application exacte de la règle d'imposition au cas individuel. Il y a là un travail d'information.

Le résultat de ce travail est la *cotisation*, la constatation de la dette d'impôt reconnue. Au point de vue de la science des finances, la cotisation est considérée comme le terme matériel des recherches et calculs effectués par les bureaux de contributions. Juridiquement, elle est l'acte d'autorité qui déclare la dette et qui est destiné à être notifié au débiteur (11).

(10) Ce sera à la science des finances à tracer la ligne de séparation. *Neumann*, Die Steuer, p. 449 ss., discute cette question de terminologie très explicitement et sous des points de vue acceptables. Quand la loi parle d'impôts directs et indirects, il y a lieu d'interpréter ce qu'elle veut dire ; cela peut donner des résultats s'écartant aussi bien de la notion formulée par la science des finances, que de celle que doit établir la science du droit. Comp. *Bornhak*, Preuss. St. R., III, p. 515 ; *Seydel*, Bayr. St. R., IV. p. 67.

(11) Quand *v. Meyer*, dans Wörterbuch. II, p. 550, reconnaît, comme une particularité des contributions directes, que, chez elles, « la cotisation s'effectue, séparée, en principe, de la perception au point de vue du temps et de la matière », il ne faut pas voir là l'affirmation pure et simple de ces idées juridiques. Cette cotisation séparée n'est, en effet, pour la science des finances, que la conséquence logique de la nature spéciale de l'objet de l'impôt ; c'est essentiellement une mesure technique, abstraction faite de son importance au point de vue du droit.

Il peut se faire que l'autorité doive régler les cas individuels séparément à mesure qu'ils se présenteront. Cette déclaration de la cotisation est alors un acte administratif de la forme ordinaire ; il sera communiqué au débiteur de l'impôt par une notification verbale ou écrite ; il acquerra ainsi son effet juridique (12). Mais, en règle, les choses ne se présentent pas avec cette simplicité.

En fait, au contraire, dans la plupart des impôts directs, ce travail préparatoire d'observations et de calcul revêt la forme d'une œuvre collective et permanente.

Cela découle de la nature des objets pour lesquels cette espèce d'impôt est choisie de préférence. Ce sont, en règle, des choses qui, conformément aux indications de la loi d'impôt, se rencontrent à la fois et simultanément chez une masse de sujets. En même temps, elles ont aussi une certaine qualité de *durée* ; elles offrent chaque fois à l'effet de l'imposition se réitérant régulièrement avec les périodes fixées, les mêmes objets d'application.

Ainsi, on arrive à procéder, dès le début, à toutes les informations et constatations pour ainsi dire en gros. On aboutit à un état général comprenant toutes

(12) Un exemple dans le droit sur les successions d'après la loi Bav. du 18 août 1879. L'impôt est fixé par l'autorité fiscale (*Rentamt*), sur la base des déclarations faites et des informations prises ; les débiteurs, sur le cas desquels il est statué, peuvent attaquer la décision par la voie de la justice administrative. *Seydel*, Bayr. St. R., IV, p. 93, range donc avec raison ce droit parmi les impôts directs. La procédure serait la même pour tous les impôts directs s'attachant à des objets isolés et passagers. On comprend qu'on préfère, pour des cas pareils, choisir la forme plus souple de l'impôt indirect. On peut exprimer cela en disant : que des impôts de ce genre sont, par leur objet, particulièrement propres à revêtir la forme des impôts indirects. Mais tout autre chose est de dire qu'ils sont des impôts indirects à raison de leur objet. C'est ce que prétend *Neumann*, Die Steuer, p. 446 ; nous reconnaissons que, pour la science des finances, cela peut être vrai. Mais, pour la doctrine du droit, cela n'est d'aucun intérêt.

les unités d'impôt du district entier : c'est le *cadastre d'impôt* (13).

Pour la même raison, ce cadastre, une fois établi, peut, en même temps, servir d'une manière plus ou moins complète aux impositions futures. Il importe seulement de savoir dans quelle mesure l'objet de l'impôt, par sa nature, est susceptible de rester invariable et dans la possession du même contribuable. Selon les cas, on peut se dispenser de refaire le cadastre en entier, et se contenter d'ajouter quelques modifications, d'apporter des rectifications et compléments au cadastre. Ces conditions se trouvent remplies, de la manière la plus complète, dans la contribution foncière. Dans une mesure moindre, cela a lieu dans les contributions sur les maisons, sur les patentes, sur les rentes de capitaux, sur le revenu en général.

Tout cela, au premier abord, semble n'avoir d'importance qu'au point de vue de la technique financière. Mais ce n'est pas tout à fait exact. Le cadastre n'est pas seulement une collection d'observations et de calculs, ce n'est pas seulement un moyen d'assurer la perception convenable et conforme à la loi de l'impôt. Il fournit le contenu d'une constatation d'autorité des dettes d'impôt à recouvrer chaque fois, d'une *collection de cotisations* qui apparaît dans les listes d'impôts ou rôles de perception expédiés annuellement.

Le personnel technique qui, dans la procédure préparatoire d'informations, joue peut-être le rôle principal, se retire dès que ce travail est achevé.

La véritable conclusion du travail appartient tou-

(13) C'est pourquoi l'on appelle quelquefois les impôts directs des « impôts de cadastre » ; *Neumann*, Die Steuer, p. 427. Il ne faut pas entendre par là qu'un cadastre soit de leur essence. Ce n'est qu'un élément ordinaire.

jours à une autorité. Un fonctionnaire seul du service ordinaire de l'Etat, le plus souvent un conseil de fonctionnaires de carrière ou un conseil de fonctionnaires gratuits, seul ou sous la direction d'un fonctionnaire de carrière, prend une *résolution*.

Aux débiteurs de l'impôt on a, en règle, donné l'occasion d'être entendus dans la procédure. C'est pour eux que la décision intervient. L'objet de la résolution, ce sont les dettes individuelles d'impôt, telles qu'elles résultent du cadastre. Un rapport de droit public entre l'Etat et le sujet nominativement désigné est déterminé d'autorité. Les effets sont ceux de l'acte administratif (14).

Les cotisations ainsi réunies reçoivent des circonstances dans lesquelles elles sont établies, quelques particularités. La loi peut prescrire que la communication aux débiteurs se fasse valablement par voie de publication dans les journaux ou de dépôt dans un bureau public où l'on pourra en prendre connaissance. Une partie de la cotisation, une fois fixée, peut être déclarée définitive, de sorte qu'elle sera obligatoire pour les cotisations ultérieures jusqu'à ce que des *nova* justifient un nouvel examen ; ceci s'appliquera surtout à certaines estimations. Cette fixation conserve alors son effet même au cas de changement survenu dans la personne du redevable ; cela

---

(14) La doctrine du droit français est très nette sur ce point. Elle en tire toutes les conséquences, surtout pour fixer les limites de la compétence des tribunaux civils. Les tribunaux judiciaires, en droit français, ne pouvant pas connaître des actes administratifs, il en résulterait que les réclamations contre le rôle de l'impôt établi par l'administration et dûment notifié, ne peuvent être jugés que par la justice administrative. J'ai relevé cette conséquence dans ma Theorie d. Franz. V. R., p. 392. *Meisel* dans Finanzarchiv, V, I, p. 26, trouve que cela n'est « pas suffisamment clair » ; car, dans les impôts indirects, dit-il, il y a cependant « aussi une activité des autorités financières comme affaire administrative ». Mais l'acte administratif n'est pas une activité quelconque d'autorités administratives.

augmente la stabilité naturelle du cadastre (15). Pour la technique de l'administration financière, cela n'est plus considéré alors comme une cotisation nouvelle ; il n'y a qu'une cotisation qui dure et qui est, chaque fois, mise à nouveau en vigueur. Au point de vue juridique, c'est, cependant, chaque fois, un nouvel acte administratif qui produit son effet, bien qu'il soit lié à ce qui doit rester permanent. Il n'y a rien ici qui soit contraire à sa nature.

Dès lors, que le cas individuel soit traité séparément ou que la totalité des cas soit réglée dans une grande procédure, « en gros », cette cotisation aboutit à un *acte administratif.* Des actes administratifs déterminant le cas individuel peuvent intervenir pour toute espèce d'impôts ; il y en a même exceptionnellement pour les impôts indirects. Pour l'impôt direct, l'acte administratif est essentiel par sa notion même ; c'est un élément nécessaire. En quoi consiste cette nécessité ? Quelle est son importance ?

Cette nécessité n'est pas dans la *création* de l'obligation de l'impôt. Cette obligation résulte, pour le sujet, de l'effet direct de la loi au moment précis où se rencontrent la règle d'imposition devenue parfaite d'une part, et l'objet auquel elle est destinée à s'attacher, d'autre part. Quand un individu ainsi tenu de l'obli-

---

(15) Une cotisation tout à fait permanente est la contribution foncière en Prusse. La contribution doit être perçue pour toujours, d'après le revenu net constaté lors du premier état qu'on en a donné, sans tenir compte des augmentations ou diminutions qui se sont produites depuis lors. D'un autre côté, d'après l'intention primitive, le taux légal de l'impôt doit aussi rester le même pour toujours. C'est ce qui fait la véritable importance du caractère d'impôt de répartition qu'a la contribution foncière en Prusse D'après *G. Meyer,* V. R., II, p. 222, cet impôt aurait, à raison de ce fait, pris « le caractère d'une rente foncière ou charge réelle ». Mais cette proposition ne peut être acceptée qu'à titre de figure et de métaphore. Cette immobilité de la contribution foncière prussienne a, du reste, subi des changements sérieux à la suite de la législation récente (loi 14 juillet 1893 concernant l'abrogation des contributions directes de l'Etat).

gation légale a été oublié lors de la fixation de la cotisation commune, incontestablement on peut lui réclamer le paiement après coup.

S'il est mort, on fera valoir la dette de l'impôt contre ses héritiers, alors même que les conditions de l'imposition n'existent plus à leur égard. Peu importe enfin que ces conditions existent ou non au moment de la cotisation, pourvu qu'elles aient existé au moment où l'imposition établie par la loi était destinée à produire son effet.

L'acte de cotisation et sa notification ne sont pas non plus une simple mise en demeure d'exécuter l'obligation créée par la loi. L'impôt n'est pas toujours échu au moment où cette notification est faite. En règle, l'impôt est payable à des termes échelonnés qui courent non à partir de cette communication, mais des époques fixées uniformément par la loi. La résolution est donc moins qu'une mise en demeure. Mais elle est aussi plus que cela ; avant la notification de la cotisation, l'impôt non seulement ne peut pas être exigé, mais encore il ne peut même pas être payé volontairement. C'est seulement par la notification que la dette devient exigible, susceptible d'être mise en recouvrement et acquittée. En outre, la dette ne devient exigible qu'autant qu'elle est déclarée par la cotisation ; peu importe que la loi l'ait déterminée autrement. Une mise en demeure n'a pas de valeur juridique propre ; la cotisation produit son effet propre : celui qui se trouvera lésé ne peut pas se contenter d'opposer à la cotisation le texte de la loi ; il faut qu'il obtienne une modification de la cotisation.

La cotisation doit se borner à prononcer ce que la loi a voulu ; mais elle le prononce d'une manière obligatoire ; désormais, c'est elle qui constitue le fondement direct de l'exécution. Or, cela est l'essence même de cette catégorie particulière d'actes administratifs, que nous désignons sous le nom de *décisions*. La caractéristique des impôts directs est *de n'être exécutoires qu'en vertu d'une décision de ce genre.*

Tout ceci est simplement l'application au recouvrement de la dette d'impôt, du modèle de la justice et de la justice criminelle. En vertu de la loi pénale, lorsque chez une personne apparaissent certains faits déterminés, naît pour cette personne l'obligation de souffrir une certaine peine ; c'est la pénalité, l'obligation de souffrir la peine. Mais cela ne peut pas s'exécuter, même du consentement de l'intéressé, avant qu'un acte d'autorité ait déclaré que ce dernier doit être puni et comment. De même, pour l'impôt direct ; c'est là ce qui le distingue de l'impôt indirect (16).

(16) *Bornhak*, Preuss. St. R., III, p. 516, observe très bien que « la subsomption du cas concret sous la règle générale de la loi d'impôt », qui se produit dans la cotisation, représente, « d'après son caractère, une activité d'autorité semblable à la juridiction ». Toutefois, il faut faire une réserve : la juridiction (décision) n'est pas la subsomption ; la subsomption est une activité de l'intellect. Tout le monde est libre de la produire ; elle n'a pas d'importance juridique. La juridiction, au contraire, c'est la déclaration d'autorité que, conformément à la subsomption effectuée par l'autorité, telle ou telle chose est de droit. Cette observation faite, il est clair qu'un acte de ce genre, n'appartient pas, comme le pense *Bornhak*, à toute espèce d'impôts indistinctement : à coup sûr, pour la subsomption, il y en a toujours, sinon de la part de l'autorité, du moins de la part d'un employé subalterne, ou bien de la part du débiteur lui-même (l'impôt de timbre dont nous parlerons plus loin nous en fournira un exemple) ; mais un acte de juridiction précédant la perception est quelque chose autre dont nous ne pouvons pas laisser méconnaître le caractère particulier. Ce n'est pas de la juridiction, lorsque le douanier perçoit, dans la salle de visite, du voyageur inconnu les quelques pfennings qu'il doit pour les cigares qu'il a sur lui, ou lorsque le surveillant lève, à la barrière, l'octroi municipal sur le lièvre introduit ; et je ne parle pas de la juridiction du débiteur lui-même lors de l'acquittement de l'impôt de timbre sur les lettres de change. Où cela nous mènerait-il ? *G. Meyer*, V. R. II, p. 202 et 203, distingue la fixation de la dette d'impôt et la notification au débiteur. Cette notification doit avoir le caractère d'un ordre administratif, c'est-à-dire d'un « acte administratif d'autorité » (V. R., I, p. 32). Là serait donc notre acte administratif, quoique un peu déplacé. Mais, d'après *G. Meyer*, V. R. II, p. 197 et 198, un acte de ce genre rentre dans les « principes généraux », communs à tous les genres d'impôts, aux droits de douane, impôts de timbre sur les lettres de change, impôts de bourse, etc. On aura autant de difficultés à retrouver cet acte administratif dans les impôts indirects que la « juridiction » de *Bornhak*.

C'est cet acte intermédiaire qui sert de point de départ pour tout ce qui suit ; c'est lui qui détermine la façon dont le rapport juridique tout entier est réalisé. Cela constitue déjà en soi une grande différence avec toute activité administrative qui n'est pas liée de cette manière. Nous verrons que cette différence entre les impôts directs et indirects produit effet à beaucoup de points de vue.

2) L'*impôt indirect* est suffisamment caractérisé par son opposition avec l'impôt direct. Il repose, comme tout impôt, sur la loi qui crée la dette. Mais ici la réalisation de cette dette par le recouvrement ne dépend pas d'un acte administratif qui déterminerait d'autorité la dette pour le cas individuel. Des actes d'autorité pour déterminer le montant de la dette peuvent bien intervenir dans l'impôt indirect, et cela de différentes manières : dans la procédure du recours ou par la voie de droit, la déclaration peut être obtenue après coup ; elle se joint à la poursuite pour fraude (comp. § 30 ci-dessous) ; de même elle s'ajoute aux fixations de transactions, d'abonnements et de remises (comp. § 29 ci-dessous). Mais ici cet acte n'apparaît jamais que pour un motif spécial et à titre accessoire ; il constitue un élément occasionnel, qui pourrait tout aussi bien faire défaut.

Dans le cours ordinaire des choses, la réalisation de la dette d'impôt, la perception du montant de l'impôt s'ajoute directement et en vertu d'un simple calcul à l'imposition contenue dans la loi. Les seuls actes d'importance juridique auxquels, en règle, l'administration devra procéder sont des *mises en demeure* d'une part, des *quittances* de l'autre.

En revanche, l'impôt indirect est pourvu, dans une mesure beaucoup plus grande, de moyens extérieurs d'assurer la rentrée des sommes dues : c'est pour l'impôt indirect que les ordres de finance et les

peines de finance trouvent leur application principale ; une surveillance sévère s'exerce, avec l'autorisation de faire usage de la force toutes les fois qu'il y
aura un fait mettant en danger les revenus dus à l'Etat.
A cela correspond la qualité toute différente des fonctionnaires appelés au recouvrement des deux sortes
d'impôts. Au lieu des conseils lents, qui décident
sur l'obligation de payer l'impôt direct, aidés surtout d'employés et de calculateurs, nous rencontrons,
pour les impôts indirects, un nombreux personnel
extérieur de surveillance, organisé en partie presque
militairement et dirigé avec une forte centralisation
par un chef unique (17).

L'opposition ne se présente pas d'une manière
aussi nette pour tous les impôts indirects. Il y a des
transitions et des différences graduelles. S'il est de la
nature de l'impôt direct que la déclaration formelle
de la dette des personnes individuellement désignées
constitue le centre des opérations ; s'il est naturel
qu'il devienne, comme on l'a dit, un *impôt nominatif*,
l'impôt indirect, en revanche, montrera davantage
ses particularités à mesure que la personne déterminée du débiteur s'effacera.

Il y a des impôts indirects visant un débiteur
déterminé tout aussi bien que les impôts directs.
Nous en trouvons des exemples dans les impôts
d'empire sur le sucre et sur le tabac. Dans ces hypothèses, la loi aurait pu, sans changer beaucoup la
procédure, arranger les choses de manière à ce que
l'administration, au lieu d'envoyer au débiteur une
simple note, dût chaque fois constater exactement la
dette par un acte d'autorité obligatoire devant être
notifié au débiteur. Tout ce qui est vrai, comme nous

___

(17) Sur cette différence dans l'organisation des autorités pour les deux
espèces d'impôts, comp. les observations de *Neumann*, Die Steuer,
p. 461.

le voyons, c'est qu'elle n'a pas voulu le faire ; le recouvrement sans formes lui a semblé mieux répondre à l'objet ; voilà pourquoi l'impôt n'a pas reçu l'élément caractéristique de l'impôt direct. Mais il y a d'autres impôts pour lesquels, d'après la manière même dont ils se présentent, on ne peut pas imaginer la possibilité d'un acte administratif de ce genre ; ils laissent complètement de côté la personne du débiteur ; nous avons alors le type le plus pur d'impôt indirect.

Il faut ranger dans cette catégorie, en première ligne, les impôts sur la circulation des marchandises. Ils ont pour objet, comme condition de la dette légale, le passage par une marchandise d'une ligne tracée à un certain endroit : la frontière de l'Etat ou les limites d'une commune, la porte d'un entrepôt. De l'autre côté de cette ligne est le transport exempt d'impôt, la circulation libre. Celui-là devient débiteur de l'impôt qui fait faire à la marchandise ce passage, qui la fait entrer dans la circulation libre. Les droits de douane, l'impôt d'empire sur le sel, les taxes communales (octrois) en fournissent des exemples. Le recouvrement se faisant sans résolution préalable, par simple calcul et perception effective de la somme due, nous avons devant nous la forme ordinaire de l'impôt indirect. Mais l'impôt indirect tire son caractère particulier des mesures qui assureront ce recouvrement. La limite décisive est surveillée par des employés de l'impôt, tenus et autorisés à *arrêter* la marchandise en cet endroit et à la *retenir* jusqu'à ce que l'impôt ait été payé. Cet usage de la force est la garantie la plus importante de la rentrée de l'impôt. L'administration de l'impôt s'adresse à la marchandise ; la dette personnelle, que la rétention devait cependant se borner à garantir, ne semble presque plus être considérée pour terminer l'affaire. C'est seulement dans le cas où il y a une irrégularité que l'on voit que cet impôt sur la circulation des marchandises avec droit de rétention a un débiteur déterminé.

On constate alors quelle est la personne chez laquelle l'obligation de payer est née ; ce n'est qu'à cette personne qu'on peut s'adresser. Tel est le cas, par exemple, lorsque des marchandises sont entrées en fraude, ou lorsque la perception ayant été insuffisante, il y a lieu de faire payer la différence.

Alors, l'apparence d'une charge grevant la marchandise et d'un paiement fait pour la délivrer disparaît ; celui qui a fait faire à la marchandise le mouvement décisif est le débiteur (18).

Ce qui est encore plus caractéristique, c'est le *droit de timbre*. Ici, la notion se détermine par la forme de la perception et non par l'objet frappé par l'impôt.

(18) *Laband*, St. R., 4ᵉ édit. all., IV, p. 433 ss. ; édit. franç., VI, p. 179 et s., a essayé, d'une manière assez originale, de faire cadrer la nature juridique des droits de douane avec l'aspect extérieur que présente leur recouvrement. La loi, d'après lui, n'impose pas d'obligation de payer les droits de douane ; elle ne frappe que les marchandises ; celles-ci ne doivent pas entrer dans la circulation, à moins que la somme fixée n'ait été payée ; c'est seulement pour remplir cette condition et pour délivrer la marchandise des liens qui l'enchaînent, qu'on assume l'obligation de ce droit. *Bulling*, dans Arch. f. Stf. R., XL, p. 120, semble vouloir s'associer à cette opinion. *Behr* qui, d'abord, dans Gerichtssaal, LIV, p. 224, note 2, s'était prononcé en sens contraire, propose maintenant, dans Arch. f. öff R., XIV, p. 180 ss., un système transactionnel : il y aurait à la fois « une dette réelle de la marchandise » et « une responsabilité personnelle du débiteur du droit ». *Laband* dans la dernière édition allemande de son ouvrage, IV, p. 434 note 3 (édit. fr., VI, p. 180, note 3), se déclare prêt à admettre cette solution, pourvu que la dette réelle soit reconnue comme la dette primaire, celle qui sert de base à la dette personnelle. Mais il n'y a pas ici moyen de transiger. Le droit de douane est un impôt ; or l'impôt est une dette personnelle ; pour assurer le paiement, l'administration peut faire valoir des droits sur la marchandise frappée par l'impôt ; mais ce ne sont jamais que des droits accessoires qui ont la nature générale du droit de gage. Ces droits sont très rigoureux, comme il convient à la législation fiscale ; à y regarder de près, ils expliquent tout ce qu'il y a ici de particulier, sans qu'on ait besoin de bouleverser l'idée même de l'impôt. Comp. *Havenstein*, Zollgesetzgebung d. Reichs, sous le § 13, note 2 ; *v. Heckel*, dans Handb. d. Staatsw., VII, p. 997.

Nous appelons impôt de timbre tout impôt perçu moyennant l'emploi de timbres (papier timbré, marques de timbres), et moyennant l'emploi fait par le débiteur de l'impôt lui-même.

L'administration peut se servir elle-même d'un timbre pour la perception : alors le timbre constitue soit une quittance, soit une mesure de contrôle. Tel est le cas du timbre sur les cartes à jouer, et du timbre sur les actions et titres au porteur d'après les lois d'Empire (19). L'impôt lui-même ne tire pas de là un caractère particulier ; dans ces hypothèses, la perception se fait simplement par un paiement direct du débiteur à l'administration de l'impôt.

Quand, au contraire, il y a impôt de timbre au sens strict que nous venons d'indiquer, la perception s'effectue d'une manière qui diffère de beaucoup de la forme ordinaire. Nous en trouvons les exemples les plus démonstratifs dans l'impôt de timbre sur les lettres de change et dans l'impôt de bourse selon la législation d'Empire, ainsi que dans les prescriptions des législations particulières sur l'emploi du papier timbré pour la rédaction d'actes juridiques.

Les choses se passent alors comme suit. L'Etat fabrique du papier timbré et le met en vente. Il fait défense à tout le monde de fabriquer les mêmes timbres, de telle sorte qu'on ne puisse se les procurer qu'en s'adressant à lui. Puis l'Etat ordonne à tous ceux qui veulent passer certains actes juridiques de se servir de ce timbre. Les sujets sont alors dans la nécessité d'acheter à l'Etat les timbres qui, en eux-mêmes, n'ont aucune valeur ; et c'est ainsi que l'Etat obtient un revenu.

Où est ici la perception de l'impôt ? Quand on n'envisage les choses que superficiellement, on ne voit

______

(19) *Jacob* dans Wörterb., II, p. 544, art. 1. Stempelgebühren, § 4.

que l'acte d'achat rendu nécessaire par le double ordre de finance, mais restant, quand même, par lui-même, un achat du droit civil. L'impôt du timbre équivaudrait alors à un monopole. Il rappellerait spécialement la forme qu'avait prise le monopole du sel sous Frédéric le Grand lorsque l'on avait imposé, en même temps, aux chefs de ménage l'obligation de consommer une certaine quantité de sel. Mais alors, le soi-disant impôt de timbre serait aussi éloigné d'un impôt véritable que les autres revenus de monopole (20).

Il est facile de voir que la chose est tout autre. L'ordre donné par la loi d'employer, pour un certain acte, un timbre d'une certaine valeur, renferme une imposition de payer la somme correspondante. Le débiteur de l'impôt, c'est la personne qui passe l'acte. L'emploi du timbre est l'acquittement de l'impôt. Le timbre sert de monnaie légale à cet effet (21).

Toutefois, il faut encore ajouter une observation. L'expression monnaie légale n'est pas exacte. Le timbre ne sert pas à effectuer un paiement proprement dit : il n'est pas donné par le débiteur au créancier ou à quelqu'un à sa place. Il est seulement mis hors d'état de servir une autre fois ; on lui enlève sa valeur en y mettant de l'écriture, en le barrant, en l'annulant de la façon prescrite. La loi de l'impôt de timbre déclare accepter cette destruction comme acquittement de la dette qu'elle fait naître ; pratiquement, cette destruction entraîne chaque fois la nécessité de nouveaux achats pour les cas futurs ; l'intérêt matériel du fisc y trouvera son compte.

Mais ainsi, le timbre devient une forme d'acquit-

(20) D'après *v. Stein*, Lehrb. d. Finanzw., 4° éd., I, p. 531, « l'achat du timbre est la perception de l'impôt et le paiement ». Quand la perception de l'impôt et l'achat seront d'accord, tout sera bien simplifié.

(21) *Jacob* dans Wörterb., II, p. 544.

ter la dette de l'impôt par le seul fait du débiteur, sans le concours du créancier ou de toute autre personne (22).

Les impôts qui admettent ce mode d'acquittement présentent des faits assez curieux : la naissance de la dette, son accomplissement, la personne du débiteur, tout cela, dans le cours ordinaire des choses, n'arrive pas à la connaissance de l'administration.

En règle, les faits qui se sont produits laissent des traces grâce auxquelles il sera possible de constater les faits encore après coup. Les mesures de contrôle tendent à les porter, autant que possible, à la connaissance de l'administration, à lui en soumettre tout au moins, de temps à autre, un échantillon pour ainsi dire. Alors, la dette de l'impôt qui était née et qui n'a pas été acquittée, sera encore réalisée, sans préjudice des autres conséquences auxquelles s'est exposé le débiteur coupable.

Mais cette espèce d'impôt indirect, à raison de son organisation, est très propre à mettre en lumière toute l'opposition qu'il présente avec l'impôt direct.

(22) L'idée que l'on trouve dans l'impôt de timbre a ses analogies dans le droit civil. Lorsque, à l'entrée d'un théâtre, on présente le coupon de l'abonnement pour laisser détruire ce chiffon sans valeur, ce fait repose sur les mêmes combinaisons juridiques. Dans le droit public, le timbre trouve aussi son application, presque dans la même forme, en dehors des impôts, par exemple dans l'assurance contre l'invalidité et la vieillesse. L'impôt de timbre s'applique principalement dans les cas où l'impôt s'attache à des écrits ou à des imprimés. En Allemagne, nous ne le trouvons pas ailleurs. Mais ce serait une erreur de croire que la nature de cette forme du recouvrement exige que l'objet de l'impôt soit un document ou un imprimé (*G. Meyer*, V. R., II, p. 187 ; *Schaal* dans *Schoenberg* Handb., II, p. 89). Nous citerons comme exemple l'impôt russe sur le tabac selon le « système des banderoles » : l'État vend des bandes de papier timbrées, dont la marchandise doit être enveloppée quand elle est mise en vente ; l'acheteur acquitte l'impôt en déchirant la bande.

§ 28

Continuation; facilités accordées aux débiteurs de l'impôt

L'impôt étant une obligation stricte de payer, qui doit être exécutée telle qu'elle a été ordonnée, ne satisfait pas toujours aux exigences d'ordre économique que l'État doit prendre en considération. Il faut que le pouvoir financier ait la faculté de procéder avec des ménagements, de façon à tenir compte des circonstances particulières, sans pour cela s'armer immédiatement de toute la lourdeur de la dette. On a donc admis certaines atténuations à la force juridique de l'impôt. Ce sont des facilités qui peuvent être accordées aux redevables. La forme la plus simple consiste dans un *délai de paiement*, un *crédit de l'impôt*; les impôts indirects sur la circulation des marchandises, étant plus raffinés, ont encore développé les formes plus compliquées de la *dette d'impôt en suspens* et de la *dette d'impôt conditionnelle*.

De pareils tempéraments apportés à la dette d'impôt peuvent résulter d'une règle de droit, qui les attache directement à certaines circonstances; ils peuvent aussi être accordés par un acte administratif pris en vertu d'une autorisation légale (1).

(1) Puisqu'il s'agit d'avantages à accorder aux individus, la réserve constitutionnelle de la loi n'est pas en question; mais, d'un autre côté, ces avantages représentent des exceptions vis-à-vis des prescriptions de la loi d'impôt; le pouvoir exécutif, lié lui-même par la force obligatoire de la loi, ne pourra dispenser de ces prescriptions qu'en vertu d'une autorisation spéciale. Il faut cependant remarquer que ces formes modifiées et atténuées de la dette d'impôt ne s'appliquent pas seulement sur

Le cas le plus intéressant et qui présente le plus de particularités est celui dans lequel la loi attache l'atténuation à *certaines mesures administratives*, dont les individus pourront profiter. Ces mesures de constatation, de surveillance, de conservation n'ont pas le caractère d'actes d'autorité ; ce sont de simples actes de gestion qui rendent la loi applicable et ouvrent, en même temps, la possibilité d'exercer un certain contrôle sur les individus qui en profitent. En règle générale, l'administration n'est pas ici dirigée par des règles de droit ; ce sont, pour la plupart, des prescriptions administratives, des instructions et « régulatifs » qui déterminent sa manière de procéder. C'est intentionnellement que le législateur a laissé tout cela variable et facile à modifier. L'impression qui résulte de l'ensemble de cette situation diffère beaucoup de ce qu'ailleurs le régime du droit semble exiger. La position juridique des individus est précaire ; ce qui leur est concédé apparaît comme une tolérance (2). Nous avons à

la demande du sujet intéressé ; elles peuvent être *octroyées d'office* pour préparer convenablement la perception des droits à naître. Nous en trouvons des exemples dans les lois d'impôts sur le sucre, sur l'alcool, etc.

(2) Tout ce système a reçu sa forme caractéristique en matière de douane ; il est imité, avec les modifications appropriées, dans d'autres espèces d'impôts. Le défaut qui résulte de l'absence d'un ordre juridique établi par la loi est rendu moins sensible par des prescriptions administratives explicites, les « régulatifs », qui apportent dans la procédure la régularité et l'uniformité. Ces régulatifs sont des ordres de service, des instructions pour les fonctionnaires de l'administration des finances, ou des ordres basés sur des rapports de sujétion spéciaux qui peuvent s'appliquer aux débiteurs de l'impôt (comp. t. I, § 8, II ci-dessus, et § 30, II ci-dessous). On se plaint que ces régulatifs émis par le Bundesrath ne soient pas publiés dans le Bulletin des lois de l'Empire, comme il convient à des ordonnances contenant des règles de droit (*Laband*, St. R. II p. 928 ; éd. fr., VI, p. 195 ; *Hænel*, Studien II p. 91). Mais ils ne veulent pas même être des ordonnances ni fixer des règles de droit, voilà le mal, si toutefois il y a mal. Du reste, en cette matière, comme en tant d'autres, l'influence du droit français se fait sentir. Nous y trouvons surtout la possibilité, pour l'administration financière, d'accorder ou de refuser certaines facilités et la réglementation par décret d'une grande partie de la matière (*Fuzier-Hermann*, Répertoire général, XIX v° Douanes n. 63 ss.).

exposer ici quelle est l'importance juridique des différentes modérations admises quand elles sont accordées, et aussi longtemps qu'elles sont accordées.

1. *La dette d'impôt en suspens.* — Cette forme est toute particulière aux impôts de circulation. Elle a été créée originairement pour les droits de douane. L'idée fondamentale est fournie par la situation juridique qui se produit à la frontière.

La marchandise, dont le passage à travers la ligne de douane pour entrer dans la libre circulation amènera légalement la dette d'impôt, se trouve devant les employés. La dette n'est pas encore née. La marchandise peut s'avancer pour la faire naître ; mais elle peut aussi, sur la demande de l'intéressé, retourner dans le pays en dehors de la ligne de douane sans avoir créé une obligation (3).

Cette indécision peut être conservée même dans le cas où l'on dispose de la marchandise de manière à ce qu'elle passe dans l'intérieur et y reste. La condition est que certaines mesures soient prises pour l'empêcher d'entrer dans la libre circulation : surveillance spéciale, plombage, etc. La marchandise voyage accompagnée d'un certificat nommé « Regleitschein I » soit dans le but de passer la frontière opposée, soit dans le but d'entrer dans un entrepôt (4).

(3) Déclaration pour la réexportation *Troje-Zolltarif* XXX. Quand le bureau de la première ligne se trouve à une certaine distance de la frontière, la marchandise sera dans la même indécision pendant qu'elle parcourt cette distance. Elle est, d'après le § 36 de la loi douanière, forcée de continuer sa route jusqu'au bureau. Mais alors si, après une déclaration pour la réexportation elle fait volte-face et rentre à l'étranger, elle ne peut pas en être empêchée ; la dette de l'impôt ne parvient pas à prendre naissance. Naturellement elle sera soumise à une certaine surveillance, et quand il y aura soupçon de fraude, on la saisira. *Behr*, dans Arch. für öff. R. p. 182, veut y voir la preuve qu'il existe, à côté de la dette d'impôt personnelle, une dette réelle de la marchandise. Cette dette réelle n'est, en réalité, que la surveillance qui s'exerce sur elle et sur ses conducteurs.

(4) La loi douanière § 97 ss. distingue les entrepôts publics et les entrepôts privés ; parmi ces derniers, seuls les entrepôts de transit et les dépôts

La dette d'impôt reste alors provisoirement en suspens. Cela veut dire qu'en attendant elle n'existe pas ; son existence est retardée, on ne peut même pas dire qu'elle existera un jour : par exemple, si la marchandise retourne à l'étranger ou périt, la dette n'existera jamais (5).

Cette dette d'impôt en suspens signifie cependant plus qu'une simple indécision. Attendre à la frontière, se trouver sur un territoire exclu de la ligne de douane ou dans un entrepôt libre, ce n'est pas, pour une marchandise, la même chose que de voyager accompagnée d'un Regleitschein I, ou d'entrer dans un entrepôt de douane. Dans ce dernier cas, la dette devrait déjà légalement exister.

Il résulte de là qu'il naît d'abord un pouvoir de surveillance sur la chose pour assurer la possibilité de l'impôt (charge qui pèse sur cette chose et qui n'a pas encore été réglée, et que nous verrons aux §§ 30 et 32 ci-dessous), mais aussi une obligation personnelle immédiate de la personne qui a obtenu le Regleitschein et déposé la marchandise. C'est non pas une obligation de payer, mais une obligation *de garantir*. Il doit garantir que le droit de douane à acquitter sur cette marchandise d'après son état actuel sera, dans le temps, démontré comme non existant ou comme dûment acquitté (6).

de division (Theilungslager), nous intéressent ici : Régulatif pour les entrepôts privés du 8 juin 1888 § 4 (Centr. Bl. 1888 p. 235) : *Lœbe Zollstrafrecht*, p. 99 ss.

(5) La loi sur les douanes § 9 donne un criterium pour connaître le moment où la dette de l'impôt est née en indiquant les actes qui, dans le cas d'un changement de tarif, désignent celui qui est applicable. L'introduction de la marchandise dans un des entrepôts nommés à la note 4 ci-dessus n'y est pas énumérée. Donc la dette de l'impôt n'existe ici qu'à la sortie de l'entrepôt pour entrer dans la libre circulation ; le tarif qui, à ce moment, est en vigueur trouvera son application ; règlement des entrepôts privés, § 16 (Centr. Bl. 1888 p. 239).

(6) Cette garantie n'est qu'un côté de la dette d'impôt en suspens et repose sur le même fondement juridique. Néanmoins, on ose la reven-

Dans ce but, il y a, au commencement de la dette en suspens, une constatation de la nature et de la quantité de la marchandise pour laquelle la libération devra être démontrée.

La libération de la garantie s'effectue par la preuve que la dette effective est née après coup et a été acquittée par l'entrée de la marchandise dans la libre circulation et par sa soumission au bureau de perception.

Mais elle peut également se faire par la preuve de l'exportation, ou bien, dans une mesure plus ou moins restreinte, par la preuve de la perte de la marchandise (7).

Pour faire cette preuve, un certain délai est accordé ; ce délai passé, on fait valoir la garantie en exigeant le montant des droits garantis qui ne sont pas démontrés éteints (8).

La dette d'impôt en suspens avec la garantie qui l'accompagne se trouve aussi, en dehors des droits de douane et d'après le modèle qu'ils nous donnent, appliquée à d'autres impôts, surtout dans les lois

diquer pour le droit civil ; voyez par ex. : *Lœbe*, Zollstrafrecht, p. 91. On semble vouloir admettre une espèce de contrat.

(7) La preuve de la perte de la chose devient plus rigoureuse pour le débiteur à chaque degré de l'émunération que nous donnons ci-dessous : entrepôts publics, entrepôts privés de transit et de division sous clef de l'autorité, enfin ces mêmes entrepôts sans cette précaution ; règlement des entrepôts privés 8 juin 1888 § 4, § 19 (Centr. Bl. 1888, p. 239) ; loi sur les douanes § 103. En ce qui concerne les différences de poids dans le cas d'un acquit à-caution n° 1, voy. loi sur les douanes § 103. Comp. aussi la loi de l'impôt sur le tabac § 9.

(8) Pour faire mieux comprendre la chose, on a désigné les entrepôts exempts de droits de douane comme « des enclaves pour ainsi dire de l'étranger » ; v. *Mayr* dans Wörterb, II, p. 948. Le wagon plombé qui roule sur le chemin de fer ne s'accommode pas de cette image, quoique sa signification juridique soit la même. Mais encore ne faut-il pas oublier que le dépôt de la marchandise à l'étranger ou dans une enclave fictive de l'étranger n'aurait qu'une importance juridique négative, tandis que la dette d'impôt suspendue produit cependant déjà des droits de rétention sur la chose et des obligations en germe. Si la notion « pays étranger » veut dire exemption de droits de douane, alors les entrepôts ne peuvent pas être comparés complètement à des pays étrangers.

d'impôt de l'Empire. Ses formes fortement prononcées seront chaque fois faciles à reconnaître (9).

La création d'une dette d'impôt en suspens repose toujours sur une prescription légale ; elle s'opère tantôt du consentement du débiteur, tantôt sans ce consentement.

- Indépendamment de la volonté du débiteur, la dette d'impôt en suspens est *octroyée* à certains établissements industriels, pour assurer le recouvrement de l'impôt auquel leurs produits seront soumis.

On trouvera des exemples au § 3o, note 12 ci-dessous. Cela n'a pas l'air d'une facilité, il est vrai ; mais on l'appelle ainsi parce que, sans cela, la loi pourrait avancer le terme de l'origine de la dette d'impôt elle-même, en frappant, par exemple, la naissance des produits au lieu de leur expédition.

La dette d'impôt en suspens existe sur la demande du débiteur, elle lui est *accordée*, quand elle doit remplacer la dette définitive qui, d'après la loi, existerait tout de suite. C'est alors qu'elle présente un véritable soulagement pour le débiteur. Mais les mesures administratives auxquelles la loi attache cet effet dépendent plus ou moins de la bonne volonté de l'administration.

La loi peut établir un droit à l'obtention de cette atténuation, en l'attachant à une mesure administrative accessible à tout débiteur de l'impôt. Exemple : le certificat de transport contrôlé appelé Regleitschein I.

Elle peut aussi autoriser l'administration à créer, aux endroits les plus propices, des établissements dont il faut user pour bénéficier de cette nature de faveur. C'est le cas des entrepôts publics. Les entrepôts une

---

(9) Loi de l'impôt sur le sel, 12 oct. 1867 § 9 ; loi de l'impôt sur l'alcool, 24 juin 1867 § 11 ; loi de l'impôt sur le tabac, 16 juillet 1876 § 6, § 21.

fois établis sont alors accessibles à tout le monde en remplissant les conditions fixées par les régulatifs qui les concernent. Les règles, d'après lesquelles les individus sont admis à profiter des services publics (comp. § 52 ci-dessous), trouvent là leur application. Le refus de l'admission, à la différence du premier cas, n'est donc pas une violation d'un droit; mais c'est à l'autorité dirigeante d'y mettre ordre. L'admission effectuée produit la modération par l'effet de la loi. Enfin, la loi peut laisser l'administration libre d'accorder, de refuser ou de retirer, *comme elle le juge à propos*, la jouissance d'un arrangement auquel la modération doit être attachée. C'est dans ce sens que les entrepôts privés sont réglés. La loi, après avoir autorisé leur création, renvoie pour tous les détails aux régulatifs, qui eux-mêmes n'ont pas le caractère de règles de droit. Le régulatif laisse alors la plus grande latitude aux autorités financières à qui incombe l'exécution (10). Il n'y a pas ici d'ordre juridique. Si, malgré cela, peu d'injustices sont commises, cela tient au bon esprit de l'administration qui peut, comme nous le savons, remplacer, jusqu'à un certain point, l'ordre juridique.

II. *Délai accordé* pour le paiement de l'impôt. L'existence de la dette de l'impôt n'implique pas nécessairement son exigibilité immédiate. La loi fixe en partie à l'avance des termes généraux, auxquels la perception doit avoir lieu. Ainsi, la plupart des impôts directs sont échelonnés en termes sur toute l'année ; pour les impôts indirects, quand ils s'attachent à une industrie continue, il y a des délais analogues (11).

---

(10) Le règlement des entrepôts privés 8 juin 1888 ne fixe aucune règle pour accorder cette faveur ; en ce qui concerne le retrait, il se borne à citer quelques exemples de cas dans lesquels cette faveur peut être retirée « particulièrement ».

(11) Loi Bavaroise sur la taxe du malt, 26 mai 1868 art. 43 ; loi de l'Emp. de l'impôt sur le tabac, 16 juillet 1879, § 19.

Nous entendons par délai accordé spécialement, la remise du terme d'échéance faite dans un cas individuel par les autorités fiscales. Comme elle doit entraver l'exécution de la loi ou de l'acte administratif légal, — exécution qui est liée, — elle a toujours besoin d'un fondement légal.

Pour les impôts directs, des autorisations de ce genre sont d'ordinaire accordées quand on se trouve en présence d'un débiteur en détresse (12). Le délai est prononcé par acte administratif de l'autorité qui détermine le rapport juridique en accordant un nouveau délai d'échéance.

Le délai peut figurer avec le même sens dans les impôts indirects, du moins en principe. Mais ici il s'applique surtout aux impôts sur le mouvement de marchandises, en vue d'accorder une modération du fonds de roulement nécessaire. Ici la considération de la pénurie du débiteur n'est pas décisive ; au contraire, son crédit avéré peut être directement la condition du délai à accorder (13). Mais de ce but d'économie politique il est impossible de tirer une règle fixe pour l'application de la mesure dans le cas individuel. Dès lors, le délai à accorder reçoit ici encore une certaine régularité en s'attachant à des arrangements administratifs dont il faut profiter pour l'obtenir.

Ces arrangements peuvent être réglés directement par la *loi* elle-même, qui fixe les conditions de l'admission ; il y a alors droit individuel au délai qui en résulte. De ce genre est le certificat nommé *Begleitschein II* d'après notre loi douanière. Le conducteur

(12) Les gouvernements de district prussiens ont été autorisés d'une manière générale à accorder des délais par l'ordre de cab. du 31 déc. 1825. Toutefois, le délai ne doit pas excéder le terme de la clôture des comptes de l'année.

(13) La loi de l'imp. sur le tabac § 20 règle les certificats de crédit de l'impôt sur le tabac, qui doivent être délivrés par l'autorité du domicile pour prouver devant toutes les autorités fiscales que le porteur est digne de ce crédit.

de la marchandise peut demander au bureau de la
frontière, que la perception du droit se fasse par un
autre bureau, situé plus loin dans l'intérieur. Le
montant du droit est alors immédiatement constaté ;
la dette existe immédiatement à la charge du demandeur. On peut exiger des garanties. La marchandise est surveillée comme dans le cas du Begleitschein I, mais seulement pour assurer le gage du droit.
Le paiement se fait au lieu de destination seulement ;
il y a délai jusqu'à ce moment, en vertu de la loi (14).

D'autres moyens pour obtenir le délai peuvent être
accordés au débiteur, et peuvent aussi être retirés.

Ainsi l'établissement d'*entrepôts privés de crédit* (15).
Le dépôt, qui s'y fait, n'entraîne pas de dette d'impôt en
suspens. La dette, au contraire, existe immédiatement
au moment où l'on en a fait l'inscription sur le registre
du dépôt, quand la marchandise est arrivée avec acquit
à caution n° 1, donc avec suspension des droits. La
mise en dépôt n'opère pas la suspension d'une dette
née auparavant. Il n'y a qu'un sursis accordé pour
l'acquittement, à la condition que la marchandise
reste dans l'entrepôt. Ce rapport trouve son expression dans un compte courant qui est ouvert par la
douane au débiteur : il y est débité du montant
des droits pour les marchandises entrant, crédité des
sorties faites avec acquittement des droits. La mise
en entrepôt et la surveillance n'ont pour but que
d'assurer le gage du fisc et de contrôler l'exactitude

(14) Loi sur les douanes § 51. La différence juridique entre l'acquit-
à-caution n° I et l'acquit à caution n° II est indiquée dans le § 9 précédent : quand il y a changement de tarif pendant le transport, la
dette, dans le cas d'un acquit n° I, s'évalue d'après le nouveau tarif,
dans le cas de l'acquit n° II d'après l'ancien. Au lieu de les numé-
roter d'une manière si peu gracieuse, on pourrait les appeler acquit
à caution avec dette liquidée et acquit à caution avec dette à liqui-
der.

(15) Loi sur les douanes § 108 ; règlement des entrepôts privés § 2
et § 11.

du compte par des vérifications régulières. Tout
déficit constaté, quelle qu'en soit la cause, donne lieu
au paiement immédiat des droits y afférents : la condition du délai accordé, à savoir la présence de la
marchandise, a cessé d'exister (16).

Une forme spéciale voisine est représentée par
le soi-disant *crédit de douane permanent*, qui peut
être accordé à des marchands de vin en gros (17). Le
délai est donné pour les droits correspondant à une
certaine quantité de marchandises (pas au-dessous
de 35.000 kg.). Ce qui entre dans les magasins du
bénéficiaire de cette faveur. jusqu'à ce que cette quantité soit atteinte, est porté sur le crédit permanent ;
ce qui l'excède seulement paie les droits, que la
marchandise entre ou non dans les magasins. Mais
le magasin doit toujours, pour la sûreté du gage, contenir des marchandises ayant une valeur égale à celle
du crédit. Ces marchandises peuvent, par des entrées
et des sorties, être changées à volonté et varier de valeur
au-dessus de cette ligne. Sur tout le mouvement, un

(16) En conséquence, d'après la loi sur les douanes § 9, les droits
se calculent d'après le tarif en vigueur au moment de l'inscription
sur le registre de l'entrepôt, à la différence du cas de mise dans
un entrepôt exempt de droits où le moment de la sortie est décisif.
Le règlement des entrepôts privés § 4 donne à la naissance immédiate
de la dette cette expression que l'entrepositaire, dans les entrepôts de
crédit, a une responsabilité absolue du droit selon le poids constaté, lors
de la mise en entrepôt, tandis que, dans les autres entrepôts, ceux avec
dette d'impôt en suspens, on admet des restrictions de cette responsabilité en cas de perte et de diminution (comp. la note 7 ci-dessus).
Dans l'exposé excellent présenté par *v. Mayr* dans Wörterbuch II, p. 948
le contraste juridique de ces deux sortes d'entrepôts s'efface. C'est
embrouiller le problème que de les comprendre toutes les deux sous
la désignation de « localités pour ainsi dire exterritoriales *ad hoc* ».
L'entrepôt privé de crédit n'a pas plus d'exterritorialité qu'un mont
de piété. Le même défaut de distinction se trouve chez *G. Meyer*,
V. R. II. p. 335. Les entrepôts privés de crédit sont placés ici tout
simplement parmi les autres arrangements qui réservent à une époque
ultérieure la décision sur le point de savoir si un droit de douane
devra ou non être payé.

(17) Règlement des entrepôts de vins, 8 juillet 1888 § 11 ss. (Centr.
Bl. 1888, p. 257).

compte officiel est établi et tenu au courant de tout ce qui se passe au moyen de révisions. S'il apparaît que le magasin n'offre plus l'état correspondant au crédit, le montant du crédit est diminué en conséquence. Là différence est exigible tout de suite. De même, le bénéfice de l'arrangement peut à tout moment être retiré selon la libre appréciation de l'administration ; alors l'impôt crédité est exigible en entier (18).

Nous rencontrons d'autres cas d'application de cette forme de délai dans l'ouverture de comptes courants pour des marchands en gros, s'occupant du trafic à l'étranger de marchandises étrangères (loi de douane § 110) ; elle se joint aux faveurs accordées au commerce des marchés et foires (§ 112), aux marchandises de retour (§ 114), ainsi qu'à celles de l'admission temporaire (§ 115). Mais dans ce cas, l'institution, dont nous allons parler tout à l'heure (n° III ci-dessous), entre tellement en première ligne que le délai accordé passe presque inaperçu.

Même en dehors de ces arrangements généraux impliquant des délais de paiement, des délais de paiement peuvent être accordés, en vertu d'autorisations légales, dans les cas individuels, sans qu'il y ait

---

(18) Règlement des entrepôts de vins § 1. Ce qui est particulier, c'est que le droit qui devra alors être payé est calculé d'après le tarif en vigueur au moment de l'exigibilité de la dette. Cela paraît être en contradiction avec la nature de l'obligation ajournée. Mais, en réalité, cette manière de calculer se présente comme la seule possible, étant donné que dans tout ce procédé il n'y a pas moyen de distinguer ce qui, dans la masse présente, a été introduit sous l'ancien tarif et ce qui a été introduit sous le nouveau. On fait donc une cote mal taillée. Cette particularité paraît avoir amené v. Mayr à refuser au crédit de douane permanent la nature « d'un véritable crédit de droits dus » (Wörterbuch II, p. 967). Mais la chose devient très claire avec la prescription du règlement des entrepôts de vins § 11 : « Dans cette masse (devant subsister pour contrebalancer le crédit) on ne comptera que les vins étrangers du bénéficiaire du crédit qui sont en libre circulation » Pour que ces vins soient « en libre circulation », il faut que la dette de l'impôt soit née ou acquittée ou ajournée.

détresse du débiteur, par le seul motif d'économie politique de ménager le fonds de roulement. Dans cet ordre d'idées, on accorde surtout des délais aux débiteurs de l'impôt sur les tabacs et l'alcool, individuellement et pour chaque article d'impôt à part. Cet intérêt d'économie politique peut naturellement valoir partout. A défaut d'une règle fixe, ce qui décide ici sur le délai à accorder ou à refuser, c'est la libre appréciation, la bonne volonté des autorités, dirigée plus ou moins par des instructions.

Il y a encore, au point de vue juridique, une différence à relever entre ces deux formes de délai : dans ce dernier cas, à l'opposé de ce qui a lieu, quand on profite du délai attaché à certains arrangements généraux, le délai accordé individuellement représente un acte administratif qui fixera en même temps, d'une manière obligatoire, l'article d'impôt dont le paiement est retardé. Cela peut avoir de l'importance pour la question des moyens de recours, du cours de la prescription, etc. (19).

III. *La dette d'impôt conditionnelle.* — La dette qui est soumise à une condition se distingue de la dette en suspens en ce que le moment de son existence est fixé. La dette ici est née et existe, quoique née sous une condition qui pourra l'annuler. La dette en suspens signifie, au contraire, la simple possibilité d'une dette d'impôt à naître ; cette dette elle-même n'existe pas encore.

Les impôts indirects fournissent aussi, pour cette

(19) Les régulatifs désignent cet ajournement accordé par acte spécial à la différence de celui qui dépend de certains arrangements, sous le nom de « crédit d'argent » (p. e. règlement des entrepôts de vins § 14, 15). La somme due est ici l'objet direct des procédés officiels ; dans les autres cas, c'est plutôt la marchandise elle-même avec la somme qui en dépend. Juridiquement, cette façon de parler est incorrecte : le droit de douane se ramenant toujours à une question d'argent, le délai accordé, dans un cas comme dans l'autre, est un « crédit d'argent ».

forme juridique, la sphère d'application la plus large (20).

Le point de vue économique — qui se trouve à la base de la création de nombreux impôts indirects, — est que la marchandise reste dans l'intérieur du pays et y est consommée ; aussi les a-t-on appelés impôts de consommation. Quand cette présomption est contredite par la réexportation de la marchandise, alors pour répondre à la véritable intention de l'imposition, un changement doit s'opérer. La même chose peut arriver quand l'impôt suppose qu'il est fait un certain usage de la marchandise et que, par la suite, un autre usage prévaut, usage qu'on n'a pas voulu frapper. Si l'impôt qui frappe cette marchandise a déjà été acquitté, il y a lieu, à *bonification*. Cette bonification est un acte à part, qui ne s'attache à la perception de l'impôt qui précède que dans les motifs qui ont poussé le législateur à agir. Elle appartient donc juridiquement à une toute autre série d'institutions, aux prestations unilatérales en argent faites par l'Etat, dont nous traiterons au § 56 ci-dessous. Ici nous avons à supposer le cas où l'impôt n'a pas encore été perçu. La marchandise qui, selon l'expression de la loi, est soumise au droit du fisc et qui est exportée a pu se trouver dans deux situations différentes au point de vue de l'impôt.

Ou bien la marchandise était soumise à une dette d'impôt en suspens. La décision sur l'existence définitive

---

(20) C'est par exception que nous trouvons la dette d'impôt conditionnelle dans les impôts directs. Un exemple dans la loi Bav. sur les droits de succession, 18 août 1879, art. 16 et 17. *Behr* dans Arch. für öffentliches Recht XVI, p. 10. La note 34 trouve que la distinction de la dette d'impôt en suspens et de la dette conditionnelle n'est « nullement claire ». Elle deviendra claire, même pour *Behr*, quand il aura renoncé à vouloir embrouiller cette matière par l'idée malheureuse de la « dette réelle ».

de cette dette a été remise par suite du transport avec l'acquit à caution n° I, ou de l'entrée dans un entrepôt public. Alors le fait de l'exportation apporte simplement la décision, que la dette d'impôt n'existe pas ; l'état d'indécision cesse. Ou bien la dette de l'impôt était déjà née, l'acquittement seul avait été remis. C'est le cas qui nous intéresse. Quand la loi veut faire valoir le point de vue économique dont nous parlions ci-dessus, elle décide que l'exportation — et ce qui lui est assimilé, — annule la dette de l'impôt qui était née et dont le paiement avait été remis, absolument comme si elle n'avait jamais existé. Dans quelles circonstances cela doit-il avoir lieu, la loi seule peut le dire ; mais il peut dépendre, dans une large mesure, de l'arbitraire des autorités fiscales, que l'accomplissement de ces conditions soit rendu possible ou refusé à l'individu.

Le cas général est celui dans lequel l'autorité attache à l'origine même de la dette de l'impôt, par un consentement exprès, la réserve d'une annulation. Cela ressemble alors beaucoup, extérieurement aussi, à une condition ajoutée. Et cette condition peut être résolutoire ; le délai de paiement existe alors à côté de la condition. Un exemple se trouve dans les comptes courants des marchands en gros, d'après la loi de douanes § 110. Les marchandises étrangères sont délivrées avec délai de paiement pour les droits de douanes, et la dette existe immédiatement. Le destinataire est chargé du montant sur son compte courant, mais sous réserve d'une décharge, si, dans un certain délai, il prouve la réexportation.

Le même résultat de la remise de l'accomplissement et de la réserve de l'annulation peut aussi être obtenu sous la forme d'une condition *suspensive*. La dette de l'impôt, au moment où elle doit naître, n'est que notée pour mémoire ; si, après coup, la condition fait défaut, tout sera, dès le commencement, réputé comme non avenu ; est-elle remplie, la dette de l'impôt est née à ce premier moment.

La condition suspensive peut être formulée affirmativement ou négativement.

Des conditions suspensives affirmatives se trouvent dans certaines exemptions des droits de douane pour usages déterminés. D'après les lois de tarif du 15 juillet 1879, 22 mai 1885 et 21 décembre 1887, certaines marchandises, qui auraient dû être soumises aux droits, peuvent être importées librement en vue d'un usage déterminé, soit en vertu de la loi, soit en vertu d'un certificat de permission expresse : machines à vapeur pour la construction des vaisseaux, thé pour la fabrication de la théine, etc. Cela veut dire non pas que l'emploi pour le but déterminé est la condition de l'exemption de la dette d'impôt, mais que l'emploi pour un autre but est la condition de l'existence de cette dette. Donc, au cas de perte fortuite de la marchandise, la dette de l'impôt n'entre pas en vigueur. Au cas d'emploi pour un autre but, elle est considérée comme née au jour de l'importation ; l'importateur aura à payer les droits selon le tarif en vigueur ce jour-là (21).

Des conditions suspensives négatives se trouvent dans les faveurs accordées au commerce des marchés et foires, aux marchandises étrangères destinées à recevoir, à l'intérieur, un complément de main-d'œuvre (Loi de douane § 112, § 114, § 115). La loi parle ici d'une remise des droits d'entrée, d'un affranchissement de droits. Mais ces expressions ne désignent, dans le langage courant, que l'aspect extérieur : on ne voit pas de droit payé ; peut-être n'en

---

(21) *Labe*, Zollstrafrecht, p. 103. La loi sur les douanes, § 136 chiffre 9 exige dans ce cas le payement, après coup, de « l'impôt intégral » et se place ainsi au point de vue de l'époque de l'importation.

sera-t-il jamais payé. Mais une véritable remise de l'impôt dans le sens juridique n'a pas lieu ici. La chose, au contraire, se présente, par exemple, dans le cas principal de l'admission temporaire dit Veredelungsverkehr, de la manière suivante : l'autorité douanière, en vertu de l'autorisation de la loi, admet la marchandise afin qu'elle subisse, dans l'intérieur, une transformation. Elle ajoute ainsi à la dette d'impôt, qui prend son origine à ce moment même, la condition suspensive, que la marchandise transformée ne sera pas dans un certain délai présentée pour la réexportation. Si dans ce délai la réexportation est effectuée, la dette d'impôt, dont la condition vient à défaillir, n'existe pas. La réexportation ne se fait-elle pas à temps, soit que la marchandise reste dans l'intérieur, soit qu'elle vienne à être perdue, peu importe, la condition est accomplie ; l'impôt doit être payé selon le tarif en vigueur au jour de l'importation (22).

(22) Résolution du Bundesrath, 24 mai 1877 (Centr. Bl. 1888 n. 31, supplém. p. 493). A l'entrée avec admission temporaire, le droit de douane est « noté ». Avec l'accomplissement de la condition suspensive, cette note devient d'elle-même un article de compte en débet pour l'importateur. Au contraire, la dette de droits avec condition résolutoire et paiement ajourné apparaîtra dans les livres immédiatement comme article en débet avec réserve de l'annulation. Donc si, par exemple, une marchandise entre dans un entrepôt de compte courant (loi sur les douanes § 110), l'entrepositaire est débité du montant des droits ; sort-elle de nouveau de l'entrepôt sans acquittement des droits avec admission temporaire pour subir des transformations, le montant des droits est inscrit sur le compte-courant et l'importateur est chargé d'une note de la dette d'impôt : le droit a passé de la condition résolutoire à la condition suspensive (Règlement des comptes-courants 8 juin, 15 déc. 1877 § 21 ; Centr. Bl. 1877, p. 591). Une autre série d'écritures se présente au passage de la dette d'impôt en suspens à la dette conditionnelle. A la réception dans l'entrepôt public, la marchandise — non pas le droit dû, car il n'y a pas encore de dette — est portée sur le registre de l'entrepôt pour constater l'obligation de l'entrepositaire de garantir sa présentation. Lors de la sortie pour des transformations avec admission temporaire, cette inscription est biffée, la garantie est remplacée par une dette d'impôt à condition suspensive qui est notée. Avec l'accomplissement de la condition par l'expiration du délai, la dette prend son effet le jour de sa naissance conditionnelle et est portée comme article de débet échu.

Tout autre est cette espèce de résiliation de la dette d'impôt, qui est réglée par la loi de l'impôt sur le tabac. La dette d'impôt existe au moment du pesage ; mais un délai de paiement est accordé jusqu'à la vente, ou un terme fixe plus éloigné. Toutefois, le débiteur, d'après le § 17 de la loi, peut, après le pesage, mettre la marchandise dans un entrepôt pour marchandises avec droits impayés. Alors sa dette d'impôt est révoquée en ce qui concerne le poids total de cette marchandise. Elle est remplacée d'abord par une dette d'impôt en suspens, qui peut-être disparaîtra tout à fait à la suite d'une exportation, ou peut-être, quand la marchandise sortira de l'entrepôt pour entrer dans la libre circulation, se transformera en une dette d'impôt nouvelle, indépendante de la dette originaire éteinte par la mise en entrepôt (23).

La dette d'impôt du planteur a donc reçu, de par la loi, une condition résolutoire dont l'accomplissement est à la portée de tout le monde, sans un consentement spécial de l'autorité, pourvu seulement qu'en fait il existe des entrepôts publics dont on puisse profiter.

(23) *G. Meyer*, V. R. p. 330 ne voit dans la réception du tabac dans un entrepôt exempt de droits qu'un « ajournement du terme de l'échéance ». Ce qui se passe en réalité est beaucoup plus énergique ; c'est une transformation de la dette d'impôt. La loi dit expressément : l'obligation d'acquitter l'impôt fixé lors du pesage *s'éteint*.

Continuation ; modifications et extinction de la dette d'impôt.

Le but final de l'imposition est l'acquittement de la dette. Créée pour un cas individuel par la règle de droit, la dette s'éteint par le versement de la somme fixée.

A côté de cette extinction régulière, des modifications peuvent se produire, résultant d'institutions spéciales au droit des impôts.

I. — Pour mener à bonne fin le rapport juridique créé par l'imposition légale, les deux parties ont à faire des actes en vue de conserver leurs droits : l'administration des finances, pour faire valoir le droit à l'impôt ; le sujet, pour se défendre contre des prétentions mal fondées. Faute par eux de l'avoir fait à temps, ils éprouvent certains préjudices concernant le rapport originaire ; ils encourent des *déchéances*.

Du côté de l'Etat, l'omission de faire valoir sa créance amène la perte de cette créance. Cela s'opère de deux manières : par l'exclusion d'une cotisation supplémentaire et par la prescription.

1) Toute créance d'impôt a un terme et doit régulièrement être réalisée à ce terme. L'origine de la dette d'impôt influe sur la détermination du terme ; cette dette nous est connue par l'apparition des faits auxquels elle s'attache, et, dans le cas d'impôt permanent, par le retour de l'époque de son imposition périodique. La réalisation de la dette d'impôt après l'époque

où régulièrement elle devait être attendue s'appelle une *perception supplémentaire* (Nachholung).

Ces réalisations tardives, étant incertaines et inattendues, peuvent présenter pour le débiteur une aggravation. Aussi la loi positive accordera peut-être certains délais.

Comme pour toutes les créances, le principe est que le simple retard à la faire valoir ne compromet pas l'existence de la créance elle-même (1). Et il serait indifférent que le retard ait eu lieu dans la constatation et dans la fixation de la dette ou seulement dans l'encaissement effectif.

Mais quand on parle de perception supplémentaire, on a spécialement en vue la fixation tardive, parce qu'ici l'admissibilité à cause de motifs spéciaux peut devenir douteuse. Ces causes spéciales n'existent que pour l'impôt direct ; en effet, chez celui-ci, la constatation se fait par l'acte administratif formel de la cotisation, qui fixe d'autorité le montant d'impôt dû par l'individu. Cet acte, — comme le jugement de condamnation en matière criminelle, avec lequel il a une certaine affinité juridique (§ 27, III, n. 1 ci-dessus), — est soumis à la maxime : *ne bis in idem*. Il ne peut être changé qu'autant que la loi le permet. Mais la loi ne le fait que de deux manières : au profit du débiteur ; sur sa réclamation, un nouvel examen a lieu par l'autorité invoquée ; contre lui, dans le cas où, par sa faute, par une violation des devoirs qui lui

---

(1) *Bornhak*, Preuss. St. R. III, p. 518, semble vouloir dire que la perception supplémentaire ne devient admissible que par une permission spéciale de la loi : « L'impôt n'est-il pas exigé à cette époque, la perception est encore admissible d'après la loi du 18 juin 1840 sous certaines conditions ». Naturellement, quand la loi dit : la perception supplémentaire est admissible sous telles et telles conditions, elle exclut cette perception pour les autres cas, même si elle ne l'énonce pas expressément, comme la loi de 1840 l'a fait pour le cas principal. Pour l'appréciation juridique de la loi et pour son interprétation, cette exclusion de la perception supplémentaire est le point principal et essentiel pour déterminer ce qu'elle comporte de nouveau.

incombent dans la procédure préparatoire, ou par suite d'autres faits contraires à la loi, la cotisation est devenue incomplète, dans le cas de fraude (comp. § 31 ci-dessous).

En dehors de ces cas, l'acte est intangible ; l'impôt direct est lié par la cotisation ; il ne peut être perçu qu'en vertu et en conformité de la cotisation ; une perception supplémentaire qui serait en contradiction avec cette cotisation est donc exclue, même si en face de la dette d'impôt légale la cotisation était insuffisante.

Mais l'exclusion de la perception supplémentaire repose uniquement sur la force de l'acte administratif émis. Il ne s'agit ici que d'omission partielle ; quand il n'y a pas eu de cotisation du tout, la perception supplémentaire, moyennant un acte administratif nouveau, est possible jusqu'à la prescription.

De là résulte la règle, si souvent répétée, qu'une perception supplémentaire pour omission dans la constatation de la dette d'impôt n'est admissible, pour les impôts directs, qu'aux cas d'*omission* et de *fraude*.

Ou mieux encore : la cotisation effective de l'impôt direct libère le débiteur de l'excédent de sa dette d'impôt, le cas de la fraude excepté (2).

(2) La règle se trouve formulée pour la première fois dans la loi prussienne du 18 juin 1840 sur les réclamations et délais de prescription concernant les contributions publiques, § 6 : la perception supplémentaire des impôts directs n'a lieu que dans le cas d'une omission complète ; de plus, d'après le § 10, dans le cas d'une « contravention contre les lois d'impôt ». Dans ce dernier cas, il est dit que « la perception supplémentaire ne se prescrit que simultanément avec la punition légale » ; mais par les autres prescriptions qu'elle veut rendre inapplicables ainsi, la loi entend aussi l'exclusion de la perception par une cotisation incomplète. Cette confusion se trouve encore ailleurs, par exemple chez v. *Roenne*, Preuss. St. R. IV, p. 863. La véritable idée est indiquée par *Seydel*, Bayr. St. R. IV, p 201 : l'inadmissibilité de la perception supplémentaire repose sur la « force de la chose jugée de la fixation de l'impôt ». De chose jugée dans le sens strict de la procédure civile et de la justice administrative (comp. § 13, II ci-des-

Toutes autres perceptions supplémentaires pour impôts directs ou indirects sont possibles.

2) La *prescription* n'est pas une institution générale du droit public ; l'exercice du pouvoir de police, par exemple, ne souffre pas d'entrave à raison du temps qui s'est écoulé. Pour les créances d'impôt, au contraire, elle est reconnue partout et réglée par des lois générales sur la prescription des impôts et taxes ou par les lois des différentes espèces d'impôts. Le délai de la prescription est généralement court : trois à quatre ans en général.

Mais on distingue deux sortes d'effets destructifs du temps quant aux droits de l'administration de l'impôt.

La première est la prescription de l'impôt proprement dite, la *prescription de l'arriéré*. C'est d'elle qu'on veut parler quand on dit simplement « prescription de l'impôt ».

Elle suppose une créance d'impôt échue ; elle suppose donc, dans l'impôt indirect, l'existence des faits auxquels la dette d'impôt s'attache, et, dans l'impôt direct, l'acte administratif, qui rend la perception possible. Pour les deux, l'échéance peut être remise par des délais de paiement accordés par la loi ou d'une façon spéciale.

La prescription court soit de l'échéance, soit, pour simplifier la comptabilité, de la clôture de l'exercice pendant lequel l'échéance a eu lieu (3).

sus), il ne peut pas être question ici, cela va sans dire ; on veut simplement parler de l'acte administratif inaltérable. Il ne faut pas vouloir en conclure que la même fixité de la dette d'impôt, entraînant la perte de l'excédent, devrait toujours exister dans les impôts indirects, aussitôt que, pour une raison quelconque, il intervient un acte administratif déterminant l'impôt. Cela peut se faire dans la résolution de l'autorité douanière qui, statuant sur la peine, ordonne en même temps l'acquittement des droits fraudés (loi sur les douanes, § 135; *Löbe*, Zollstrafrecht, p. 63); l'ajournement accordé peut aussi renfermer une fixation pareille (comp. § 27, III, 2). Il faut examiner si cet acte administratif a le même caractère inaltérable que la cotisation; cela sera le cas de la résolution pénale, mais non de l'acte d'ajournement.

(3) Loi pruss. 18 juin 1840, § 8 (et § 7); loi bavar. 28 déc. 1871, § 32; loi badoise, 21 juillet 1839, art. 1.

La prescription est interrompue par tout acte de l'administration dirigé contre le débiteur dans le but de percevoir l'impôt, quand cet acte saisit effectivement le débiteur et montre que l'administration cesse ainsi d'être inactive vis-à-vis de lui. La forme la plus importante est la sommation de payer, l'introduction de la contrainte administrative (comp. § 32 ci-dessous). Le même effet est attaché à la signification de la demande ou à la production à la faillite. Il suffit aussi de l'acte par lequel un délai de paiement est accordé : dans ce cas encore, l'administration sort de son inactivité.

La loi peut admettre aussi les autres causes d'interruption du droit civil, en particulier la reconnaissance de la dette faite par le débiteur ou simplement la demande d'un délai qui implique la reconnaissance. Ces causes ne s'appliquent pas ici de plein droit (4). En principe il n'y a pas lieu d'appliquer simplement les règles du droit civil ; notre institution du droit public a son existence propre.

Si l'on veut faire une comparaison, l'extinction de la créance d'impôt par l'écoulement d'un certain temps ressemble plutôt à la prescription de la condamnation criminelle qu'à la prescription civile. Il s'agit d'un exercice de la puissance publique qui doit devenir impossible par l'écoulement du temps. Ce résultat ne peut être empêché que par tout acte de l'autorité chargée de l'exécution « tendant à l'exécution de la peine » (Stf. B. G. § 72), disons ici « à la perception de l'impôt ». Les prescriptions du droit public ont toutes plutôt le caractère de délais de corclusion.

<hr>

(4) Dans Bl. f. adm. Pr. XXV, p. 1888, par exemple, on veut tout simplement appliquer à notre matière les règles du droit civil. De même *Hock*, Handbuch d. Finanzverwaltung, I, p. 329, veut admettre une prescription suspendue dans le cas où les fonctionnaires chargés de la perception ignorent l'existence de la créance d'impôt, d'après la maxime : *contra non valentem agere non currit præscriptio*. Tout cela ne peut pas nous intéresser.

A côté de cela, il y a la seconde espèce de prescription, dans laquelle la *fixation de l'impôt par acte d'autorité devient impossible* après un certain délai fixé par la loi.

Il s'agit donc d'un cas de perception supplémentaire analogue à celui que nous avons vu au n° 1 ci-dessus.

Pour que cette prescription ait lieu, il faut que la perception supplémentaire ne soit pas déjà exclue dès le commencement. Ainsi, dans les impôts directs, ne pourrait-elle avoir son effet que dans les cas d'omission et de fraude.

Mais dans ces cas, elle comble une lacune ; car ici la créance de l'impôt ne serait pas soumise à la prescription de l'arriéré ; elle ne devient exigible que par la fixation, qui apparaît ici dans la forme d'un acte administratif déterminant l'exécution de la dette d'impôt. Sans la fixation, il n'y a donc pas d'arriéré dans le sens que nous avons exposé, et, par conséquent, pas de prescription de l'arriéré. D'où cette conséquence, qu'en l'absence de cette seconde sorte de prescription, dans le cas d'omission ou de fraude, la perception supplémentaire de l'impôt direct ne serait soumise à aucune limite de temps (5).

(5) Dans ces cas, on sera disposé, pour combler la lacune, à étendre la prescription légale de l'impôt au cas où la cotisation a été omise. Un exemple s'offre dans la loi bav. sur les droits de succession, où l'on a prévu une prescription d'arriéré, mais non pas une prescription de la cotisation à fixer. On a cependant voulu faire courir la prescription dans le cas où la cotisation, c'est-à-dire la fixation d'autorité de la dette d'impôt a été complètement omise ; l'on a invoqué dans ce but l'analogie du droit civil en ce qui concerne la prescription de créances exigibles après dénonciation. Mais il n'y a pas de comparaison possible entre la dénonciation et la cotisation. Donc *Seydel*, Bayr. St. R. IV, p. 200, décide avec raison : « si l'on a omis de fixer le droit (de succession) en temps utile, on peut le faire après coup à tout moment ». Il ajoute : « L'impôt a-t-il été fixé à une somme insuffisante, la perception supplémentaire sera admissible dans le délai de la prescription (de l'arriéré), mais seulement dans le cas où l'insuffisance de la fixation a eu pour cause le dol du débiteur ». La restriction au cas de dol résulte, comme nous l'avons expliqué, de la force de l'acte.

Il en est tout autrement, à cet égard, des impôts indirects. La fixation de la dette d'impôt est ici un simple calcul qui peut avoir eu lieu sans se manifester au dehors, à la différence de l'acte administratif qui n'a d'effet que par sa notification ; on ne peut donc pas faire dépendre le cours de la prescription du fait que cette fixation a eu lieu ou non, fait qui n'est pas nécessairement connu des intéressés.

Mais, avant tout, une seconde espèce de prescription est ici sans aucune utilité ; la première suffit et embrasse tous les cas possibles : l'impôt indirect devient exigible immédiatement après la naissance de la dette légale, abstraction faite d'un ajournement spécial, du moment où il a pu être fixé et perçu ; il est ainsi, tout de suite, en état d'arriéré ; la prescription de l'arriéré commence donc à courir.

Dès lors, si la loi fait ici une différence suivant que la fixation a eu lieu ou non, si elle calcule certains délais de prescription d'une manière différente, il ne s'agit en réalité que de particularités assez arbitraires dans la sphère commune de la prescription d'arriéré (6).

Dans l'impôt direct, au contraire, cette seconde sorte de prescription a pleinement son caractère propre : ce n'est pas la créance qui est prescrite ; mais l'acte qui

administratif qui éteint l'excédent. Mais pourquoi la perception supplémentaire rendue admissible par le dol doit-elle être soumise à la prescription d'arriéré ? L'excédent n'est cependant pas devenu, par suite de l'acte incomplet, une créance d'impôt échue.

(6) Loi pruss., 1840 § 7 et 8 établit pour les deux sortes d'impôts, directs et indirects, un délai de prescription de 4 ans, dans le cas où ils sont mis en perception (zur Hebung gestellt). L'impôt qui n'est pas mis en perception se prescrit par un an. Ce dernier délai ne s'applique qu'aux impôts indirects, la cotisation supplémentaire des impôts directs étant réglée d'une manière spéciale. Mais la mise en perception pour les impôts indirects ne présente d'importance que pour le service intérieur des autorités. La loi sur les douanes du 1er juillet 1869 n'a pas adopté cette distinction si peu motivée : « Toutes les créances et réclamations supplémentaires en matière de droits de douanes se prescrivent dans le délai d'un an, à compter de la naissance de la dette » (§ 15).

est nécessaire pour la réaliser devient impossible ;
l'existence de la créance n'est touchée qu'indirectement. L'interruption de cette prescription ne se fait
pas par une mesure quelconque tendant à faire valoir la
créance, mais uniquement par l'accomplissement de
l'acte en retard (7). La législation, comme les auteurs,
aime donc à la placer en opposition avec la prescription de l'arriéré ; cette dernière seule est, pour cette
matière, la prescription ; l'autre est plutôt considérée
comme un délai de forclusion pour l'acte de puissance
publique. Mais la prescription de l'arriéré, en l'exami-
nant de près, n'est pas autre chose. Seulement, les habitudes du droit civil admettent plus facilement l'idée de
la prescription ici — où il s'agit de l'encaissement d'une
somme d'argent devenu impossible — que dans l'effet
si peu familier de l'impossibilité d'un acte d'autorité. Mais, si l'on veut faire des comparaisons, nous
avons devant nous le modèle du droit pénal, dont il
était déjà question tout à l'heure. De même que la
prescription de l'arriéré correspond à la prescription
de l'exécution de la condamnation prononcée, de
même l'impossibilité de l'acte de cotisation par suite
de l'écoulement du temps correspond à la prescription
des poursuites pénales qui exclue le jugement de
condamnation. Le nom de prescription, dans tous ces
cas, est exact et ne l'est pas.

II. — *Du côté du sujet*, l'omission de faire en temps
utile certains actes amène la perte du droit de faire
annuler une imposition illégale.

Ici il ne s'agit toujours que d'une *forclusion*, ayant
son analogie dans la prescription de la seconde sorte

---

(7) Et par l'accomplissement effectif, ce qui comprend également la
notification de l'acte à l'intéressé ; circulaire du ministre des fin.
pruss. chez *Winiker*, Gesetzl. Vorschriften über die Gewerbesteuer,
p. 222. Cela fait déjà une grande différence avec la simple mise en
perception (comp. la note 6 ci-dessus).

dont nous venons de parler. Elle agit de deux manières :

1) *Par la perte du droit de recours contre un acte administratif.* Cette institution trouve son application dans les impôts directs.

La cotisation peut, dès le commencement, être contraire à la dette d'impôt légale. L'acte a été émis contre une personne qui n'était pas débitrice, ou contre le débiteur mais pour une somme trop élevée. L'acte est néanmoins obligatoire aussi longtemps qu'il n'est pas modifié par la voie prévue dans la loi. Il se peut qu'une autorité supérieure soit appelée à intervenir d'office en faveur de l'intéressé. La voie régulière, c'est le recours formé par l'intéressé, la *réclamation*.

Sur cette réclamation, il sera alors statué comme en matière de recours formel ou comme en matière de justice administrative, d'après la manière dont la loi a organisé la voie de droit. Mais pour élever la réclamation, il y a de courts délais qui comptent de la notification de la cotisation. Ce sont des délais de forclusion (8). Ce délai passé, la dette d'impôt reste telle que l'acte l'a déterminée.

La contradiction de la cotisation avec ses bases légales peut aussi survenir après coup, par les changements qui s'opèrent dans les circonstances extérieures. Cela peut surtout arriver dans les cotisations qui fixent, pour une certaine durée, l'impôt dû périodiquement ou certaines parties de la dette d'impôt, dans les impôts de cadastre (comp. § 27, III, n. 1 ci-dessus). Le changement de l'objet ou de la personne opère également un changement dans l'obligation légale de payer l'impôt. Cet effet est d'ordinaire remis aux clô-

---

(8) Sur le caractère juridique de ces délais, comp. O. V. G. 28 nov. 1888.

tures de mois, clôtures d'années. Mais même alors, il ne fait pas tomber de plein droit l'acte administratif; il ne fournit qu'un motif de le modifier; et aussi longtemps qu'il n'est pas modifié, il produit son effet. Cette modification peut se faire d'office. Généralement, elle résulte d'une réclamation de l'intéressé, qui demande une modification immédiate ou à partir d'une époque ultérieure.

La réclamation se présente sous la forme d'une dénonciation du changement intervenu, déclaration de cessation de commerce, demande de transcription, demande de défalcation, etc. S'il n'est pas donné suite à la réclamation, elle aboutit à un recours formel dont les effets rétroagissent au moment de la réclamation. L'omission de la réclamation laisse subsister pour cette période la cotisation, qui pourtant n'est plus justifiée. La dette d'impôt ne repose plus alors sur la loi qui règle l'imposition, mais uniquement sur la force formelle de l'acte administratif.

2) La *perte de la demande en restitution par suite de l'expiration du délai.* Une charge contraire à la loi peut avoir été établie par l'encaissement d'un impôt qui n'est pas dû : soit que cet impôt ait été payé de bon gré, soit qu'il ait été perçu par contrainte. Alors, la défense de l'intéressé prend la forme d'une action en répétition. Par cette action, l'intéressé demande que la dette d'impôt soit déclarée non existante, et que la restitution de l'indû soit ordonnée. Les formes et les compétences dépendent de l'organisation des voies de droit. Mais des délais peuvent être impartis pour élever cette prétention; l'inobservation de ces délais rend la prétention inexistante.

Pour l'impôt direct, la prétention est soumise dès le commencement à une restriction résultant de l'effet juridique propre de la cotisation. Quand la perception a eu lieu conformément à la cotisation, elle est couverte par cette dernière. La répétition ne pourra se faire qu'en attaquant en même temps la cotisation elle-même et en observant les formes et délais qui s'y rapportent.

Il ne reste donc ici que le cas dans lequel la perception a eu lieu contrairement à la cotisation fixée ou même sans cotisation. Pour les répétitions résultant d'une telle faute, la loi n'a pas toujours fixé de délais ; elles sont alors illimitées au point de vue du temps (9).

Pour l'impôt indirect au contraire, le contrôle de la légalité conserve le champ libre. La fixation de l'impôt, alors même qu'elle aurait eu lieu avant la perception et en dehors de celle-ci, ne forme pas un centre de la procédure, imprimant à tout ce qui suit sa propre force obligatoire. Le seul acte qui pourra être attaqué, c'est l'encaissement. C'est à partir de cet acte que courent les délais de forclusion que la loi a fixés (10). Ils sont, comme partout dans cette matière, de courte durée ; ils courent même contre des personnes qui ailleurs sont favorisées ; ils ne sont interrompus que par l'introduction du moyen de droit (11).

III. — Dans une certaine mesure, l'autorité peut dis-

---

(9) L'ord. bad. 15 janv. 1857 concernant l'exécution par contrainte des dettes dépendant du droit public, § 13 ss., a réglé avec un soin particulier les moyens de protection contre les perceptions incorrectes. Quand on a omis de faire valoir ces moyens dans la procédure même, tous les droits subsistent en ce qui concerne la répétition. — La loi pruss. 18 juin 1840 s'occupe du cas d'un impôt direct non pas exactement cotisé, mais incorrectement perçu. La conséquence en est que la répétition doit pouvoir se faire ici sans limite.

(10) Sur l'admissibilité d'une demande en constatation préalable : *Oppenhoff*, Ressortverhältnisse, p. 553, note 18.

(11) Le délai est ordinairement considéré comme un véritable délai de prescription, surtout quand la répétition peut se faire par une demande devant les tribunaux civils, comme d'après la loi pruss. 4 mai 1861, § 11. Dans ce sens surtout R. G. 27 sept. 1886 (Samml. XVII, p. 206 ss.). Cela est conforme à l'opinion en faveur, d'après laquelle il s'agit d'une *condictio indebiti* ordinaire. O. Tr. 24 fév. 1866 (Str. LXX, p. 92) ; min. de l'int. de Saxe, 4 juillet 1882 (Sächs. Ztschft f. Pr. IV, p. 70) ; Gouvernement de la haute Bavière, 22 oct. 1886 (Reger, IX, p. 146).

poser de l'impôt dû. Cela se fait par ce qu'on appelle la convention sur la dette d'impôt et par la remise de cette dette.

1) La *convention sur la dette d'impôt*. Chose très ordinaire pour le droit ancien, des conventions pareilles sont, dans l'ordre des choses actuelles, exclues en principe : le pouvoir exécutif ne peut pas, par une entente avec le débiteur de l'impôt, être dégagé de l'exécution de la règle de droit qui fixe l'impôt, et accepter moins qu'elle n'ordonne (12). D'un autre côté, le consentement de cette personne pourra peut-être l'autoriser à prendre plus ; mais cela ne deviendra jamais une dette d'impôt.

Il n'y a qu'un cas exceptionnel très restreint pour lequel aujourd'hui encore il est question d'une fixation conventionnelle de la dette d'impôt. Il est des circonstances dans lesquelles les conditions de fait, dont la dette dépend, sont spécialement difficiles à reconnaître et à constater. La loi donne alors l'autorisation de remplacer l'application exacte de la règle de droit par une simple estimation, une évaluation à peu près juste. Un forfait, un *aversum* est fixé par une résolution de l'autorité ; une certaine collaboration est concédée au débiteur pour défendre ses intérêts. On appelle cela accomodement, abonnement, contrat de fixation, composition, règlement conventionnel de la dette d'impôt. Ce n'est pas un contrat dans le vrai sens

(12) On pourrait encore penser à la possibilité d'un contrat par lequel les détenteurs du pouvoir qui détermine les règles de droit de l'impôt s'engageraient à faire une exception au profit de l'autre partie contractante. Pour la loi souveraine, le contrat n'aurait pas de force obligatoire ; mais pour les êtres juridiques inférieurs (les administrations municipales par exemple) qui disposent de ces droits d'imposer des charges, il y a là un moyen de restreindre ces droits. Mais des contrats pareils sont considérés aujourd'hui comme contraires aux bonnes mœurs et inadmissibles. Ainsi en a-t-il été jugé des contrats entre communes et sociétés de chemins de fer, tendant à restreindre au profit de ces dernières les impositions communales futures : O. V. G., 28 mai 1885 ; R. G. 14 mai 1884 (Samml. XII, p. 273).

du mot ; c'est un acte administratif qui, en vertu de la loi, et en usant du concours du débiteur, fixe le montant de la dette d'impôt par une appréciation libre jusqu'à un certain point.

Des fixations semblables s'appliquent dans une mesure restreinte aux impôts directs (13). Leur sphère principale est représentée par les impôts indirects sur les boissons : vin, bière, alcool. Mais le procédé n'est pas partout le même ; cet élément, auquel s'attache la désignation de contrat, *le concours du débiteur*, apparaît avec une importance juridique différente.

La loi, se trouvant en face d'une industrie dont les produits devraient être soumis à l'impôt indirect, peut permettre la fixation de l'impôt sur la base d'une évaluation de la productivité, même sans le consentement de l'entrepreneur. C'est seulement une condition de forme, que l'intéressé soit entendu (14).

Elle peut aussi faire dépendre de la demande de l'entrepreneur la mise en œuvre de la procédure de fixation ; cette demande une fois faite, l'autorité fixe le montant de l'impôt librement (15).

Enfin, elle peut prescrire que la fixation elle-même ne pourra avoir lieu que si l'entrepreneur approuve son contenu (16).

C'est seulement dans ce dernier cas qu'on pourrait penser à un contrat. Mais dans ce cas, comme dans les

(13) Un exemple dans la loi bav. concernant les droits sur les successions, 18 août 1879, art. 36 : le ministère des finances est autorisé à accepter, sur la demande du débiteur, un forfait du droit sur la succession. L'acceptation s'opère par une résolution à notifier au débiteur, résolution qui remplace la cotisation établie par le Rentamt.

(14) Ainsi loi d'imp. sur l'alcool, 24 juillet 1887, § 13 ; résol. du Bundesrath, 27 sept. 1887, n° 8 (Centr. Bl. 1887, p. 351). *Keilwagen*, die Besteuerung des Branntweins.

(15) Ainsi loi franç. 28 avril 1816 concernant l'impôt sur les débitants de boissons, en vigueur en Als.-Lorr. jusqu'en 1873. On parle ici d'un abonnement.

(16) Ainsi loi d'impôt sur la bière, 31 mars 1872, § 4 ; règlement d'exécution, 5 juillet 1888 (Centr. Bl., 1888, p. 709 ss.).

autres, c'est l'acte administratif seul qui produit l'effet juridique ; le concours du débiteur n'est qu'un accessoire dont la valeur est tout au plus celle d'une condition remplie.

L'effet, c'est la détermination de l'impôt qui est dû d'après la loi. La somme fixée conserve cette nature malgré le « contrat ». La surveillance de l'établissement par les fonctionnaires, telle qu'elle est instituée par l'impôt, subsiste en grande partie. Les règles concernant la prescription, les délais de paiement, la remise, l'exécution par contrainte continuent à être applicables (17).

Un changement s'est produit en ce sens que l'impôt s'est maintenant rapproché de l'impôt direct. Il est fixé par un acte administratif et dû immédiatement en vertu de cet acte.

Cette fixation, sur le modèle de certaines cotisations d'impôts directs, dans le cas d'un changement dans la personne de l'entrepreneur, passe d'elle-même sur la tête du nouveau propriétaire.

Le soi-disant contrat de fixation peut être résilié, pour des causes déterminées, par l'une et par l'autre des parties contractantes. C'est de la part de l'autorité, par le retrait de l'acte administratif. De la part du débiteur, par un agissement qui a même nature qu'une déclaration faite pour obtenir la modification d'une cotisation d'impôt direct. Les causes qui l'autorisent à agir ainsi sont des changements dans les bases réelles de la fixation (changement d'entrepreneur, chômage d'une certaine durée). Ces causes n'agissent pas par elles-mêmes, mais seulement par l'intermédiaire de l'acte qui les reconnaît ; leur effet, comme celui des réclamations contre les impôts directs, se produit à des termes fixes, par exemple à la fin du mois (18).

(17) Centr. Bl., 1888, p. 710, 715 (§ 10 du formulaire).
(18) Centr. Bl., 1888, p. 711.

L'impôt sur les boissons, dont il s'agit, ne devient pas pour cela un véritable impôt direct. Pour ce dernier, l'acte administratif qui intervient est essentiel ; ici il n'est qu'une circonstance particulière modifiant la marche ordinaire de la procédure.

2) *La remise de l'impôt.* La remise de l'impôt est l'extinction de la dette d'impôt à raison de la renonciation faite par le créancier.

Elle diffère de l'*exemption de l'impôt*, qui représente une exception à l'imposition, exception contenue dans la règle de droit de l'impôt elle-même. Grâce à cette exception, la règle ne s'applique pas à un cas que, sans cela, elle embrasserait ; la dette d'impôt ne naît pas. La remise de l'impôt, au contraire, suppose une dette d'impôt née.

Elle diffère de la *résiliation de la dette d'impôt conditionnelle*. Cette dernière, en effet, ne s'effectue pas par une renonciation, mais par l'accomplissement même de la condition, l'imposition ne pouvant plus avoir d'effet dans ce cas (19).

Enfin, elle diffère de la *déclaration de non valeur* concernant les dettes d'impôt irrécouvrables, et qui est seulement une mesure de comptabilité, laissant la dette d'impôt intacte.

La remise de l'impôt est l'annulation d'une dette d'impôt existante par une disposition de l'autorité. C'est donc une aliénation d'un bien de l'Etat et une aliénation volontaire sans équivalent. Mais ce n'est pas ce qui, en première ligne, donne à cet acte son carac-

---

(19) L'exemple principal est fourni par l'admission temporaire (comp. § 28, III). *G. Meyer*, V. R. II, p. 337, appelle « remise des droits crédités » non seulement le déchargement de l'importation par la condition de la réexportation accomplie, mais encore les cas mentionnés dans la loi sur les douanes §§ 112, al. 1, 113, 114, 115, al. 2, où il s'agit d'exemptions légales des droits de douanes. Ce sont trois choses toutes différentes. Que la loi parle partout de remise, cela ne nous dispense pas de distinguer ce qui juridiquement présente tant de différences.

tère juridique. Faire des sacrifices semblables, octroyer des avantages pécuniaires, tout cela est sous-entendu de maintes façons dans la mission générale des autorités administratives de gérer les affaires de l'Etat. L'essentiel est, comme dans le contrat sur l'impôt, que la renonciation à la dette d'impôt signifie une dérogation à la force obligatoire de la règle de droit qui a ordonné l'impôt (20).

La loi d'impôt, en obligeant les sujets, lie en même temps le pouvoir exécutif pour la réalisation de cette obligation. Le pouvoir exécutif ne peut s'en dispenser et renoncer à l'impôt qu'autant que cela lui est réservé par une autorisation de la loi.

Un droit général du gouvernement de renoncer à toute créance d'impôt, un droit de grâce en matière d'impôt n'existe pas (21). La loi ne permet la remise

(20) Cela ne s'applique pas à la renonciation à des créances fiscales du droit civil ; donc, leur remise tombe sous une appréciation différente ; *Laband*, dans Arch. f. öff. R. VII, p. 189.

(21) A l'occasion de l'affaire que nous avons mentionnée tome I, § 7, note 11 ci-dessus, la question fut discutée de savoir s'il existe une prérogative de la couronne du roi de Prusse qui l'autoriserait à contrecarrer par une remise de l'impôt l'exécution de toutes les lois d'impôt. On a cru pouvoir en faire la preuve en invoquant le fait que le roi, déjà avant l'établissement de la constitution, avait, non seulement en matière pénale mais aussi en matière d'impôt et de rétribution, le droit absolu de faire grâce ; et puisqu'on ne peut produire aucun article de la constitution qui aurait aboli ce droit, on doit en conclure qu'il subsiste. En ce sens, *Laband* dans Arch. f. öff. R. VII, p. 190 ; *Curtius* dans Annalen 1893, p. 670 ss. Mais il n'est pas admissible de transplanter ainsi, de la période de l'absolutisme à l'époque constitutionnelle, des droits déterminés du roi. Le roi de Prusse, avant la constitution, n'avait pas des droits déterminés, mais toute la puissance publique. Il l'a aujourd'hui encore, seulement il ne dispose plus librement de la loi ; doit respecter, comme détenteur du pouvoir exécutif, la sphère attribuée à la puissance de la loi. Ce serait aller à l'encontre de cette restriction que de reconnaître aujourd'hui des droits au roi, pour pouvoir opposer d'une manière extraordinaire, comme Laband l'exprime, « un veto contre le cours de la loi et du droit ». Nous en avons un exemple dans le droit reconnu par la loi de faire grâce en matière pénale. Avant la constitution, le roi n'avait pas ce droit et ne pouvait pas l'avoir, puisque la sphère de puissance qui le restreint, et qui donne son contenu au droit, n'existait pas encore. Dans le pouvoir exécutif, qui, d'après la constitution, lui appartient à lui seul, sont comprises toutes sortes de choses ; mais il y est également compris

que pour des causes]déterminées et valables seulement pour l'espèce d'impôt pour laquelle elles ont été reconnues.

La cause de la remise vise toujours le cas où, chez le débiteur, [des diminutions de valeur, des pertes, des rendements inférieurs se sont produits après coup, qui font paraître injuste de demander encore un impôt qui a été établi en considération de la possession de ces valeurs.

La loi peut directement prescrire la remise pour le cas où certaines conditions sont remplies. Elle peut aussi laisser une certaine latitude à la libre appréciation de l'autorité pour accorder, dans ces cas, la remise ou la refuser, en prenant en considération l'équité et l'intérêt des finances.

Cela fait pour le contribuable qui demande la remise une différence importante.

Dans le premier cas, il a un droit ; pour le faire valoir, une voie de droit sera ouverte, soit recours formel, soit justice administrative ; tout cela n'est pas indispensable pour l'existence du droit, comme nous l'avons vu (comp. tome I, § 12 ci-dessus).

Dans d'autres cas, il s'agit d'une simple pétition, d'une invocation des considérations d'équité que l'autorité appréciera selon son devoir ; cela se terminera dans la procédure administrative ordinaire (22).

que le roi est lié par la loi d'une manière absolue ; et il ne peut être dégagé ‹ › ce lien que d'après les règles de la constitution elle-même. — Il n'existe, du reste, aucun besoin d'un droit général de faire grâce en matière d'impôt. L'exemple cité par *Laband*, Arch. f. öff. R. VII, p. 190, note 14, prouve le contraire : les héritiers de l'homme riche tué dans un accident de chemin de fer sur le réseau de l'Etat seront indemnisés d'après la loi sur la responsabilité du chemin de fer, comme ceux de l'homme pauvre; d'ordinaire, ils toucheront même plus que ces derniers; pourquoi leur faire cadeau encore, par-dessus le marché, d'un droit de succession de 10.000 M. ?

(22) Sur la différence entre ces deux cas : *Seydel*, Bayr. St. R. IV, p. 201 ss., p. 207. Loi de l'impôt sur le tabac, § 24, al. 3, les distingue par les expressions : une remise de l'impôt « doit » avoir lieu, et

Une remise d'impôt faite sans fondement légal n'est pas valable, de quelqu'autorité qu'elle émane.

Il n'y a nullité que dans le cas où l'acte sort des limites de la compétence générale de celui qui l'a émis. Autrement, l'acte même nul garde son effet jusqu'à ce qu'il ait été annulé par une autorité compétente. Au débiteur d'impôt, cela va sans dire, il ne sera pas donné de moyen de droit pour amener cette annulation. Et si la remise non valable émane du prince en personne, à moins que des droits de contrôle spéciaux n'aient été organisés à cette fin, personne ne pourra annuler son acte, excepté lui-même qui pourra le retirer. Les autorités et la représentation nationale pourront exercer leur influence pour obtenir ce résultat ; la personne favorisée n'a aucun droit à être maintenue dans les avantages de cet acte ; elle n'est pas lésée dans ses droits, quand on le retire (23).

Que le ministre qui a contresigné l'acte puisse être rendu responsable du préjudice qui en résulte pour l'Etat, c'est une autre question.

« peut » avoir lieu. Si *Seydel, loc. cit.*, p. 207, désigne le second cas de « concession par voie de grâce », cela dit trop. La grâce suppose que celui qui l'accorde n'est pas juridiquement responsable de cet acte.

(23) *Joël* dans Annalen 1891, p. 418 déclare : « le sujet auquel l'impôt a été ainsi remis par la couronne sans fondement juridique peut être, après le refus de la représentation nationale de donner son approbation, astreint à acquitter l'impôt après coup ». Est-ce que l'autorité fiscale ordinaire devra pouvoir traiter comme non avenu un acte du roi ? Le roi est, dans toutes les affaires administratives, dans la sphère de sa compétence générale ; il faudrait un droit de contrôle spécial, auquel ces autorités ne sont pas appelées. Il en serait autrement s'il s'agissait d'une usurpation sur le domaine de la justice.

§ 3o.

L'ordre de finance (*Finanzbefehl*).

Le pouvoir de finance est la puissance publique agissant dans l'intérêt des revenus de l'Etat. Ce but, la puissance publique le poursuit de la manière la plus directe en imposant aux sujets des obligations de payer, des dettes d'impôt au profit de l'Etat. Mais elle peut aussi y pourvoir en déterminant la conduite personnelle des sujets : cette direction a lieu en vue de la plus grande utilité des revenus de l'Etat, pour les assurer et les protéger de troubles et d'amoindrissements.

La véritable source du revenu se trouve alors à côté de la mesure ; le pouvoir de finance, par cette mesure, ne fait que protéger son effet et pourvoit aux revenus de l'Etat d'une manière indirecte. Cette source peut se trouver dans une autre manifestation du pouvoir de finance, dans l'imposition de contributions ; mais elle peut aussi se présenter sous n'importe quelle autre forme d'acquérir. Cette seconde forme du pouvoir de finance embrasse donc une sphère beaucoup plus étendue; mais elle est moins homogène que la première : elle n'agit toujours qu'accessoirement (1).

On a souvent désigné sous le nom de *police de finance* cette seconde manière d'agir sur les sujets (2).

(1) L'opposition entre ces deux directions du pouvoir de finance a été très bien relevée par *Meisel* dans Finanzarchiv, V, 1, p. 7.

(2) Ainsi *Foerstemann*, Polizeirecht, p. 272; *Bornhak*, Gesch. des

Le nom est mal choisi, parce que la police, pour être définie correctement, ne pourra être caractérisée que par sa raison d'être même, qui marque alors une opposition avec le pouvoir de finance. Ici, en effet, il ne s'agit pas du bon ordre de la collectivité et de ses exigences publiques. La police est sociale, le pouvoir de finance est fiscal. On ne saurait les confondre.

Mais il est vrai que ce côté du pouvoir de finance, — dans lequel il s'agit de déterminer la conduite personnelle des sujets, — met le plus en lumière son affinité avec la police. Cette action sur le sujet, en effet, se produit pleinement dans des formes qui correspondent à celles du pouvoir de police : ordre, fixation de peine, contrainte. Les règles d'après lesquelles, pour le domaine de la police, ces notions se sont développées s'appliquent également ici dans une vaste proportion : ce sont des notions communes. Seulement, elles reçoivent ici une empreinte spéciale parallèle à celle de la police : elles se présentent comme ordres de finance, peines de finance, contrainte financière.

L'ordre de finance et la peine de finance qui nous regardent en première ligne ont entre eux les mêmes rapports que l'ordre de police et la peine de police : ils ne sont pas identiques, mais ils se complètent cependant. L'ordre de finance n'est pas nécessairement pourvu d'une sanction pénale par une règle de droit ; il y a encore d'autres moyens pour le faire sentir ; cependant la menace d'une peine en est le plus important. D'un autre côté, la peine de finance ne s'attache pas nécessairement à la désobéissance à un ordre de finance ; il y a également ici des peines

preuss. V. R. II, p. 332 ; *Merkel*, Krimin. Abhandlungen I, p. 94, 99 ; *Temme*, Lehre vom Betruge, p. 73 ; *Meisel* dans Finanzarchiv, V. 1, p. 5 (« surveillance de la conduite des débiteurs au moyen de la police de finance ») ; O. Tr. 6 avril 1875 (J. M. Bl. p. 222 : « prescriptions de contrôle de police »).

attachées directement aux faits (comp. § 22, I, n. 2, ci-dessus) ; mais cela renferme également la détermination de ce qui juridiquement ne doit pas être, et produit des effets semblables à ceux d'un ordre : une règle pour le sujet se trouve dans l'un et dans l'autre.

I. — *L'ordre* est la déclaration de volonté, émise en vertu d'un rapport de subordination, pour déterminer d'autorité la conduite du subordonné. *L'ordre de finance*, impose au profit des revenus de l'Etat, des obligations d'obéir, obligations de faire, de ne pas faire, de souffrir.

Ces ordres interviennent dans des circonstances différentes. Cela nous conduit à distinguer plusieurs espèces d'ordres de finance.

1) Ils accompagnent surtout *l'impôt* et son exécution. Leur but principal est ici de faciliter à l'administration la connaissance de la dette d'impôt. Ils seront d'autant plus employés qu'il sera difficile pour l'administration de connaître la dette d'impôt ; la facilité avec laquelle la dette d'impôt peut échapper à l'administration aura aussi une grande influence (3). Dans les impôts directs, par conséquent, ces ordres se restreignent à des commandements de déclarer la dette d'impôt qui est née, de donner à son sujet des éclaircissements ou même de fournir des exposés explicites de la situation.

Dans les impôts indirects, au contraire, ces ordres apparaissent avec un développement beaucoup plus riche. Les commandements ont ici une portée plus grande : il faut porter à la connaissance de l'autorité non seulement la dette d'impôt née, mais encore des choses connexes, les faits et circonstances par

---

(3) Sur cette correspondance, *Meisel* dans Finanzarchiv, V, 1, p. 14 ss.

exemple, d'où pourra résulter une dette d'impôt. Il y a de plus des défenses d'actes nuisibles à l'impôt, c'est-à-dire d'une conduite qui serait propre peut-être à cacher une dette d'impôt ou à ne pas la laisser parvenir complètement à la connaissance de l'administration.

2) Dans une mesure beaucoup moins étendue, l'ordre de finance est applicable aux *rétributions*. Le cas des rétributions est, par sa nature, moins propre à se soustraire facilement à la connaissance de l'administration ; la rétribution a pour base le fait que les prestations de l'Etat profitent à un individu déterminé ; le débiteur s'offre donc de lui-même, sans qu'il soit besoin de le lui commander spécialement. Donc, en règle, il ne pourra s'agir que de prévenir une conduite tendant à éluder malicieusement le droit à la rétribution ; ce qui y répond le mieux, c'est la fixation d'une pénalité directe.

3) Dans une autre espèce d'ordres de finance, il n'y a aucune obligation de payer à l'Etat de la part de celui auquel ces ordres s'adressent. Leur but est d'assurer les entreprises de l'Etat tendant à lui procurer un revenu, contre les troubles qui pourraient leur être causés par la concurrence d'établissements similaires. La concurrence est défendue. Le *monopole* en est le résultat.

La défense peut frapper exclusivement l'entreprise du tiers perturbateur et toute activité qui y concourt ; elle peut frapper, en outre, le fait de se servir des objets fabriqués ; elle est dirigée alors à la fois contre l'entrepreneur et contre son client.

L'entreprise de l'Etat ainsi protégée aura plutôt la nature d'un service public percevant des rétributions, ou d'une affaire commerciale avec des recettes pour prix de ventes et salaires. Quant à l'ordre de finance qui s'y attache, il n'y a pas de différence (4).

4) Enfin, l'ordre de finance a un rôle important dans le système des *remises* et *exemptions* d'impôt, des *bonifications* d'impôt et surtout des différentes *facilités* pouvant être accordées aux débiteurs d'impôt. Ces faveurs ne doivent être reconnues ou accordées par l'autorité financière que sous certaines conditions. Il faut connaître exactement ces conditions pour que le revenu d'impôt n'éprouve pas d'amoindrissements non justifiés. Des actes ayant pour but direct de provoquer chez l'autorité financière une appréciation incorrecte des faits pourront être frappés directement d'une peine de finance. Mais, en outre, des prescriptions sont imposées aux bénéficiaires afin que la remise, la bonification, la modération sous n'importe quelle forme restent dans les limites voulues ; ce sont des ordres de finance dont l'observation est assurée par des peines, par la perte du bénéfice accordé et autres suites de la désobéissance (5).

Dans toutes ces applications, l'ordre de finance a le caractère *d'une mesure arbitrairement choisie par l'Etat*. Il lui manque cette base d'un devoir naturel et qui existe d'avance, devoir que l'ordre n'aurait qu'à déterminer plus exactement et à réaliser, comme celui qui donne à l'ordre de police son caractère particulier. De là surtout cette conséquence, que la loi ne donne

---

(4) Ici encore, les manières de voir de la doctrine du droit et de la science politique se séparent dans un contraste éclatant. Pour la science politique, l'essentiel du monopole est dans son effet économique : que l'Etat, maître absolu de la fixation du prix, gagne de l'argent aux frais des sujets. On le compte directement parmi les impôts : *Neumann*, Die Steuer ; *Meisel* dans Finanzarchiv. V, 1, p. 45. Pour nous, cette manière d'envisager la chose est impossible.

(5) Des exemples dans loi de l'Emp. 19 juillet 1879, concernant l'exemption de l'impôt sur l'alcool destiné à être employé dans l'industrie, §§ 1 et 3 ; comp. régulatif, 20 sept. 1887 (Cent. Bl. 1887, p. 419), § 12 ss. On parle ici des « obligations du demandeur ».

pas des autorisations aussi générales en ce qui concerne les ordres d'impôt : ces autorisations manque-
raient ici de la mesure naturelle et immanente.

II. — La forme dans laquelle l'ordre de finance est
émis est, comme cela a lieu pour l'ordre en général, la
règle de droit ou l'acte administratif.

Mais, à la différence de la police, les ordres émanant
de la loi ou de l'ordonnance se trouvent ici en petit
nombre ; quand la loi ou l'ordonnance agissent ici
par leurs règles de droit, elles préfèrent des menaces
directes de peines de finance. D'un autre côté, les
ordres individuels en vertu d'une autorisation de la
loi, analogues aux dispositions de police, ne se présentent qu'en très petit nombre dans la sphère du
pouvoir de finance.

La grande masse des ordres de finance est contenue
dans les *régulatifs*. Cette forme appartient tout particulièrement à l'ordre de finance. Elle a passé de la législation prussienne dans celle de l'Empire et domine,
par conséquent, dans le système des impôts indirects
qui est si riche en ordres de finance.

Nous devons nous rendre compte de la nature et
de l'importance juridique de ces régulatifs.

1) Les régulatifs du droit de l'Empire sont, d'après
leur apparence extérieure, des prescriptions d'exécution pour des lois de l'Empire concernant les droits
de douanes et autres impôts indirects. Ils établissent
des règles générales touchant les facilités accordées
aux débiteurs de l'impôt et la surveillance de certaines
industries. Ils sont émis par le Bundesrath et publiés
sans exception dans le *Centralblatt des Deutschen
Reichs,* bulletin officiel de l'Office de l'Intérieur
(Reichsamt des Innern).

2) Les règles que les régulatifs renferment ont,
pour les intéressés, une force juridiquement obligatoire. On croit prendre le chemin le plus court en

pays connu en leur donnant le caractère de règles de
droit. Les régulatifs seraient donc des ordonnances,
et, suivant l'expression qui est aujourd'hui en vogue
(comp. tome I, § 10, note 11) « des ordonnances de
droit » et non pas de simples ordonnances administratives. Mais il y a ici un obstacle insurmontable. Le
Bundesrath ne peut émettre des ordonnances (des
ordonnances de droit bien entendu) qu'en vertu d'une
autorisation de la loi de l'Empire. Du moins, l'art. 7
chiff. 2 de la Constitution de l'Empire, sagement inter-
prété, n'accorde pas au Bundesrath un droit général
de faire des ordonnances d'exécution, comme ce droit
appartient au prince dans les Etats particuliers. Il
est bien dit dans cet article : « Le Bundesrath délibère
sur les prescriptions administratives (Verwaltungsvorschriften) et les arrangements nécessaires pour l'exécution des lois de l'Empire »; mais on ne veut parler que
de prescriptions administratives par opposition avec
la règle de droit (6).

L'autorisation du Bundesrath devrait donc reposer
sur les prescriptions spéciales des différentes lois
concernant les droits de douanes et les impôts. Ces
lois de l'Empire, il est vrai, renvoient régulièrement
aux règles générales que le Bundesrath établira pour
leur exécution. Mais ces règles sont également désignées ici partout comme des prescriptions administratives (Verwaltungsvorschriften). Si, à cause de cette
expression, la Constitution de l'Empire avec son art. 7
chiff. 2 laisse une lacune, puisqu'elle ne donne pas la
possibilité de créer des ordonnances de droit, il est

---

(6) Cela a été démontré d'une manière décisive par *Laband*, St. R. I,
p. 595, p. 706 (édit. fr. II, p. 384 ss.). *Haenel*, St. R. p. 282 ss., quoique
interprétant le mot « prescriptions administratives » comme pouvant
signifier aussi bien des ordonnances que de simples instructions, est
cependant d'avis que l'art. 7, chiff. 2 de la Constitution de l'Empire
ne renferme pas une autorisation de faire des ordonnances contenant
des règles de droit ; c'est le seul point qui nous intéresse ici.

difficile de voir comment les lois spéciales qui accordent leurs autorisations en se servant de la même expression, peuvent combler cette lacune (7).

Donc il faut conclure que les régulatifs ne peuvent pas être des règles de droit. A cela est intimement lié un autre point qu'on a déjà maintes fois relevé. Ces régulatifs, comme nous venons de le dire, sont exclusivement publiés, dès le début, dans le *Centralblatt dès Deutschen Reiches*. La règle de droit a cependant son mode de publication fixé formellement, et qui seul peut lui donner effet : pour les lois de l'Empire comme pour les ordonnances de l'Empire, la seule forme efficace est la publication dans le *Bulletin des lois de l'Empire* (Reichsgesetzblatt) (8). Donc si les régulatifs voulaient être des règles de droit, aucun d'eux, à cause de cette publication défectueuse, n'en obtiendrait la force obligatoire (9). Donc ils ne peuvent pas vouloir être des règles de droit.

(7) Comp. par exemple, loi sur les douanes, 1ᵉʳ juillet 1869, § 152 ; loi d'impôt sur l'alcool, 24 juin 1887, § 26 ; loi d'impôt sur le tabac, 16 juillet 1879, § 40. Les lois parlent toujours, à la fin, de pénalités pour « transgression des prescriptions de cette loi ainsi que des prescriptions administratives publiées à sa suite ». *Arndt*, Verordnungsrecht, p. 36 ss. a relevé avec raison cette concordance ; seulement, il en tire les conséquences contraires, admettant partout des règles de droit ; comp. t. I, § 10, note 11 ci-dessus. *Laband*, tout en refusant aux prescriptions administratives de l'art. 7, chiff. 2 de la Constitution la nature de règles de droit, veut cependant la reconnaître aux régulatifs pour droits de douanes et impôts désignés par le même nom. Il y arrive par un détour assez singulier dans lequel nous ne pouvons pas le suivre. Il dit (St. R. 4ᵉ éd., II, p. 86 ; éd. fr., II, p. 390) que le § 152 de la loi sur les douanes est « une loi pénale en blanc qui laisse aux règlements de l'administration des douanes le soin de la compléter par la désignation des faits punissables. Donc, si ces règlements ont l'autorité d'une règle de droit, c'est en vertu de l'autorité de la loi de l'Empire et non pas en vertu du décret du Bundesrath ». Laband s'est laissé entraîner ici par sa polémique contre Arndt. Un ordre n'a pas besoin d'être une règle de droit pour que son inobservation soit frappée par la loi d'une peine.

(8) *Laband*, St. R. II, p. 99 (éd. fr., II, p. 412) et les auteurs cités.

(9) *Laband*, St. R. II, p. 101 (éd. fr., II, p. 414).

3) De fait, cependant, depuis nombre d'années, ces régulatifs sont considérés comme valables et propres à créer des obligations de droit; le gouvernement, en dépit de tous les cris d'alarme de la théorie, continue à se servir à leur égard du Centralbatt comme seul moyen de publication.

Dès lors, ou bien nous avons ici un égarement inouï de la pratique; ou bien l'effet des régulatifs doit s'expliquer autrement que par leur prétendu caractère de règles de droit.

Il nous semble que la vérité ne doit être cherchée que dans cette dernière direction.

La solution de la question, en effet, pour une partie des prescriptions des régulatifs, saute aux yeux. A qui ces prescriptions s'adressent-elles ? Il y a deux sortes de personnes qui sont visées : d'un côté, des fonctionnaires de l'administration financière; de l'autre côté, de simples particuliers restant en dehors des liens de la fonction publique.

Aux premiers on prescrit ce qu'ils auront à faire en surveillant des marchandises et des ustensiles, en faisant des calculs et des constatations, en délivrant des certificats, en accordant des permissions et autorisations. Tout cela, ils devront l'observer selon leur devoir. Pourquoi? Ce sont des ordres de service qui leur sont donnés ; ces ordres agissent sur eux avec la force de leur devoir de fonctionnaire. Nous savons aussi comment il devient juridiquement possible de les atteindre par cette voie. Le fonctionnaire, s'étant engagé à ce service personnel, est entré dans un rapport de dépendance spécial qui permet à l'autorité compétente de déterminer quels seront ses devoirs : il se trouve dans un rapport de sujétion spéciale (Gewaltverhältniss ; comp. t. I, § 8, II, n° 3).

Ce rapport de sujétion permet non seulement de diriger la conduite du fonctionnaire pour le cas individuel, mais aussi d'émettre des instructions générales, obligeant tous ceux qui se trouvent dans la même situation, et obligeant d'avance pour tous les cas de la même espèce, quoique n'étant pas désignés individuellement. Les dispositions générales, les actes administratifs généraux sont les conséquences et le signe extérieur du rapport de sujétion particulière (comp. t. I, § 10, n° 2 ci-dessus). Ces dispositions générales n'étant pas des règles de droit, ne sont pas liées aux formes de publication prescrites pour ces dernières ; on peut, en vertu du rapport de sujétion même, leur attribuer une forme spéciale de notification, que l'individu soumis doit reconnaître comme valable (comp. tome I, § 8, note 5 ci-dessus). C'est notre cas pour la publication dans le Centralblatt (10).

Mais, d'autre part, nos régulatifs s'adressent de la même façon à des personnes sans fonctions, à des individus n'ayant aucun rapport de service spécial avec l'État. Ils leur prescrivent ce que, de leur côté, ils auront à faire, à ne pas faire et à souffrir pendant le temps de leur soumission à chacun de ces régulatifs particuliers.

Ces individus sans fonctions auxquels le régulatif s'adresse ne sont pas choisis arbitrairement, cela s'aperçoit à première vue. Le régulatif n'ordonne pas « pour tous ceux que la mesure concerne ». Quand il s'agit d'ordonner de cette manière, c'est toujours la règle de droit de la loi ou de l'ordonnance qui apparaît. Des prescriptions d'une étendue aussi générale que la défense de transporter certaines marchandises dans la nuit ou de passer la frontière par d'autres

(10) Nous traiterons du pouvoir du supérieur au § 45 ci-dessous. Le subordonné qui n'a pas pris connaissance des ordres qui lui ont été adressés par la voie ordinaire, manque à son devoir ; la sanction est qu'il est censé les avoir connus.

chemins que ceux qui sont formellement désignés ne se trouvent jamais dans les régulatifs. Les individus, sur lesquels veut agir le régulatif sont toujours compris dans un rapport spécial avec l'administration financière. Ils sont entrés dans certaines institutions créées par cette dernière, dans une entreprise dans laquelle ils pourront, selon leur manière de se conduire, nuire ou être utiles à une dette d'impôt qui est née ou qui va naître.

Le régulatif n'a d'effet obligatoire que pour des personnes ainsi déterminées ; il agit alors sur elles de la même manière que sur les fonctionnaires : sans fondement légal particulier, dans la forme de prescriptions générales (qui ne sont pas des règles de droit) et par la publication dans une feuille d'avis spéciale.

Il est clair qu'un rapport semblable à celui que nous avons examiné chez les fonctionnaires existe pour ces individus, à savoir : un rapport de sujétion particulière. Le pouvoir auquel ils sont soumis n'est pas le pouvoir du supérieur ; car ils ne doivent pas de service personnel. C'est un pouvoir qui n'a pour but, comme la loi l'exprime à plusieurs endroits, que le *contrôle* et la *surveillance* de tout ce qui se passe chez eux et qui pourrait être d'importance pour les revenus de l'Etat. C'est en vertu de ce pouvoir qu'il leur est adressé des ordres de cette sorte (11).

(11) Notre conclusion sera conforme, pour l'essentiel, aux développements de *Haenel*, St. R. I, p 285 ss., surtout p. 287, note 15 : « Ces régulatifs ont une importance double ; ils sont, d'une part, des instructions pour les autorités en vue de l'exercice des pouvoirs de contrôle qui leur sont confiés... d'autre part, des ordres que les intéressés sont obligés de suivre en vertu de ce pouvoir de contrôle des autorités ou en vertu de la soumission due aux actes juridiques ». Pour prouver ces thèses, Haenel soutient, contre Arndt, que les régulatifs, pour avoir cet effet, n'ont pas besoin de contenir des règles de droit ; il suffit qu'ils soient « fondés sur des règles de droit ». Il nous semble que, même avec cette restriction, la preuve serait difficile à faire ; mais nous croyons n'en avoir pas besoin.

4) **Examinons** maintenant quel sera le fondement de ce pouvoir de surveillance. Cette diminution de la liberté, — que tout rapport de sujétion particulière implique pour la personne qui en est l'objet, — ne s'entend jamais d'elle-même. Mais il n'y a pas de forme unique pour la produire. Pour le fonctionnaire, c'est *l'acte administratif* de sa nomination. A côté de l'acte administratif, la *règle de droit*, l'autre source générale des rapports juridiques du droit public, peut aussi produire des rapports de sujétion. Mais ce n'est pas tout. Ce rapport peut également être le résultat de *l'entrée de fait* dans la sphère d'une manifestation de la vie propre de l'administration : la nécessité pour le sujet de s'accommoder à ses exigences trouve son expression dans un rapport de sujétion particulière. Nous en rencontrerons des exemples dans l'effet particulier produit par l'entrée dans le *service militaire actif* (comp. § 45, I, n. 3 ci-dessous), mais surtout dans le pouvoir qui s'exerce sur les personnes profitant des *utilités d'un service public* (Anstaltsgewalt; comp. § 52, II, ci-dessous). Cette même idée sert ici de point de départ pour faire naître un pouvoir de surveillance spécial.

Nous distinguerons, d'après l'origine, deux manifestations de ce pouvoir.

Nous avons, d'un côté, un *pouvoir de surveillance imposé*. L'individu est soumis à ce pouvoir, pour une atteinte portée à sa liberté, par un acte d'autorité : une industrie, un magasin appartenant à l'individu sont placés sous ce pouvoir, sans que son consentement ait été demandé.

Il y a besoin d'un fondement légal. Il s'agit d'une charge accessoire, imposée au sujet pour assurer la charge principale, l'impôt même. Elle trouve surtout son application parmi les dettes d'impôt en suspens.

placées par la loi avant la naissance véritable de la dette d'impôt (12).

La seconde catégorie est formée par le *pouvoir de surveillance réservé*. Il s'attache aux facilités accordées aux individus pour l'acquittement de l'impôt ; il leur est permis de se servir d'un procédé, d'un établissement, d'un arrangement prévus par l'administration financière pour obtenir ces avantages, dont ils ne profiteraient pas sans cela. Mais sur ce qu'elle a con-

(12) Comp. § 28, I, ci-dessus. De cette espèce est la prescription de la loi de l'impôt sur le sel, 12 oct. 1867, § 6 : « Les établissements désignés dans le § 3, pour constater le montant des droits à payer sur le sel produit ainsi que pour prévoir les fraudes, sont, quant à leur fonctionnement et leurs relations d'affaires, soumis au contrôle des autorités des douanes (de l'impôt). Ce contrôle est réglé par une instruction que les autorités des douanes doivent prendre et communiquer à chaque propriétaire d'établissements semblables, instruction obligatoire pour ce dernier ». Ici toute la construction intérieure de notre institution juridique se dessine clairement : l'établissement et avec lui l'entrepreneur sont soumis par la loi au pouvoir de surveillance. Pour l'exercice et la réglementation de ce pouvoir, des « instructions » sont données par l'autorité à l'entrepreneur, instructions qui sont pour lui des ordres, tout comme le pouvoir du supérieur s'exerce et se règle en même temps par des instructions de service. Le rapport de sujétion peut aussi être fondé tout simplement par la déclaration faite par la loi qu'une certaine entreprise sera soumise « au contrôle de l'impôt ». Ainsi loi de l'Emp. de l'impôt sur l'alcool, 24 juin 1887, § 14, al. 1 : « L'alcool produit doit être constaté dans la distillerie par l'autorité des contributions en quantité et en densité ; il reste sous contrôle de l'impôt jusqu'à ce qu'il soit expédié pour l'exportation ou pour des emplois dans l'industrie, ou que le droit sur la consommation soit payé ou crédité ». « L'alcool reste sous contrôle de l'impôt », cela veut dire en même temps que le propriétaire de la distillerie doit être soumis au pouvoir de surveillance de l'autorité financière. En vertu de ce pouvoir les instructions nécessaires pourront lui être données par cette dernière. Comme autorité suprême, d'après la const. de l'Emp. art. 7, chiff. 2, le Bundesrath est compétent pour le faire au moyen de ses prescriptions administratives. Il a immédiatement fait usage de ce pouvoir : prescript. d'exécut. 27 sept. 1887 ; Centr. Bl. 1887, p. 362 ss. Les mesures de conduite qui y sont ordonnées se rapportent en partie à des choses pour lesquelles la loi, dans § 11, al. 3, appelle expressément le Bundesrath ; pour une grande partie, elles n'y sont pas prévues et ne présentent que l'exercice du contrôle de l'impôt d'après le § 11, al. 1, c'est-à-dire du pouvoir de surveillance. C'est le cas, par exemple, pour les prescriptions disant que le propriétaire de la distillerie aura à tenir prêts les fûts nécessaires pour recevoir l'alcool, qu'il sera obligé de mettre à la disposition de l'autorité de l'impôt et sur les indications de celle-ci un lieu propre aux vérifications à faire, etc.

cédé l'administration gardera la haute main. Les marchandises et tout ce qui les concerne lui appartiennent en quelque sorte. Quiconque entre dans le cercle ainsi circonscrit sort, par cela même, de la sphère de sa liberté naturelle et voit les conditions de son existence dépendre des exigences de l'intérêt administratif. C'est comme pour la personne qui entre dans un établissement public, une école, un hôpital, etc. : un état de liberté diminuée s'attache de plein droit à son entrée. Il n'y a pas besoin de fondement légal, puisque ce n'est pas par suite d'une atteinte portée à la liberté que cette diminution s'opère, mais spontanément. (13).

(13) La loi dit ici que les « conditions » ou « les conditions plus précises » ou les « conditions et contrôles généraux » sous lesquels doivent être accordées les différentes facilités, doivent être fixées par des régulatifs ou par le Bundesrath (Loi sur les douanes, §§ 106, 109, 110, al. 3, 118 ; loi de l'imp. sur le tabac, § 18, al. 2).

Il est dit, dans ces lois, qu'un régulatif doit être émis « sur la procédure à observer » (loi sur les douanes § 58, § 90), ou « sur la manière de traiter par l'office des douanes » certaines affaires (loi sur les douanes, § 73). Dans ces derniers cas, le texte ne donne nullement à entendre qu'on pourra émettre plus que des instructions pour les fonctionnaires, qu'on pourra aussi donner des instructions aux sujets qui profitent des arrangements ; il est cependant hors de doute que cela peut se faire. Le rapport de sujétion est supposé existant d'avance.

Il en est de même dans la première manière de s'exprimer : le pouvoir de surveillance est supposé existant ; il ne s'agit que de régler son exercice par des régulatifs ; la loi fixe des compétences dans ce but. Il y a même des institutions de la pratique que la loi annonce à peine pour les faire régler par des régulatifs ; elles existent d'avance, et ceux qui en profitent sont soumis au pouvoir de surveillance réservé, comme si ces institutions venaient de la loi elle-même. Dans ce sens, la loi sur les douanes, § 90, fait mention des régulatifs des ports. Il en est de même des règlements des quais : *Loebe,* Zollstrafrecht, p. 134.

Nous pouvons nous associer en grande partie aux explications qui sont données sur ces points par *Haenel,* St. R. I, p. 286 ss. et surtout p. 287, note 15. Il distingue, comme nous, deux cas : les intéressés sont obligés de suivre les ordres qu'on leur donne « en vertu de ce pouvoir de contrôle des autorités » qui a été concédé à ces dernières ; donc, comme nous le disions, en vertu d'un rapport de sujétion particulier créé par la loi ; — ou bien ils sont obligés « en vertu de leur soumission par acte juridique sous les conditions et mesures de contrôle » ; cela serait notre second cas, selon la classification établie ci-dessus. Ce qui

5) Le pouvoir de surveillance spéciale, né de l'une ou de l'autre manière, donne à l'administration financière le droit d'émettre toutes sortes d'*ordres*, qui ne sont pas spécialement déterminés ni prévus. Ces ordres pourront être donnés surtout dans la forme de *dispositions générales*, ayant leur effet une fois pour toutes pour quiconque entre dans ce rapport. Cela résulte de la nature même du rapport de sujétion. Ces dispositions générales ne sont pas des règles de droit, mais elles agissent de même, apportant dans ce rapport le bon ordre et la régularité. Tandis que les ordres spéciaux ne produisent également ici leur effet que moyennant la notification à l'intéressé, — comme l'acte administratif ordinaire en général, et à la différence de la règle de droit, — la disposition générale peut affecter, en vertu même du rapport de sujétion une forme plus générale de notification qui

nous sépare, c'est que Haenel cherche, pour cette seconde catégorie, à se rapprocher des idées bien connues du droit civil. Il parle d'une « règle de droit » qui oblige les intéressés à se soumettre aux contrôles et conditions quand ils veulent profiter de ces facilités. Mais il est dans la nature de la puissance publique de pouvoir commander aux sujets ; cette puissance est restreinte par le droit positif de la Constitution, pourvu que la loi ait fait une réserve au profit de la liberté de l'individu ; cette réserve cesse quand l'individu doit profiter d'un avantage qui n'est pas placé dans sa liberté naturelle, mais dans le domaine du service public ; le droit de commander devient alors libre. C'est un développement logique qui ne mérite pas le nom de règle de droit. Il en est de même de la notion de l'acte juridique, dont Haenel se sert. Pour qu'il soit soumis au pouvoir de l'autorité, il faut que l'individu entre dans la sphère qui appartient à cette dernière, et il faut qu'il le fasse volontairement ; sans cela, on aurait besoin d'un fondement légal pour le contraindre, ce qui formerait alors notre première catégorie. Mais cela ne donne pas à ce fait le caractère d'un acte juridique. Il pourra se joindre à un acte juridique, par exemple, à un contrat de louage, si l'on veut considérer sous ce point de vue l'usage d'un entrepôt public (loi sur les douanes, § 97 ss.), ou à un louage de transport (régulatif des acquits-à-caution, § 31, al. 2 ; Centr. Bl. 1888, p. 508). Mais ce sont alors des choses à part qui pourront aussi faire défaut. Le régulatif des entrepôts, § 1 (Centr. Bl. p. 551) ordonne par exemple que ces prescriptions seront valables pour « qui conque entre dans l'entrepôt ». Quelle espèce d'acte juridique voit-on là ?

la rend efficace : affiches dans les locaux intéressés, insertions dans les journaux ordinaires, publications dans des feuilles officielles spéciales ; d'autres formes de publications peuvent encore, en vertu du pouvoir de surveillance, être reconnues comme moyens suffisants pour que l'acte soit réputé connu des intéressés (14).

Les dispositions générales publiées sont permanentes ; elles agissent sur toutes les personnes qui, à l'avenir, se trouveront comprises dans le rapport de sujétion particulière. Les devoirs qui leur incombent résultent de ce rapport et s'y trouvent déterminés d'avance.

Mais il ne faut pas entendre ceci en ce sens que le nouveau venu, par le fait de son entrée dans le rapport, se soumettrait aux prescriptions de la disposition générale existante, de la manière, par exemple, dont l'expéditeur se soumet au règlement du chemin de fer qui règle d'avance les détails du rapport juridique. L'expéditeur n'entre pas dans un rapport de sujétion particulière vis-à-vis de l'administration du chemin de fer ; il conclut avec elle un contrat de droit civil dont le contenu est donné tacitement par le règlement, contrat qui crée, conformément à ce contenu, un rapport juridique réciproquement obligatoire et inaltérable jusqu'à son accomplissement définitif.

Le bénéficiaire d'un acquit-à-caution, au contraire

---

(14) Un exemple d'une permission de finance de cette espèce dans la loi sur les douanes § 21 : Il est défendu de passer la frontière après la chute du jour. Des exceptions peuvent être accordées par l'autorité douanière, mais l'appréciation de cette dernière est libre. Comp. aussi loi bav. de l'impôt sur le malt, 31 oct. 1879, art. 31-39. Un exemple de la dispense d'un commandement de finance dans la loi d'impôt sur le tabac, § 22, chiff. 3 : jusqu'à un certain terme et pour compter le nombre des feuilles, le traitement des plantes doit être effectué complètement. L'autorité de l'impôt peut dispenser les planteurs de cette prescription.

ou le dépositaire dans un entrepôt public de douanes ne se soumet pas au régulatif existant, mais au rapport de sujétion particulière qui correspond au procédé dont il profite ; de ce rapport, d'ailleurs, est né le régulatif dont on parle, et un nouveau régulatif pourra intervenir à tout moment, qui, pendant que le rapport continue d'exister, aura son application. De même, les devoirs du fonctionnaire ne restent pas réglés par les instructions existant au moment de son entrée en fonction ; ils dépendent du rapport de sujétion particulière auquel il s'est soumis et qui portent dans son sein également toutes les instructions futures.

b) Le pouvoir de donner des ordres reposant sur le rapport de sujétion n'est pas illimité. Cet ordre de finance a, aussi bien que l'ordre du supérieur, ses *bornes juridiques.*

Ces bornes se trouvent d'abord dans le fondement même de l'ordre. L'autorité ne peut exiger que ce qui est nécessaire pour la surveillance, de même que l'ordre du supérieur ce qui est nécessaire pour l'accomplissement du service. Les mœurs et la nature des choses tracent, pour les deux cas, les limites d'une manière suffisante. A cela s'ajoutent les règlements spéciaux par lesquels la loi vise le pouvoir de surveillance. La loi peut déterminer d'une manière détaillée ce qui pourra être exigé en vertu de ce pouvoir. Toute autre chose alors est exclue. Elle peut également prescrire les formes dans lesquelles ces ordres de finance doivent être émis. Ce dernier point a, pour nous, une importance particulière. Nos lois de l'Empire sur les droits de douanes et sur les impôts ont l'habitude de déclarer que le Bundesrath devra émettre les prescriptions administratives réglant les « conditions » sous lesquelles certaines facilités devront être accordées, les « contrôles » sous lesquels elles devront être exercées, ou encore les « déterminations précises » sur la « procédure » à suivre. Cela se rattache au pouvoir appartenant au Bundesrath, d'après l'art. 7, chiff. 2, de la Constitution de l'Empire, de délibérer sur les prescriptions administratives et arrangements nécessaires à l'exécution des lois de l'Empire. Ces prescriptions renferment, en première ligne, comme nous l'avons dit, des instructions générales pour les fonctionnaires appelés à exécuter les lois de l'Empire, instructions qui sont par conséquent publiées dans la feuille officielle destinée à ces fonctionnaires. Si maintenant, en vertu de ces mêmes clauses des lois de l'Empire, les ordres de finance à émettre en vertu des pouvoirs de surveillance sont assimilés aux ordres de service correspondants, cela veut dire trois choses :

D'abord, que la compétence du Bundesrath pour émettre ces ordres est exclusive ;

Deuxièmement, que ces ordres doivent être émis pour tous les intéressés à la fois dans des dispositions générales, tout comme les instructions de service ;

Enfin, que la forme de publication ordinaire des prescriptions administratives du Bundesrath, qui régulièrement s'applique aux instructions de service seules, devient ainsi d'elle-même le moyen de notification qui doit rendre ces ordres de finance obligatoires.

Cette dernière mesure n'est peut-être pas très pratique pour produire cet effet direct ; on exige ainsi des intéressés beaucoup d'empressement ; on leur impose peut-être une obligation de se renseigner trop sévère. En fait, on préfère se servir d'autres moyens de notification. En tout cas, la forme est juridiquement inattaquable, aussi inattaquable que la publication d'instructions de service dans les feuilles officielles.

III. — La permission de police a ici son correspondant dans la suspension, pour le cas individuel, de l'ordre de finance émis dans un sens général. On pourrait l'appeler la *permission de finance*. Mais on pourrait aussi bien parler de dispense de finance. A la différence du droit de la police, en effet, on rencontre ici seulement des dispenses de se conformer à ce qui est défendu, mais très souvent des dispenses de se conformer à des *commandements positifs*.

De plus, la permission ou la dispense ont ici cette particularité d'être placées vis-à-vis de deux sortes d'ordres de finance généraux ; cela amènera chaque fois une appréciation juridique différente.

1) Le premier cas est celui de la suspension de l'ordre de finance contenu dans une règle de droit. Elle suit tout à fait le modèle de la permission de police. Comme cette dernière, elle n'affranchit pas seulement de l'obligation d'obéir à des ordres ; elle peut aussi s'attaquer à des règles de droit financier fixant directement des peines. Il faut, pour qu'elle soit admissible, une réserve dans la règle de droit elle-même, réserve qui autorise l'autorité à la violer de cette manière. Elle est accordée par acte administratif. Ce premier cas répond au caractère général du pouvoir de finance qui, en dehors du devoir de l'impôt proprement dit, n'aime pas à être lié par des règles de droit fixes. Aussi est-il généralement laissé à l'arbitraire de l'autorité d'accorder la permission ou de la refuser. De même, elle est également libre de retirer la permission accordée ; il va de soi que ce qui a déjà été fait régulièrement en vertu de la permission est fait légitimement et doit être traité comme tel (15).

(15) Nous citerons comme exemple les prescriptions du Bundesrath au sujet de la loi d'impôt sur l'alcool de 1887, 2, III, b et c ; Centr. Bl. 1887, p. 354 ; aux conduites de tuyaux désignés il ne doit pas y avoir de soupapes. Cette défense, l'autorité de l'impôt ne pourrait pas en dispenser ; si elle le faisait quand même, le propriétaire de la distillerie qui ferait l'installation encourrait une peine de finance. Mais le régulatif ajoute : « A moins que, au moyen de précautions approuvées par l'autorité fiscale, la possibilité, etc... soit exclue ». Cela

2) L'ordre pour lequel la dispense peut être accordée peut être contenu aussi dans une prescription administrative, dans un régulatif. C'est alors non pas une règle de droit, mais un acte administratif permanent et commun à tous les intéressés. Les règles de la permission de police ne s'y appliquent pas directement. La maxime générale à laquelle on va faire brèche, ne repose que sur le pouvoir propre des autorités. De là résultent des principes particuliers. L'autorité qui a émis le régulatif peut accorder à tout moment des permissions spéciales qui seront des exceptions aux énonciations du régulatif; il n'y a pas besoin de réserve expresse. Il n'en est pas de même pour l'ordonnance (comp. tome I, § 7, II, n° 2, et § 21 ci-dessus). Ici la différence éclate : le régulatif, n'ayant lui-même que l'effet d'un acte administratif général, n'obtient pas, vis-à-vis de l'acte individuel de la même autorité, un rang supérieur, comme cela a lieu dans l'ordonnance portant des règles de droit. L'autorité subalterne, au contraire, a besoin d'une autorisation dans le régulatif même, quand elle doit pouvoir accorder une exception ; sans cela, la permission, la dispense du commandement du régulatif qu'elle accorderait, ne serait pas valable. Le régulatif, en effet, n'est pas seulement pour elle une instruction, qui n'aurait d'effet que dans le rapport de service intérieur. Il est adressé aux sujets compris dans le

suffit pour laisser l'exception ouverte. — Puis : toutes les conduites de tuyaux doivent être d'une certaine qualité ; aux distilleries existantes il pourra être permis, d'une manière révocable, de continuer à se servir de tuyaux différents. La dispense exclut le commandement général ; si elle n'avait pas été prévue spécialement, le commandement, malgré la dispense expresse de l'autorité fiscale, resterait en vigueur, lierait le propriétaire de la distillerie, et ce dernier serait responsable de la contravention. — Régulatif pour l'impôt sur le sucre (Centr. Bl. 1888, p. 268 ss.) prescrit aux §§ 12 et 13 de la loi, que les fenêtres de l'usine doivent être pourvues d'un treillis convenable, avec des ouvertures de 5 centimètres au plus, « sous réserve des exceptions à accorder pour les treillis déjà existants ».

rapport de sujétion particulière et leur a donné des ordres ; l'acte de l'autorité supérieure a ainsi opéré un effet extérieur. L'autorité subalterne ne peut pas, de sa propre force, entraver cet effet.

L'autorisation ne peut pas lui être donnée par une simple instruction. Les compétences existantes ne sont pas susceptibles d'être transférées ainsi ; au dehors, l'instruction de service n'a aucun effet. Il faut donc que l'autorité supérieure accorde elle-même la permission — cela serait notre cas précédent ; — ou bien qu'elle ait laissé d'avance, dans son régulatif, une place pour l'acte de l'autorité qu'elle a sous ses ordres ; alors, cet acte ne sera plus exclu par la force prépondérante de sa propre disposition.

§ 31.

La pénalité en matière de finance

La peine est une souffrance que la puissance publique attache à la conduite du sujet, conduite qu'elle réprouve.

Le pouvoir de finance s'en sert au profit des revenus de l'Etat : une certaine conduite est réprouvée comme nuisible aux revenus de l'Etat, et par conséquent, menacée d'une peine. Cette peine porte le nom de peine fiscale ou peine de finance.

Des fixations de peines de finance s'attachent aux impôts directs et indirects, aux rétributions, monopoles et bonifications, en général à tous les rapports de la fortune publique pour lesquels l'Etat exerce également son pouvoir de finance dans la forme d'un ordre.

I. — La peine de finance, comme la peine de police, a besoin d'un fondement légal. La fixation de la peine se fait ici régulièrement par la loi seule ; l'ordonnance, par délégation de la loi, ne fixe pas de peines (comp. § 22, I, n. 2 ci-dessus).

La conduite réprouvée à laquelle s'attache la peine peut encore ici être désignée de deux manières :

Ou bien la loi spéciale de finance la désigne *directement* en fixant la peine : celui qui fera ou ne fera pas telle ou telle chose sera puni de telle manière. Cette forme trouvera surtout son application quand il s'agit de faits très simples à désigner : tentative d'éluder directement la dette imposée par le droit financier ou violation de mesures de précaution appliquées par l'administration (1).

Ou bien la fixation de la peine renvoie, pour la détermination du fait, à un *ordre de finance*; et la désobéissance à cet ordre sera frappée d'une peine. L'ordre de finance pourvu d'une fixation de peine peut être émis par la loi ; cela a lieu presque exclusivement dans le domaine des impôts directs et des monopoles, où il n'est pas d'usage de donner aux autorités des autorisations d'émettre des ordres de finance (2). Les impôts indirects connaissent aussi des ordres de finance par acte administratif, des ordres individuels ordinaires ou des dispositions générales dans les régulatifs. La pénalité peut alors se joindre aux deux espèces, ou, ce qui arrive souvent, seulement à la seconde ; soit que cette forme d'ordre soit seule admise, soit que seule elle doive être distinguée de ce moyen coercitif (3).

Nous rencontrons ici encore une forme tout à fait extraordinaire de fixation de peine sous le nom de *peine conventionnelle*.

D'après la loi sur les douanes de 1838, § 43, les fers bruts et la ferraille doivent être admis libres de droits de douane, quand ils doivent servir à une sorte de « trafic de perfectionnement » (comp. § 28, n. 22 ci-dessus), sous la condition de la réexportation des marchandises qui auront pu être fabriquées avec ces fers. Parmi les « contrôles et conditions » prescrits à cet effet se trouve aussi l'obligation, pour les manufacturiers auxquels cette faveur a été accordée, de se soumettre à une peine conventionnelle jusqu'à M. 3oo,

---

(1) Exemples : loi de l'imp. sur les effets de comm., 10 juillet 1869, § 15, loi sur les douanes, § 151.

(2) Exemples : loi postale, 28 octobre 1871, § 27 ; loi (pruss.) sur les patentes, 3o mai 1820, § 39.

(3) Sur ce point, par exemple, la loi sur les douanes, § 152 et la loi de l'imp. sur l'alcool de 1897, § 26.

cette peine étant édictée par l'autorité supérieure de la douane pour le cas où ils ne donneraient pas suite aux instructions lancées par les autorités compétentes des douanes et de l'impôt (4).

Il ne peut pas être question ici d'une peine conventionnelle dans le sens du droit civil et dans les formes correspondantes. L'application de la peine se fait d'autorité par l'une des « parties contractantes », par l'autorité supérieure des douanes. C'est un acte administratif, une résolution d'amende, comme celles que l'autorité administrative peut émettre pour appliquer des amendes fixées par la loi ; elle a la même nature et la même valeur juridique que ces dernières : le fondement légal est seulement remplacé par la soumission volontaire (5).

II. — On distingue deux sortes de délits de finance : la *fraude* (Hinterziehung) et les simples contraventions aux prescriptions de sûreté, qui sont frappées d'une peine d'ordre (Ordnungsstrafe) et que nous pourrons désigner sous le nom d'*irrégularités* (Ordnungswidrigkeiten).

Dans le droit pénal douanier, il est d'usage d'énumérer encore un troisième délit : la *contrebande*. On entend par là la contravention punissable à une défense d'importation ou de transit. Mais il est clair qu'une défense pareille ne saurait être un ordre de finance, ni la contrebande une violation d'un inté-

---

(4) Suppl. A au n° 2 de l'acte final de la convention entre la Confédération du Nord, la Bavière, le Württemberg, le grand-duché de Bade et la Hesse, concernant la continuation de l'union douanière et de commerce du 8 juillet 1867, n. 11.

(5) Donc, pour la procédure à observer, on appliquera les règles qui concernent les résolutions pénales : *Loebe*. Zollstrafrecht, p. 182 s. La peine conventionnelle à prononcer est une peine de finance comme les autres, à cette différence près, que le fondement juridique est créé d'une manière particulière. Cela est possible — qui penserait à chose pareille pour une peine de droit commun ! — à raison de la nature particulière de la peine en matière de finance, dont nous parlerons encore au n° IV ci-dessous.

rêt financier, un délit de finance. En effet, les défenses d'importation servent à éloigner des frontières de l'État des choses nuisibles, surtout à repousser l'importation de maladies contagieuses pour hommes, bétail et plantes. C'est pour cela que la défense du transit se joint d'elle-même à la défense d'importation, quoiqu'elle soit, au point de vue financier, tout autre chose. Les défenses d'importation sont des ordres de police. La loi sur les douanes elle-même les considère ainsi, en disant (§ 2) que la liberté de la circulation ne doit être entravée par des défenses pareilles que dans des circonstances extraordinaires, ou pour repousser des maladies contagieuses sérieuses ou pour d'autres motifs de police sanitaire et de sûreté (6).

Le fait que l'exécution de cette mesure est jointe au contrôle des droits de douane peut entraîner l'adoption de formes de procédure pénale en matière de douane. Mais cela n'en change pas la nature juridique. La réunion n'est qu'une affaire d'utilité. L'ancienne politique de l'économie nationale lui avait, il est vrai, créé, par ses nombreuses défenses d'importation, un milieu plus homogène dans le système des douanes. Aujourd'hui, la contrebande s'y trouve isolée.

Nous n'aurons donc à examiner ici que deux sortes de délits de finance : la *fraude* (Hinterziehung) et l'*irrégularité* (Ordnungswidrigkeit). Ils se

(6) Dans *Laband*, St. R. IV, p. 441 ss., (éd. fr., t. VI, p. 194 et s.) naturellement la contrebande se trouve placée à la tête des délits en matière de droits de douane ; d'après la théorie de *Laband*, la fraude aussi, par sa nature juridique, n'est pas autre chose qu'une violation d'une défense d'importer, c'est-à-dire de la contrebande ; comp. § 27, note 18 ci-dessus. *G. Meyer*, n'étant pas lié par une théorie propre, observe très justement (V. R., II, p. 347) : « La contrebande, pour parler exactement, n'est pas un délit de douane ; c'est une contravention à une défense de police ». Les criminalistes, d'ordinaire, font très peu de cas de tous ces confins du droit administratif ; ils aiment donc laisser la contrebande, sans y regarder de près, à sa place accoutumée ; *Haelschner*, Straf. R., p. 1004.

classent entre eux en ce sens qu'en dernier lieu vient le délit de finance pur et simple, tandis qu'en premier lieu vient le délit de finance *qualifié*. Cette relation réciproque se montre déjà dans ce fait qu'il est des circonstances où l'absence de certaines qualités particulières peut faire dégénérer la fraude en irrégularité, en simple délit de finance (7).

1) Les particularités juridiques du délit de finance se trouvent, comme pour le délit de police, dans la détermination de ce qui est supposé dans la personne du délinquant. On a souvent opposé ces deux délits au délit ordinaire. Mais ils diffèrent aussi entre eux.

Le délit de police suppose que le fait résulte d'une violation du devoir de police, du non accomplissement d'une partie de l'obligation générale de ne pas troubler le bon ordre établie dans ce but et formulée expressément (comp. § 22, I, n. 3, ci-dessus).

Le pouvoir financier choisit, en se préoccupant de l'utilité, les charges à imposer ; il entoure les revenus de l'Etat, selon leur besoin de protection, d'ordres et de menaces. Vis-à-vis de l'individu, ce sont des prescriptions discrétionnaires qui ne peuvent expliquer ni interpréter les rapports préexistants. La pénalité est entièrement une création de la volonté librement exprimée de l'Etat (8).

Quels sont les efforts exigés de l'individu pour qu'il échappe à la pénalité ?

Cela dépend du degré de protection qu'exige l'intérêt financier à sauvegarder. Il peut suffire qu'il y ait mauvaise volonté ; on ne frappe alors que le délit commis sciemment et avec intention. Quand il est dit : celui qui fera ou ne fera pas telle ou telle chose sera puni, on exige, qu'on fasse tout son possible

(7) Ainsi, d'après loi sur les douanes, § 137, al. 2 ; comp. III, n. 1 ci-dessous.

(8) *Merkel,* Krim. Abhandl., II, p. 110.

pour que cette action ou cette abstention se réalise. Lorsque l'on s'exprime ainsi : si telle ou telle chose arrive, telle ou telle personne sera punie, cela implique pour cette dernière une charge qui lui est imposée, au nom du droit pénal, d'éviter ou d'empêcher ce résultat. Il est aussi peu question ici de l'intention que dans les phénomènes correspondants du délit de police (comp. § 22, III ci-dessus).

Mais il est aussi inexact, pour le délit de finance que pour le délit de police, de dire qu'il fait abstraction de la *faute*, qu'il est un délit formel. Dans les cas que nous venons de mentionner, il y a toujours une faute ; c'est une faute qui moralement ne pèse guère et qui, pour ce motif, n'a pas d'influence sur le droit pénal commun, mais c'est une faute d'après le droit financier (9).

Les causes générales d'exclusion de pénalité s'appliquent donc ici également ; mais, en ce qui concerne l'erreur, il faut faire la réserve de la faute qu'elle renferme peut-être déjà elle-même (comp. § 22, III, n. 2 ci-dessus).

De plus la pénalité, malgré l'existence des faits extérieurs qu'elle suppose, doit disparaître quand des circonstance qu'il n'est pas au pouvoir de l'intéressé d'éviter ont empêché l'accomplissement du devoir (comp. § 22, III, n. 1). De pareilles causes d'excuse et de décharge seront, il est vrai, encore plus difficiles à trouver ici que dans le délit de police. Là, dans le doute, on exige seulement qu'on ait fait

---

(9) *Loebe,* Zollstrafrecht, p. 33 ; R. G. (Stf. S.) 9/10 juin 1884. Il en résulte spécialement qu'une société, une personne morale, n'est pas punissable comme telle même en matière de finance : elle est incapable de faute et par conséquent incapable du délit de finance qui suppose la faute ; R. G. (Stf. S.), 12 juin 1886 ; la peine, en pareil cas, frappe les directeurs en personne, tandis que l'obligation du timbre, dont l'inaccomplissement entraîne la pénalité, incombe à la société.

tout ce qu'un citoyen formé selon la police aurait fait lui-même pour éviter le résultat réprouvé. Pour le délit de finance, au contraire, il n'existe pas de modèle dans ce sens ; l'inculpé n'est pas couvert par le fait qu'il a montré la diligence d'un citoyen normal ; ici il faudra directement faire la preuve de l'impossibilité pour cet individu d'accomplir la prestation voulue (10). Dès lors, si nous avons parlé d'une certaine

(10) Dans ce sens O. Tr., 6 avril 1875 : « La pénalité ne serait exclue que dans le cas où la preuve aurait été faite que l'inculpé, par suite de circonstances qui ne peuvent pas lui être imputées, était empêché d'observer les prescriptions dont s'agit ». L'individu avait reçu la marchandise soumise au droit de douane sous une fausse désignation ; ainsi trompé, il avait omis de bonne foi l'inscription sur le registre de contrôle. Des « circonstances » protectrices dans ce sens sont souvent très difficiles à alléguer ou même à imaginer. Comment, par exemple, la décharge peut-elle être rendue possible dans le cas que *Loebe* Zollstrafrecht, p. 98 discute : le commerçant établi dans la gare frontière doit, d'après le § 136, chiff. 6 de la loi sur la douane, pouvoir justifier de l'acquittement des droits sur toutes les marchandises qu'il a reçues, même après les avoir revendues. Une revision intervient et les documents manquent. Il est punissable. Il ne lui sert à rien, comme *Loebe* l'observe avec raison, qu'il ait eu les papiers et qu'il les ait perdus ou égarés ; il était obligé de les conserver et de les bien conserver. Peut-être même — selon les circonstances — la preuve d'un accident d'incendie ne lui servira-t-elle pas : il aurait dû les sauver. Mais si cela avait été évidemment impossible ou si on les lui avait enlevés par effraction ? Alors nous croyons que la peine d'irrégularité devrait cesser, malgré les termes absolus de la loi : la question de fraude naturellement n'existant pas, tout dépendra de l'appréciation des circonstances de la cause. Quand les tribunaux ne trouvent pas d'excuse, ils aiment à dire, dans les considérants du jugement, que le délit de finance ayant, comme l'on sait, un caractère formel, on ne peut pas ne pas condamner. Quand, au contraire, ils en trouvent une, ils disent que le délit de finance suppose au moins une négligence, et qu'aucune négligence n'étant constatée, il faut acquitter. O. Tr., 23 janvier 1868 a prononcé un acquittement parce que l'individu accusé d'une fraude postale, ayant la vue basse, n'avait pas reconnu l'oblitération mal marquée et s'était ainsi servi de nouveau du timbre-poste annulé ; car « il faut au moins prouver une négligence ». Le Tribunal de l'Empire au contraire (Samml. Stf. S. IV, p. 822) a décidé que la pénalité n'est pas exclue par le fait que l'inculpé, par erreur, a pris des timbres d'une autre sorte pour des timbres à apposer sur des effets de commerce et s'en est servi ainsi ; en effet, « c'est un principe général et certain en matière de lois sur les droits fiscaux que la pénalité ne suppose ni *dolus* ni *culpa* ». On voit encore ici combien il faut se méfier des définitions et des principes formulés par les tribunaux ; ils sont toujours adaptés aux besoins de la décision à motiver.

sévérité du délit de police, le délit de finance est encore plus sévère d'un degré.

2) Tout cela s'applique au délit de finance en général, y compris le délit de finance simple, l'irrégularité. La fraude est un délit de finance qualifié, sanctionné par des peines plus graves et quelquefois aussi ayant des suites juridiques secondaires.

Quel est le caractère particulier des faits qui s'appliquent à ce délit qualifié ? (11)

L'essentiel de la notion est évidemment dans l'effet que la conduite punissable est susceptible d'exercer sur les revenus de l'Etat : l'entreprise doit les menacer d'un préjudice direct ; si elle réussit, le préjudice se produira. A l'opposé sont les entreprises qui rendent le contrôle plus difficile, créent des conditions favorables à un véritable dommage pour les finances, mais ne produisent pas ce résultat directement, même au cas de réussite. Ces dernières sont l'objet de la peine d'ordre. La fraude serait donc *une con-*

---

(11) Les lois s'expriment d'une manière assez incorrecte. La loi sur les douanes, qui est devenue prépondérante pour la formation des notions juridiques et pour la terminologie des lois de l'Empire concernant les impôts, dit dans son § 135.: Celui qui tentera d'éluder (hinterziehen) les droits d'importation ou d'exportation, se rendra coupable de fraude (Defraudation). De même, la loi d'impôt sur l'alcool de 1887, § 17. Cela veut donc dire que dans la Hinterziehung la simple tentative (tentera) représente déjà le délit entier et qu'on doit remplacer le mot Hinterziehung, qui semble supposer le résultat obtenu, par le mot étranger « Defraudation » qui, comme mot étranger, a l'avantage d'être moins précis. A vrai dire, Defraudation n'est pas autre chose que Hinterziehung. Chez les auteurs, ces deux expressions sont tantôt traitées comme synonymes (*G. Meyer*, V. R. II, p. 347 : « Zolldefraudation oder Hinterziehung der Zölle ») ; tantôt on croit pouvoir se servir de l'une pour formuler la définition de l'autre (*Laband*, St. R. IV, p. 442 ; éd. fr. VI, p. 195 : « la Defraudation des droits de douane est la Hinterziehung des droits de douane dus »). Comme dans la prescription de la loi sur les douanes relatée au § 135 ci-dessus, la Defraudation doit aussi comprendre la tentative d'éluder les droits ; il serait illogique de parler d'une tentative de Defraudation ; cependant, cette expression figure dans des actes officiels ; comp. par exemple Begleitscheinregulativ, § 37, al. 2 (Centr. Bl., 1888, p. 510).

duite tendant à porter préjudice aux revenus de l'Etat (12).

Mais toute conduite de cette nature ne sera pas une fraude ; sans cela, serait coupable quiconque ne paie pas l'impôt foncier ou l'impôt sur le revenu, espérant se soustraire à cette obligation à raison d'une expropriation imminente, ou en ne se laissant pas toucher par la sommation de faire la déclaration de son revenu ; peut-être aussi l'homme qui boit sa bouteille de l'autre côté de la frontière pour faire l'économie des droits sur le vin.

Il faut qu'à ce fait extérieur de la conduite aboutissant par sa nature à un préjudice pour les revenus de l'Etat s'ajoute encore quelque chose qui donne à cette conduite le caractère d'une faute.

Sous l'impression du mot fraude (Defraudation), on a voulu trouver cet élément de faute dans une *tromperie*, une *induction en erreur*, qui devrait avoir lieu (13).

Mais cela ne se présente pas, par exemple, dans la fraude du timbre sur les effets de commerce, dans la fraude des droits de poste par la violation du monopole, dans la fraude commise en employant dans un autre but la marchandise affranchie des droits en faveur d'un certain emploi (14).

(12) O. L. G. München, 30 décembre 1884 (*Reger*, V, p. 440) : « l'attentat aux droits est menacé ; il n'est pas besoin qu'on ait réussi à causer effectivement un préjudice pécuniaire ».

(13) *G. Meyer*, V. R. II, p. 202.

(14) Comp. un cas de cette dernière espèce dans *Haelschner*, Stf. R. p. 1005. L'idée d'une tromperie tombe dans le vide toutes les fois que la fraude s'effectue, sans que l'autorité puisse ayoir la moindre connaissance de ce qui se passe. Cela se présente de la manière la plus éclatante dans l'impôt du timbre sur les effets de commerce ; grâce à sa forme particulière de recouvrement (comp. § 27, III, n. 2 ci-dessus), cet impôt est dû, acquitté ou fraudé, sans que l'autorité y soit pour quelque chose ; ce n'est que par les traces que ces faits ont laissées, qu'elle pourra reconnaître plus tard ce qui est arrivé. C'est pourquoi la loi d'impôt du timbre sur les effets de commerce § 15 définit la fraude

D'un autre côté, l'action de tromper qui a pour effet de causer un préjudice aux revenus de l'Etat n'est pas toujours une fraude ; elle peut être une escroquerie ; elle peut être une simple irrégularité parce que la loi n'a pas donné spécialement à ce cas la qualité de fraude (15).

La qualification spéciale de délit de finance qui en fait une fraude ne peut lui être donnée que par l'acte d'autorité ; et c'est cette inscription dans l'acte d'autorité qui en fait un délit. Toute peine repose sur la réprobation, de la part de l'autorité, de la conduite punissable. Cette réprobation peut-être contenue dans la règle même qui fixe la peine ou dans un ordre séparé dans lequel l'infraction doit être frappée de la peine. Est fraude le délit de finance pour lequel la réprobation le conduisant à la peine a été prononcée *à cause de sa tendance à produire un préjudice aux revenus de l'Etat.*

Cela peut donc se faire sous différentes formes.

La chose se présente de la manière la plus simple quand la loi dit expressément : quiconque se conduit de telle ou telle façon, ou n'obéit pas à tel ou tel ordre de finance, est coupable de fraude et sera puni en conséquence. Quand les peines de fraude sont spécialement fixées, il suffit qu'une peine de ce genre soit attachée à des faits déterminés (16). Alors la

tout simplement : « l'inaccomplissement de l'obligation d'acquitter le droit de timbre ». On ne réussira pas à y mêler encore la supposition d'une tromperie.

(15) Très instructif à cet égard est le cas relaté par *Kindervater* dans Goltdammer Arch. XXIV, p. 307 ss. : Le brasseur taxé avec réserve de l'imposition de l'excédent doit tenir un registre exact des matières employées. Ce registre a été falsifié dans l'intention d'éluder l'imposition supplémentaire. O. Tr., 28 sept. 1876 décide qu'il n'y a pas de fraude, parce que le cas n'est prévu par aucune des prescriptions du § 27 de la loi d'impôt sur les brasseries, qui énumère les cas de fraude. Donc il ne peut être question que d'une peine d'irrégularité d'après le § 135 de la loi — peut-être aussi d'une escroquerie d'après le droit pénal commun. Comp. la note 21 ci-dessous.

(16) Des exemples dans la loi sur la douane, § 136 : « La fraude

notion de fraude pour cette matière de la législation dépend exclusivement de cette définition : la loi a manifesté sa volonté de ne considérer comme tendance à causer préjudice aux revenus de l'Etat que cette conduite déterminée.

Tout ce qui n'y rentre pas ne peut être frappé d'une peine que d'après le droit pénal commun ou ne peut être considéré que comme délit de finance simple.

A l'opposé est la fixation de peine par la loi en ces termes : la fraude commise à l'encontre de ce droit sera punie de telle ou telle manière. Ici il ne sera pas permis d'imaginer une notion générale quelconque d'hostilité contre les revenus de l'Etat, qui serait à traiter de fraude au sens de la loi pénale. La menace n'est déterminée que par les ordres de finance qu'elle suppose émis dans la loi même ou dans des actes administratifs, individuels ou généraux. La conduite réprouvée par ces ordres, la désobéissance, est soumise à la peine. Mais on n'envisage pas ici toute espèce d'ordres de finance. Une fraude n'existe qu'au cas où l'ordre de finance a défendu une conduite en considération de ce fait qu'elle est de nature à causer un préjudice aux revenus de l'Etat. On pourra tirer cette conclusion de son objet même, de la nature de la conduite réprouvée. Dès lors, il faut faire un départ parmi les ordres de finance existants selon leur importance matérielle, ce qui ne fait pas de difficultés. Un

est spécialement réputée accomplie, quand, etc. » ; loi d'impôt sur les brasseries, § 27, chiff. 1-4 ; loi d'impôt du timbre sur les effets de commerce, § 15. — Il en est de même dans le cas où la fixation de peine de la fraude, au lieu de désigner directement les faits constitutifs, renvoie à la désignation donnée à un autre endroit, spécialement à des ordres de finance émis précédemment par la même loi. Ainsi loi d'impôt sur les cartes à jouer, § 11 : « L'inaccomplissement de l'une des obligations qui, d'après le § 3, incombent à celui qui importe ou qui reçoit des cartes à jouer venant de l'étranger, sera puni de la peine fixée par le § 10 ». Pareillement, loi d'impôt sur les brasseries, § 27, chiff. 5. Voyez aussi : loi postale, § 27.

ordre ne doit servir qu'indirectement, pour faciliter la surveillance, restreindre les possibilités de la fraude, ce qui se fera aisément connaître par son contenu (17).

D'après le modèle de la loi sur les douanes, plusieurs lois d'impôt donnent à la fraude un caractère conditionnel. Il est dit : quiconque se conduira de telle ou telle manière ou contreviendra à tel ordre déterminé sera puni pour fraude, à moins qu'il ne prouve qu'un préjudice aux droits ne pouvait pas résulter ou n'était pas dans ses intentions. Dans ce cas, une simple peine d'irrégularité aura lieu (18).

Il y a alors réprobation définitive de la conduite par la fixation de la peine même ou par l'ordre auquel elle renvoie. On hésite sur le point de savoir si la réprobation doit être considérée comme ayant pour cause la tendance à porter préjudice aux droits ou la qualification particulière que nous venons de voir. La conduite doit être considérée comme ayant cette

(17) On ne saurait donc considérer comme un avantage, pour l'application de la loi, de désigner elle-même expressément les ordres de finance, ce qu'elle fait dans la première interprétation. Il en résulte plutôt le désavantage que des ordres de finance plus libres et qui ne sont pas déjà contenus dans la loi même, par suite spécialement ceux des régulatifs, sont de cette manière laissés de côté, et que, contrairement à ce que la logique exige, leur inobservation ne peut pas être traitée de fraude. Comp. la note 15 ci-dessus. Un système mixte serait peut-être préférable : désigner dans la loi même certains cas de fraude et ajouter une clause générale pour d'autres cas de fraude commis par l'inobservation des ordres de finance à émettre pour prévenir les atteintes aux finances. Dans ce sens loi sur les douanes, § 135 : « quiconque aura entrepris d'éluder les droits d'importation ou d'exportation (§ 3 et 5) ». Les §§ mis entre parenthèses ne parlent que de l'obligation de payer les droits de douane en général, et non d'ordres de finance déterminés. De même, loi d'impôt sur l'alcool de 1887, § 17. Ces deux lois désignent par « spécialement » au moins les cas les plus importants de la fraude d'une manière expresse. La notion générale continue, à côté de cela, à avoir son effet : *Loebe,* Zollstrafrecht, p. 61.

(18) Loi sur les douanes, § 137 ; loi d'impôt sur le sel, § 13 ; loi d'impôt sur les brasseries, § 32 ; loi d'impôt sur le tabac, § 34 ; loi d'impôt sur les cartes à jouer, § 11. Comp. aussi la loi (pruss.) de l'impôt sur le revenu du 24 juin 1891, § 66.

tendance. Mais la preuve contraire reste possible à savoir que, dans le cas donné, des causes extérieures la rendaient incapable de causer un préjudice ou que la volonté de causer un préjudice faisait défaut. Cette preuve faite, la qualification particulière de la conduite tombe ; elle est simplement réprouvée et soumise à la peine d'irrégularité. Mais elle n'est plus réprouvée comme tendant à un préjudice ; elle n'est plus une fraude.

Comme il est évident qu'il y a ici une présomption de droit, nous aurons encore à revenir sur ce cas (19).

3) La fraude a besoin d'une délimitation plus précise dans une autre direction : celle du délit d'*escroquerie* d'après le droit pénal commun.

Les faits constitutif de la fraude présentent une concordance évidente avec ceux de l'escroquerie. Il s'agit d'un préjudice pécuniaire qui doit être causé à un autre, l'Etat ; le fraudeur veut se procurer par là un avantage illicite. La plupart des cas de fraude (mais pas tous) se produisent au moyen de déclara-

---

(19) *Haelschner*, Stf. R., p. 1006 fait ici complètement fausse route. Il est d'avis que pour les délits de finance il y a toujours présomption de faute ; *il en voit la preuve dans la prescription dont nous parlons ici, loi sur les douanes, § 137, etc.* Il résulterait de la nature de ces délits « que l'impunité dépend de la preuve de non-culpabilité que l'inculpé aura à faire ». D'ailleurs, il ajoute lui-même que, dans le cas où la preuve de la non-culpabilité est faite, il y aura lieu à une peine, mais bien entendu à une peine moindre. Mais il est facile de voir qu'il ne s'agit pas de pénalité et d'impunité, de culpabilité et de non-culpabilité, mais de deux sortes de délits avec deux sortes de fautes : fraude et irrégularité, defraudation et contravention. — *Haelschner*, poursuivant aveuglément cette idée que dans le § 137 il s'agit d'une preuve déchargeant de toute pénalité, parvient à appliquer les principes de ce paragraphe même à l'impôt du timbre sur les effets de commerce. Cet impôt cependant n'admet pas du tout la distinction de deux sortes de délits entre lesquels la preuve de décharge du § 137 trace la limite. Il est d'avis que, pour cet impôt aussi, « la pénalité est exclue par la preuve de l'absence de l'intention de frauder l'impôt ». C'est évidemment faux. *Dans la sphère du droit pénal en matière de finances, on ne s'en tire pas à si bon compte.*

tions fausses, de vérités cachées ou de réticences illicites ; une erreur est provoquée ou soutenue. Ici donc l'escroquerie devrait être substituée à la fraude ; du moins, il devrait y avoir concurrence de ce délit.

Dans ces cas, malgré tout, un délit d'escroquerie n'est pas admis. L'opinion publique ne veut pas l'y reconnaître ; les tribunaux eux-mêmes déclarent l'afffaire terminée par la condamnation aux peines sur la fraude et refusent de condamner pour escroquerie (20).

On a essayé, de différentes manières, d'en faire la justification doctrinale.

On a prétendu que le droit pénal en matière de finance forme une sphère de droit à part, de manière à exclure partout l'application du droit pénal commun. Même dans le cas où ce droit laisse une lacune, le droit pénal commun, dit-on, ne doit pas s'appliquer ; à plus forte raison doit-il en être ainsi dans le cas où les propres fixations de peine du droit pénal financier trouvent leur application (21). Mais une pareille restriction à la sphère naturelle du droit pénal commun ne s'entend pas d'elle-même. Comme elle n'est consacrée par aucune loi, cette explication doit être écartée.

Une autre opinion, — qui compte le plus de partisans dans la jurisprudence, — considère comme décisive cette question : la loi d'impôt s'est elle emparée

(20) *Escher*, Lehre v. strafb. Betrug, p. 235 ; *Meisel* dans Finanzarchiv, V, p. 57 ss. ; *Schwaiger* dans Gerichtssaal, 49, p. 401 ss. On aime à ajouter à cette constatation les vieilles lamentations sur l'opinion « qu'il n'y a pas de tort dans la contravention contre les lois douanières » et qu'il n'y a pas de « morale en matière d'impôt » *Mittermaier* dans Arch. f. Krim. R. 1836, p. 329 ; *Eglauer*, Ostr. Steuer. Stf.R. p. 14 ss. Mais il s'agit d'une jurisprudence de nos tribunaux qui frappent avec empressement le tort de la fraude des peines les plus sévères. Si la notion de l'escroquerie se présente ici, c'est sur un point particulier qui pourra être discuté *sine ira ac studio*, tous les vœux pour l'amélioration de l'esprit public réservés.

(21) *Kindervater* dans Goltdammer Arch. XXVI, p. 309 ss. Dans ce sens aussi R. G., 26 juin 1880 (Samml. Stf. S., II, p. 114).

complètement de certains faits constitutifs du délit pour y attacher ses pénalités financières ? Dans l'affirmative, conformément à la réserve contenue dans E. G. z. Stf. G. B. § 2, al. 2, l'application du § 263 Stf. G. B. (concernant l'escroquerie) doit être exclue. Mais cette réserve suppose elle-même qu'il s'agit d'une « matière spéciale », à la différence de celles qui sont traitées et réglées dans le Code pénal. Ainsi elle ne rend pas superflue l'explication dans laquelle on se demande pourquoi les faits constitutifs de la fraude ne tombent pas sous le coup du § 263 Stf. G. B. (22).

Dans l'examen doctrinal de la question, on cherche, aujourd'hui la solution non plus dans des motifs extérieurs, mais dans la nature juridique de l'escroquerie même ; un de ces éléments essentiels ne se trouverait pas dans les faits constitutifs de la fraude. L'escroquerie, dit-on, est une attaque dirigée contre la fortune d'autrui. La tromperie, qui est de son essence, ne peut donc pas consister dans le simple fait de se défendre, de se taire, de laisser faire. Elle suppose toujours qu'on s'ingère dans la sphère d'un individu,

(22) *Olshausen*, Stf. S. B., II, p. 1076 (sect. 22, n. 3 a) ; R. G., 4 avril 1881 (Samml Stf. S., III, p. 193), 13 juillet 1886 (Samml. Stf. S. VI, p. 293) ; O. Tr. 28 sept. 1878. — *Riedel* (Proebst.), Bayr. Pol. Stf. S. B., p. 9, réclame pour les prescriptions pénales réservées une autre « nature spécifique de l'objet. » Voilà donc encore la question ! — *Binding*, Stf. R., I, p. 294, 295, voudrait voir dans la mention faite des violations des lois sur la police de la presse, la poste, les impôts, les pouanes. etc., une fiction établie par la loi de l'Empire, que ces lois concernent des matières indépendantes. Mais si la loi d'introduction parle ici de prescriptions spéciales concernant des matières distinctes et indique « spécialement » quelques exemples, elle ne peut pas avoir voulu préparer ainsi une fiction. *Schwaiger* dans Gerichtssaal, p. 447, veut, malgré le § 2, al. 2, E. G., appliquer le droit commun de l'escroquerie à la sphère spéciale des lois d'impôts, de douanes, etc., en tant que la loi spéciale n'en exclue pas l'application. Il faut convenir que cette exclusion ne peut être faite que par une loi de l'Empire et qu'elle ne doit pas nécessairement être expresse : elle est, par exemple, suffisamment contenue dans le texte du § 27, chiff. 3 de la loi postale. Mais, dans ce système, nous ne pourrions jamais avoir une explication de la même exclusion qui a lieu dans les matières financières régies par les lois particulières.

qui doit-être déterminé, mis en mouvement ou empêché. L'escroquerie est un délit de commission.
Cette qualité, on veut la refuser à la fraude. Elle
n'est que défense; elle ne va pas au-delà du résultat
négatif. Le fraudeur qui fait passer la marchandise à la dérobée devant le bureau de douane ou qui
la cache sur lui, qui en renie la possession, ferait, en
réalité, sous une forme différente, la même chose que
le débiteur qui se soustrait au paiement par des sub-
terfuges, sans sortir par là de sa propre sphère. La
fraude serait donc, à la différence de l'escroquerie, un
délit d'omission (23).

Nous pensons aussi qu'il est impossible de chercher la particularité de la fraude ailleurs que dans
ce défaut de caractère offensif de la tromperie (24).
A cet égard, il y aura cependant lieu d'examiner de
plus près les détails du délit de finance.

Le caractère offensif, tout d'abord, ne peut pas être
nié lorsque la tromperie a pour but d'obtenir une *prestation* de l'Etat, soit le paiement d'une somme d'argent,
soit l'avantage d'un service public, alors que cet avantage ne devrait être accordé que moyennant un équivalent. Quand les conditions de l'escroquerie sont

(23) Il faut citer ici au premier rang *Merkel*, Krim. Abhandl., I. p. 93,
II, p. 108 ss. Dans ce sens, *Schütze*, Stf. R., p. 472 ; *Haelschner*, Stf.
R., II, p. 257. Comp. sur la nature aggressive de la tromperie, notamment *Merkel*, Krim. Abhandl., II, p. 136 : « La conduite de l'escroc
doit présenter une activité ». La même idee dans R. G. 5 juillet 1886 :
il faut « une induction en erreur qui se fait d'une manière active »,
« des arrangements spéciaux pour la tromperie ».

(24) R. G. 26 juin 1880 (comp. la note 21 ci-dessus) avait cru que la
distinction formelle — à savoir que « cette matière appartient à la loi
d'impôt » — aurait pu suffire, et qu'il aurait pu le dispenser d'apprécier les efforts faits par la doctrine pour établir une distinction entre la
fraude et l'escroquerie. Mais peu de temps après (4 avril 1881, Samml.,
III, p. 193), les sénats réunis décidèrent que cette matière n'appartient
cependant pas complètement à la loi sur l'impôt. En réalité, il s'agit
ici d'une question dans laquelle on ne peut pas se dispenser de faire
cette délimitation doctrinale, à moins de renoncer à toute solution
bien établie.

réunies, le fait que l'acte est en même temps soumis à une peine en sa qualité de fraude ne forme
pas obstacle à la reconnaissance d'une escroquerie (25).

La question doit se restreindre aux cas de fraude
dans lesquels il s'agit seulement de ne pas payer à
l'Etat ce qui lui est dû ou de compromettre les garanties de la créance. Mais ici encore, la tromperie n'est
pas une simple défense par cela même qu'elle a pour
but de ne rien donner. La créance de l'Etat qu'il s'agit
d'éluder est déjà en elle-même un objet susceptible
d'être attaqué. Il ne peut s'agir que de savoir si la
tromperie, de son côté, représente une attaque. Elle
ne le fait pas quand elle se borne à cacher simplement ; elle devient une attaque aussitôt qu'elle soustrait ou rend inefficaces pour l'Etat les moyens d'aper-
cevoir dont il aurait pu se servir.

Quand le débiteur, dans un rapport de droit civil,
par des artifices frauduleux ou par une simple
négation dans le cas où il était obligé de dire la
vérité, induit le créancier en erreur sur sa créance,
on considère cela comme une attaque, comme une

(25) Quand on refuse d'appliquer le droit de l'escroquerie à la fraude
à raison de l'absence de nature aggressive de la tromperie (comp. la
note 23 ci-dessus), on ne manque pas de remarquer spécialement que
l'Etat n'y perd rien, mais seulement ne reçoit pas ce qui lui est dû.
Dans ce sens *Merkel* dans Holtzendorff Handb. III, p. 762. Mais ce raisonnement fait complètement défaut dans le cas où une prime d'exportation a été obtenue frauduleusement. D'après la loi d'impôt sur
le sucre du 26 juin 1869. § 4, il y a lieu à la peine de fraude quand
on a prétendu à la bonification moyennant de fausses déclarations.
En principe, on s'en tiendra à cette peine sans examiner si de la
part du déclarant il y avait erreur, négligence ou dol ; dans ce dernier
cas, il y a escroquerie. Il faudrait juger de la même manière le cas du
« passe-volant ». La loi postale § 25 frappe de la peine de fraude le
fait d'avoir voyagé « sciemment » sans payer. Cela n'est pas nécessairement une escroquerie ; mais cela pourra l'être. La question est
la même que pour le passe-volant en chemin de fer (*Schwaiger* dans
Gerichtssaal, p. 443, note 1). Il n'y a qu'une différence de fait : c'est
que le chemin de fer poursuit plus facilement pour escroquerie que
la poste, attendu qu'il n'a que ce moyen pour amener une punition.

escroquerie (26). Pourquoi alors n'en est-il pas ainsi pour les créances d'impôts et de droits de douanes ?

En effet, il n'en va pas autrement dans beaucoup de créances semblables. Si le débiteur de l'impôt fait croire au receveur qu'il a payé, c'est une escroquerie. Si le planteur de tabac, lors du pesage de ses produits, dérange la balance, il en sera de même (27).

C'est un cercle d'actes déterminés dans lesquels la particularité de la fraude se manifeste d'une manière constante. Le débiteur de l'impôt obligé de déclarer consciencieusement son revenu ou un autre objet d'imposition fait un mensonge ; le conducteur de marchandises obligé de présenter la marchandise au bureau des douanes la dissimule dans des cachettes artificiellement préparées ; le brasseur qui doit tenir des registres exacts devant servir à le contrôler fait sur ces registres de fausses inscriptions ; le bouilleur d'alcool dérange l'appareil de contrôle que l'autorité a attaché à ses machines (28).

(26) Le mensonge ici est escroquerie ; « à raison de l'engagement pris de dire la vérité, la communication elle-même autorise l'attente de l'exactitude » ; *Merkel*, Krim. Abbandl., II, p. 159, p. 166 ss. Des exemples dans *Oppenhoff*, Stf. G. B. sous § 263, n. 53.

(27) Loi d'impôt sur le tabac, § 12. La loi ne prévoit pas de peine de fraude pour ce cas. Le droit pénal commun avec les règles sur l'escroquerie suffit.

(28) Loi d'impôt sur l'alcool, § 19, chiffre 3, à la différence du cas relaté à la note précédente, prononce une peine spéciale pour fraude du droit sur la consommation, lorsque la fraude a lieu au moyen d'un dérangement de l'appareil de contrôle. A défaut d'une prescription pareille, il n'y aurait pas lieu ici à une punition ; car la loi sur l'escroquerie qui protège la bascule de l'office du pesage, ne protège pas également l'appareil de contrôle que le distillateur est obligé de souffrir chez lui. C'est un cas identique à celui du registre de brasserie mal tenu, cas traité par R. G., 26 juin 1880 (Samml., II, p. 114). Que l'exclusion de l'escroquerie soit là inexactement motivée, cela n'enlève pas son importance au résultat effectif. — *Schwaiger* dans Gerichtssaal, II, p. 439, voudrait, à cause de l'obligation de déclaration, considérer comme escroquerie des déclarations mensongères sur les objets imposables. Ce qu'il invoque dans la note 1 à l'appui de cette opinion, en tant que cela concerne vraiment la question, prouve seulement que le silence

Une chose commune à tous ces cas, c'est que les mensonges, les artifices dont se sert le débiteur, ont toujours pour but de contrecarrer une *action du pouvoir financier* qui s'est exercée sur lui, une charge, une restriction, que le pouvoir financier lui avait imposée auparavant. Le but de cette action était de forcer le débiteur à manifester lui-même ses obligations de payer et à contribuer à ce qu'elles soient connues et garanties. Si nous comparons à la règle commune le procédé par lequel le débiteur se soustrait par tromperie aux obligations qui pèsent sur lui, il est évident que c'est une escroquerie.

Ces mesures auxiliaires du pouvoir financier forment vis-à-vis du débiteur une sphère propre à l'Etat; elle est constituée, il est vrai, sur le sol de sa liberté naturelle, mais constituée d'une manière légale et juridiquement valable. La tromperie est une attaque dirigée contre cette sphère. Si, en fait, on ne la traite pas comme une escroquerie, on doit avoir conscience de ce qu'on fait.

Cela ne veut pas dire autre chose que ceci : la tromperie n'ayant pour but que de se soustraire à de semblables restrictions pour ainsi dire de la liberté, n'étant dirigée que contre la sphère conquise par le pouvoir financier sur la liberté individuelle, cette escroquerie est encore considérée comme une défense et non comme une attaque.

C'est ce qui fait vraiment la particularité juridique du phénomène que nous avons devant nous. Cela nous donne également le criterium infaillible pour délimiter tous les cas de fraude qui, quoique offrant extérieurement tous les signes caractéristiques de

peut être une escroquerie à raison de rapports obligatoires de droit civil. Mais en ce qui concerne les déclarations obligatoires en matière d'impôt, le contraire est de droit chez nous ; cela ne saurait être contesté.

l'escroquerie, ne sont cependant pas considérés comme escroquerie. Qu'un élément de la notion puisse acquérir un autre sens que celui qui lui semblait dévolu, c'est ce que nous rencontrons encore dans d'autres parties du droit (29). Si tel est le cas spécial pour notre matière, il ne faut pas parler légèrement de relâchement spécial du sentiment moral. Au contraire, cela fait bien ressortir la différence qui existe entre la moralité purement humaine, dont la violation est vengée par le droit commun de l'escroquerie, et les obligations et restrictions artificielles qu'une administration financière zélée sait faire établir par une législation docile.

III. — *L'application de la peine* en matière de finance a la nature d'une décision, c'est-à-dire d'une déclaration de ce que le droit positif a voulu pour le cas individuel. Comme telle, elle tend à se faire dans la forme de la justice, soit qu'elle y ait été renvoyée directement, soit qu'une résolution d'amende émise d'abord par l'autorité administrative ait été attaquée par une voie de droit. Les détails dépendent de l'organisation de ces voies.

Mais, dans toute cette procédure, il y a quelques règles particulières qui dérivent de la nature même du délit de finance et qui, par conséquent, doivent nous occuper ici.

La fraude, le délit financier privilégié, recherche, par sa nature, le secret et la clandestinité; le résultat

(29) *Ihering,* Zweck im Rechte, II, p. 260 ss. nous offre une analogie dans ce qu'il expose sur la contrainte « propulsive » et « compulsive ». La première attaque, comme il le démontre, n'est pas permise à l'individu. Mais il peut arriver que, dans certains rapports, un fait soit compté comme contrainte compulsive, qui, d'après sa forme, serait une contrainte propulsive, une attaque. Repousser une attaque dirigée contre une possession est compulsif; reprendre de force la possession qui avait été enlevée violemment est propulsif : cependant, pour l'action possessoire, ce dernier fait est encore traité comme compulsif, donc permis. C'est tout à fait notre cas.

voulu est l'impunité ; l'un dépend de l'autre. Il s'en suit que la preuve par induction logique, la preuve par des *présomptions* joue ici un grand rôle.

Mais la loi ne s'en tient pas aux présomptions naturelles, dont le juge pourrait se servir ici ; elle a établi un système des présomptions positives.

Ces présomptions légales se restreignent à la sphère des impôts indirects et se distinguent en deux groupes : elles concernent ou bien cette *tendance spéciale* qui donne le caractère de fraude au délit financier simple, ou bien la *fraude personnelle*.

1) Sur le premier point, il faut surtout citer les présomptions devenues si importantes de la loi sur les douanes § 136 : « La fraude est réputée consommée » dans une série de faits spécialement désignés. Ces faits considérés en eux-mêmes présentent, dans tous les cas, des irrégularités punissables. On pourrait parler de cette présomption naturelle, à savoir que le fait avait pour but de préjudicier aux droits de douane, et doit être considéré, par conséquent, comme fraude. Mais la loi fait de cette présomption une présomption de droit : « l'existence des délits en question (la fraude) est... suffisamment constatée par les faits sus-indiqués » (loi sur les douanes § 157). C'est à l'inculpé à faire la preuve contraire dans un sens spécialement déterminé ; si cette preuve réussit, la fraude devient une simple irrégularité ; si elle ne réussit pas et que l'affaire ne reçoive pas d'autres éclaircissements, le fait conserve la nature de fraude qui lui a été attribuée par la présomption légale. La rigueur de cette présomption devient encore plus éclatante si on rapproche les prescriptions contenues dans le § 138 de la loi sur les douanes : si, en transportant des marchandises, on ne peut pas produire sur-le-champ certaines justifications ou si les inscriptions sur les registres prescrites

n'ont pas été effectuées, « cela entraîne bien la présomption qu'une fraude a été commise et, selon les circonstances, la saisie provisoire. Mais si cette présomption est démentie par une instruction plus approfondie, il n'y aura lieu qu'à une peine d'irrégularité ». La présomption ici n'est que naturelle ; c'est un simple soupçon, suffisant pour la mesure provisoire, mais pas pour la condamnation. C'est le résultat de l'instruction plus approfondie qui décide au sujet de la condamnation ; un *non liquet* devrait amener l'acquittement (3o).

Mais la loi financière pourra aussi procéder dans un sens contraire, établir des présomptions *en faveur de l'inculpé*. Un exemple se trouve dans la loi de l'impôt sur l'alcool de 1887, § 20. Dans le projet de loi on avait simplement copié la formule de la loi des douanes, § 137 ; il y avait présomption de fraude, sauf la preuve contraire qu'une fraude n'a pas pu être commise ou n'était pas dans les intentions. Cela a été modifié dans le sens suivant : « Si cependant, dans ces cas, il est constaté qu'une fraude n'a pu être commise ou qu'il ne soit *pas constaté* qu'une fraude était dans les intentions, etc. » ; dans ce cas donc, on ne doit pas présumer une fraude, mais une simple irrégularité.

La constatation de l'intention frauduleuse pourrait se faire simplement en vertu de la présomption naturelle qui s'attache à l'inobservation des mesures de contrôle. Si une constatation spéciale est exigée, cela veut dire que cette présomption naturelle est exclue : il faut des motifs spéciaux pour admettre l'intention frauduleuse. Cette prescription prouve qu'il est inexact de dire que les présomptions éta-

---

(3o) Le même système de présomption se trouve aussi dans la loi de l'impôt sur le tabac, § 34, al. 3.

blies par le droit pénal en matière financière apportent toujours des aggravations à la charge de l'inculpé.

2) Le second groupe de présomptions concerne la question de la *culpabilité personnelle*. Toute peine suppose une faute. Le fait externe que le résultat voulu par l'ordre de finance n'a pas été obtenu entraîne, conformément aux exigences rigoureuses qui s'adressent ici à la diligence du sujet, une présomption de faute ; c'est une présomption purement naturelle et dont nous n'avons pas à nous occuper.

Mais la loi donne des règles spéciales pour les cas dans lesquels une personne doit *répondre* d'un fait contraire aux finances qui n'émane pas directement d'elle-même, mais qu'elle est obligée de prévenir. Ici la faute est l'objet de présomptions légales.

Il y a deux sortes de responsabilité.

La *responsabilité pénale* d'un entrepreneur peut s'attacher à la circonstance que le fait contraire aux finances se produit dans la sphère de son entreprise, dans son commerce, dans les locaux où il a des intérêts. Cela entraîne alors l'obligation d'empêcher ce fait. L'inobservation de ce devoir cependant ne constitue la faute supposée pour la pénalité que dans le cas où l'entrepreneur avait connaissance du dommage. La loi établit là des présomptions d'un caractère plus ou moins rigoureux. Ou bien le fait contraire aux finances étant donné, la connaissance de l'entrepreneur doit être présumée, à moins qu'il ne soit fait la preuve du contraire (31). Ou bien, en sens inverse, on exige la constatation spéciale de la connaissance chez celui qui doit être rendu respon-

____

(31) Loi d'imp. sur les cartes à jouer, § 10, al. 3.

sable, ce qui, dans le doute, entrainera encore l'acquittement (32)

La seconde espèce de présomptions légales s'attache à la *responsabilité* du patron *pour les amendes encourues* par ses subordonnés (comp. IV n. 1 ci-dessous). Cette responsabilité peut dépendre d'une faute personnelle du patron. La faute pourra alors consister dans l'omission d'empêcher ou de surveiller, ou dans le mauvais choix des subordonnés. Mais la loi règle la preuve d'une manière spéciale en établissant des présomptions de la connaissance, de la négligence du patron, ou en exigeant, en sens inverse, la constatation de faits spéciaux d'où la faute devra résulter (33).

IV. — La peine en matière de finance présente de nouvelles particularités, en ce qui concerne la nature juridique de ses *moyens*.

Il s'agit principalement d'amendes. Elles doivent en partie être déterminées par l'autorité ; celle-ci décide suivant une latitude qui lui est laissée par la loi ; cela a lieu surtout dans les peines d'ordre (Ordnungsstrafen) pour délits de finance simples, irrégularités, contraventions. Pour une autre partie, elles doivent être calculées d'une manière particulière d'après un taux fixe. C'est la règle des peines sur la fraude.

(32) Loi d'imp. sur l'alcool de 1887, § 28.

(33) Très remarquables surtout sont les prescriptions de la loi d'imp. sur l'alcool de 1868, § 66 : Le distillateur est responsable des amendes encourues par ses directeurs ou employés. Mais, en règle, il faut qu'on puisse lui prouver une négligence dans le choix ou dans la surveillance. Est réputée négligence le fait d'avoir engagé sciemment un individu qui avait déjà subi une condamnation pour fraude commise contre l'impôt sur l'alcool, à moins que l'autorité financière n'ait approuvé spécialement cet engagement. Un distillateur qui lui-même avait déjà été condamné pour fraude commise intentionnellement contre l'impôt sur l'alcool a contre lui la présomption d'agir négligemment dans le choix ou la surveillance de ses agents; il lui faut, le cas échéant, se décharger par la preuve qu'il a pris tous les soins possibles. D'autres présomptions de cette espèce existent dans loi d'impôt sur l'alcool de 1887, § 32 ; loi sur les douanes, § 153.

Elles prennent pour point de départ le montant du droit contre lequel la fraude était dirigée, du préjudice que le fisc aurait éprouvé si la fraude avait réussi. La peine est un multiple qui ne varie pas selon le degré de la culpabilité, mais doit être calculé et prononcé d'une manière variable.

C'est dans cette dernière espèce que la nature juridique particulière du moyen de punition en matière de finance se dessine le plus nettement : il n'y a pas seulement un mal dont le coupable est frappé, il y a aussi un *avantage pour la caisse publique* ; le fisc doit en profiter. Le moyen de punition se range ainsi sous des points de vue qui lui donnent une certaine affinité avec une créance de droit civil (34). Ce qui peut être comparé, c'est le droit à indemnité : une indemnité est due à l'Etat pour le surcroît de frais de surveillance que de pareilles entreprises lui causent, et pour les pertes qu'en fait il éprouve par les fraudes des individus qui réussissent de temps en temps ; celui qui est attrapé une bonne fois paiera aussi pour les autres.

C'est cette affinité avec une indemnité de droit civil qui a rendu possible ici-même l'idée d'une peine correctionnelle (comp. I, ci-dessus). Elle s'affirme encore, d'une manière plus générale, par les deux institutions suivantes particulières au droit pénal financier.

1) Il existe une *responsabilité pour des subordonnés*, employés, enfants, femmes. Cette responsabilité peut dépendre d'une faute personnelle du maître ou s'attacher simplement au fait de la subordination existante.

---

(34) *H. Meyer*, Stf. R., § 123, pour relever cette particularité de la peine en matière de finance, expose que « la loi s'en tient, en général, à de simples amendes et traite l'amende à payer comme une espèce de dette civile d'un ordre supérieur ». Cela doit naturellement amener des conséquences importantes.

Déclarer la responsabilité n'est pas prononcer une peine. Il ne doit pas être appliqué par là une peine ultérieure ; il n'y a qu'une peine : celle qui frappe l'auteur du délit. Celui qui en est rendu responsable n'est recherché que pour assurer à l'Etat le paiement qui lui est dû. Les rapports qui décident ce point sont les mêmes que ceux auxquels le droit civil attache les responsabilités pour les droits à indemnité.

La responsabilité comprend toujours l'amende encourue et les frais, mais elle exclue l'emprisonnement qui aurait été prononcé.

Elle est restreinte quelquefois expressément au cas où le coupable est insolvable et où l'amende ne peut pas être recouvrée sur lui (35). Toujours, la personne déclarée responsable, à la différence d'un complice, pourra exercer son recours contre le coupable.

En tant qu'elle ne suppose pas une faute de la part du maître, cette responsabilité pourra aussi frapper une personne incapable. Il suffira que le coupable se trouve envers elle dans le rapport de dépendance qui entraîne la responsabilité. Ainsi, la responsabilité pour l'amende pourra être prononcée même contre des sociétés et des personnes morales, spécialement aussi contre le fisc (36).

2) Du fait que cette peine doit être considérée comme une espèce d'indemnité, il résulte que les autorités financières ont le pouvoir exceptionnel de disposer de la peine encourue.

En fait, ce pouvoir leur appartient dans une vaste

---

(35) Loi d'imp. sur l'alcool de 1868, § 66 ; loi de 1887, § 32.

(36) *Loebe*, Zollstrafrecht, p. 139, 144. La peine elle-même ne frappe jamais la personne morale, parce que cela suppose, même dans le délit de finance, une faute au point de vue du droit pénal, faute dont elle n'est pas capable ; comp. II, n. 1 ci-dessus. Quant à la responsabilité du fisc, comp. tome I, § 11, note 11.

mesure. Elles peuvent renoncer à la poursuite, étouffer l'affaire ou se contenter du paiement d'une somme moindre. Elles peuvent aussi faire remise de la peine *prononcée* ou la modérer. Nous voyons même déclarées possibles des transactions sur la peine, dans lesquelles cette dernière est fixée, du consentement de l'intéressé (ordinairement bien entendu), à une somme inférieure à celle qui a été encourue légalement (37).

Quelle est la raison de ces pouvoirs extraordinaires ?

Il ne s'agit pas de l'exercice du *droit de faire grâce*. Ce droit est, par sa nature, attaché à la personne du prince ; il répugne à la délégation aux autorités (38).

(37) A cet égard, le point de départ se trouve dans la circulaire du min. des fin. pruss. du 14 nov. 1827, autorisant les directeurs des offices supérieurs « à abandonner les poursuites pour des bagatelles concernant des droits d'un thaler au maximum ». Cette autorisation s'applique également aux simples peines d'irrégularité d'après la loi de l'union douanière : circulaire du min. des fin. 10 août 1872 (Preuss. Centr. Bl., p. 304) ; résolution du Bundesrath 2 juillet 1873 ; circulaire du min. des fin. pruss., 26 août 1873 (Preuss. Centr. Bl., p. 249). *Hoyer*, Preuss. Stempelgesetzgebung, p. 252, 253. La même renonciation est admise aussi pour les peines déjà prononcées : circulaire du min. des fin. pruss. 31 déc. 1862 ; *Hoyer*, loc. cit., p. 354, 355. Comp. aussi *Loebe*, Zollstrafrecht, p. 137 ; v. *Mayr* dans Wörterbuch, II, p. 977. Il est traité spécialement de ce « procédé de forfait » dans *Wagner*, Finanzwissenschaft, II, p. 708 ; mais naturellement, la question la plus intéressante au point de vue juridique, celle de l'admissibilité d'un pareil procédé qui se fait sans loi, en vertu du seul pouvoir des autorités, n'y est pas touchée. — Le droit financier français connaît ici l'institution de la *transaction*, un arrangement sur la peine qui se fait spécialement en matière d'enregistrement. Comp. *Garnier*, Dictionnaire de l'enregistrement, v° amende n. 2137, où il est question de la remise de la peine à condition de payer immédiatement une somme moindre ou de faire une autre prestation (*remise sous condition*) ; v° soumission n. 15431, un accord formel entre le coupable et l'autorité pour fixer le montant de la peine encourue. Il est dit : *du moment que la soumission a été acceptée au nom du Trésor le contrat produit ses effets transactionnels*, — exemple très intéressant d'un contrat de droit public d'après le modèle de la fixation de l'impôt dont nous avons parlé au § 29, III, n. 1 ci-dessus.

(38) Comme *Laband*, St. R. III, p. 487 (éd. fr., IV, p. 389), le remarque très bien, il n'est pas défendu aux princes de déléguer le droit de grâce ; c'est uniquement affaire de sentiment, s'ils croient ne pas devoir s'en dessaisir ; et le peuple partage ce sentiment.

En effet, il n'y a pas eu ici délégation de ce droit. Le droit du prince de faire grâce subsiste à côté de cette procédure et peut encore intervenir.

Mais il ne s'agit pas non plus ici d'une compétence des autorités pour contrecarrer dans le cas individuel l'exécution de la loi, comme nous en avons rencontré une dans la remise de l'impôt ; l'autorisation de la loi, qui serait nécessaire, n'existe pas (comp. § 29, III, n. 2 ci-dessus).

Ce procédé ne peut se rattacher qu'au droit de disposer des créances pécuniaires accessoires, droit qui est compris dans la gestion ordinaire des affaires de l'Etat. Les autorités préposées aux différentes branches ont reçu, par cela même, le pouvoir de faire les renonciations convenables que l'utilité et l'équité pourront exiger. La renonciation étant un acte spécialement grave, sera, dans le doute, réservée aux autorités supérieures. Du reste, la nature et l'origine de la créance sont indifférentes. Les créances pécuniaires de l'Etat résultant du droit public n'en sont exclues ordinairement que par ce que les causes qui les font naître obligent en même temps l'administration à une exécution irréfragable. C'est ce qui se présente surtout dans la créance de l'impôt et dans la créance de l'amende ordinaire.

Ce qu'il y a de particulier dans les amendes en matière de finance, c'est qu'elles sont considérées comme créances disponibles dans ce sens, quoiqu'elles aient leur fondement dans la loi. Il faut que l'impôt soit exécuté, parce que sans cela la volonté du législateur de charger uniformément les sujets serait éludée ; de même, pour l'amende ordinaire ; il faut qu'elle soit exécutée, parce que d'après la volonté de la loi elle doit être un mal dont le coupable ne pourra être préservé que par la voie de grâce. La loi pénale en matière de finance, au contraire, selon les idées qui lui sont propres, a fait son œuvre en mettant la créance de l'amende à la disposition de l'administration. La renonciation pourra alors se faire en vertu du droit de gestion (39).

Nous voyons donc que le pouvoir de faire remise de ces créances est réglé simplement par la voie hiérarchique, tout comme pour des créances d'indemnité de droit civil. La renonciation elle-même est un acte administratif, annulant la peine prononcée et la créance d'amende de l'Etat. S''il n'y a pas renonciation complète, l'acte fixe en même temps, d'une manière obligatoire, la somme qui reste encore due. Cette imposition se passant en dehors de la procédure pénale autorisée par la loi a besoin du consentement de l'intéressé, de sa soumission à l'acte ; de là les désignations de soumission, *vergleich*, transaction. De contrat, il n'en peut pas être question.

(39) Il faut dire de la peine encourue en matière de finance ce que *Laband* dans Arch. f. öff. R. VII. p. 183 dit des créances de droit civil du fisc : « Toutes ces créances ont une qualité commune qui résulte de leur caractère de droit privé et est propre à tous les droits privés, à savoir d'être à la disposition des créanciers ». Mais nous remarquerons que l'impôt aussi est à la disposition positive du créancier, c'est-à-dire de l'Etat ; la disponibilité spéciale que Laband a en vue veut dire que le pouvoir de s'en servir est compris dans la mission générale de ces autorités administratives de gérer les affaires, et n'a pas besoin d'une autorisation spéciale de la loi. Que les créances de droit public appartenant à l'Etat ne soient pas disponibles dans ce sens, cela ne dépend pas de leur qualité de droit public. Les prestations spéciales, par exemple, imposées au concessionnaire d'une chose publique, les redevances et droits de reconnaissance, etc., sont disponibles également. Cela tient à ce que l'administration n'est pas liée ici à l'exécution d'une loi ; la disponibilité apparaît alors immédiatement comme pour une créance de droit civil.

§ 32

La contrainte en matière de finance.

Nous entendons par contrainte de finance l'atteinte apportée d'autorité à la liberté et à la propriété des sujets pour réaliser un état conforme aux intérêts de la fortune publique.

Cette contrainte se développe ici sous deux formes différentes, selon la direction spéciale qui lui est donnée.

Elle peut être dirigée en vue d'obtenir du sujet que personnellement il fasse, ne fasse pas, souffre, qu'il ait une conduite conforme aux intérêts des finances de l'Etat. De cette manière, elle ressemble à la contrainte de police, dont elle emprunte en partie les formes. L'expresson *police de finance* s'applique spécialement à cette partie de la contrainte de finance.

Elle peut aussi être dirigée en vue de la réalisation d'un paiement en argent dû à l'Etat. Elle aura alors pour modèle l'exécution forcée de la procédure civile pour une dette pécuniaire. Nous appelons cela le *recouvrement par contrainte administrative*.

I. — La contrainte de finance en vue d'obtenir une certaine conduite extérieure est, en comparaison de son correspondant dans le droit de police, d'une importance relativement trop restreinte. C'est que, comme l'ordre et la peine en matière de finance auxquels elle s'attache ordinairement, elle ne sert qu'à donner une aide accessoire à ce qui est ici la chose principale : la conservation et l'augmentation de la fortune publique. On peut s'en passer, quand ces intérêts peuvent se réaliser directement, ce qui se fait au moyen du recouvrement par contrainte administrative.

Nous distinguons, comme dans la police, l'exécution par contrainte d'ordre de finance et la contrainte directe.

1) L'exécution par contrainte suppose un *ordre individuel* qui doit être exécuté. Des trois moyens d'exécution de la police (comp. § 23 ci-dessus), l'*exécution par substitution* et l'*usage de la force*, dans leur mesure naturelle, c'est-à-dire en tant que ces moyens sont propres à opérer l'exécution forcée, s'attachent à tout ordre, par conséquent aussi à l'ordre de finance (comp. § 23, II, n. 1). La *peine coercitive*, au contraire, a toujours besoin d'un fondement légal (comp. § 23, I, n. 1). Il est vrai que les lois donnent, en partie, des autorisations générales pour menacer et prononcer des peines coercitives à propos de tous les ordres émanant des autorités (comp. § 23 note 7 ci-dessus). Cependant ces autorisations, quelque générales qu'elles puissent être, ne s'attachent pas aux ordres de finance. Elles sont toujours données aux seules autorités de police, autorités de l'administration intérieure, autorités de l'administration générale du pays, qui, de leur côté, n'ont aucune part à l'administration financière ; celle-ci a une organisation particulière. Pour les autorités financières, au contraire, des autorisations générales de cette espèce n'existent pas. Il ne pourra donc s'agir ici que des prescriptions législatives spéciales qui admettent, pour certaines espèces d'ordres de finance, l'application de peines coercitives comme moyen de contrainte (1).

---

(1) Même quand un rapport de sujétion particulière existe, il en résulte seulement le droit d'ordonner et d'exécuter cet ordre par les moyens qui s'entendent d'eux-mêmes, mais non le droit de prononcer la peine.

Or, des ordres de finance susceptibles d'être exécutés, — par suite, des ordres individuels —, ne se trouvent que dans des rapports de sujétion particulière. Et là l'autorité a déjà assez de moyens à sa disposition pour pouvoir se passer d'une exécution par contrainte.

Ces rapports de sujétion particulière dépendent généralement de certaines facilités accordées aux débiteurs de l'impôt. Il dépend de la libre appréciation de l'autorité de retirer ces facilités comme de les accorder. L'inobservation des ordres qu'elle donne peut donc, à tout moment, lui servir de prétexte et cela implique assez de contrainte (2).

Il en est autrement quand le pouvoir de surveillance est non pas la suite d'une faveur accordée, mais une charge imposée par la loi, charge dont le débiteur ne saurait être libéré.

Quand des ordres individuels deviennent nécessaires, il faut qu'ils soient munis de moyens d'exécution par contrainte. Ce sont les seuls cas pour lesquels la

coercitive qui implique quelque chose d'extraordinaire. C'est ainsi que s'explique la peine conventionnelle dans le cas d'admission temporaire de fers bruts (comp. § 31, note 4 ci-dessus). Il s'agit là d'un pouvoir de surveillance réservé et qui autorise toutes sortes d'injonctions, dispositions générales aussi bien qu'ordres individuels. Les premières ont leur sanction pénale dans la loi sur les douanes, § 152 ; les dernières n'y participent pas et ne peuvent pas être pourvues d'une pareille sanction en vertu du rapport de sujétion particulière ; il faut donc une soumission spéciale. *Loebe*, Zollstrafrecht, p. 136.

(2) L'exécution par substitution, n'ayant pas besoin d'un fondement légal particulier, resterait possible d'elle-même. Mais les autorités sont censées né pas être appelées à s'en servir pour ramener à l'ordre l'individu récalcitrant qui est en faute, au lieu d'en finir purement et simplement. — Il n'y a pas d'exception dans le ; 16 du régulatif des entrepôts (Centr. Bl. 1888, p. 554) qui dit : « Les déposants sont tenus de suivre les instructions qui leur seront données par le directeur de l'entrepôt pour éviter ou réparer les dommages causés aux marchandises déposées ». Après une sommation restée sans effet, « le nécessaire pourra être effectué d'office à leurs frais ». Il y a là ordre individuel et exécution par substitution. Mais ce n'est pas le pouvoir de finance qui se manifeste ici : il ne s'agit pas de protéger et de garantir les revenus de l'Etat. C'est le pouvoir propre à la direction d'un établissement public ; nous en traiterons au §52 ci-dessous.

loi prévoit ces moyens et permet aussi les peines coercitives (3).

2) La contrainte directe, qui ne sert pas à la réalisation d'un ordre, trouve ici aussi son seul moyen de contrainte dans l'usage de la force contre la personne et les choses.

Mais ces cas remarquables où, dans la sphère de la police, la contrainte directe peut avoir lieu en vertu de principes généraux préexistants, n'ont pas de correspondant dans la contrainte financière. La défense propre de l'administration a toujours la nature de la police (comp. § 24, I, n. 1 ci-dessus) ; une contrainte pour haute nécessité n'existe pas ici (comp. § 24, III, ci-dessus.

C'est seulement à l'encontre de faits punissables que l'usage de la force est admis d'une manière générale ; mais c'est essentiellement autre chose que ce que la contrainte de police nous offrait à cet égard (comp. § 24, II, ci-dessus). Le pouvoir financier, il est vrai, fait la guerre au délit de finance, guerre qui comporte aussi l'usage de la force. Pour certaines espèces d'impôt, il s'est créé un personnel spécial d'auxiliaires, des agents douaniers, surveillants d'impôts, etc. L'usage de la force, auquel ils pourront être appelés, est en partie soumis aux règles que nous avons développées au § 25, I, ci-dessus pour les officiers d'exécution de la police. Il leur est spécialement accordé le droit de se servir d'armes (comp. § 21, II, n. 3 ci-dessus). Mais ce qu'il faut bien remarquer, c'est que toutes ces forces ne sont pas employées pour *empêcher de commettre le délit de*

---

(3) Comp. § 30, note 2 ci-dessus. Des exemples dans la loi d'imp. sur l'alcool de 1887, § 21, loi d'imp. sur le sucre de 1887, § 55. La loi d'imp. sur le sel de 1867, § 7, al. 2, permet même, dans le cas de désobéissance, de fermer l'établissement, — le moyen d'exécution propre aux rapports volontaires de sujétion particulière est ainsi rendu applicable ici.

finance. Cela répondrait à la mission que la contrainte directe remplit, dans la sphère de la police, à l'encontre des délits de droit commun et des délits de police. L'usage de la force à l'encontre du délit de finance a exclusivement pour objet *d'assurer la punition et les condamnations accessoires*, ce qui profite par là-même au recouvrement de l'impôt qui pourra être dû.

Il est facile de s'en convaincre.

La fraude du droit de timbre sur les effets de commerce, par exemple, s'effectue par la remise et l'acceptation du papier non timbré. Cela peut se passer devant les yeux de l'autorité surveillant l'impôt, de l'officier d'exécution, de tout représentant de la puissance publique, même après un premier avertissement : la moindre contravention de police dans un cas pareil serait empêchée par la force, c'est là un devoir ; le délit de finance, entraînant peut-être une peine beaucoup plus importante, on le laissera se consommer sans faire de difficultés. Le fonctionnaire n'a pas même le droit de procéder contre la consommation. Ce n'est que lorsque le délit est achevé et pleinement achevé que commence la constatation des noms, la saisie, la perquisition, la visite domiciliaire, etc.

Cela se présente encore plus clairement dans la fraude des droits de douane. Les agents sont postés à la frontière avec leurs armes. Il suffirait qu'ils apparaissent pour qu'on renonce à tout projet de contrebande. C'est ainsi que la police procéderait. Les agents de finance, au contraire, laisseront le délit se développer et se consommer ; ils se cachent même pour lui laisser la place libre, et n'ont qu'une préoccupation, celle d'arriver à temps pour porter le délit, constaté et bien établi, devant la justice.

Donc, même dans le procédé suivi contre les délits,

la particularité sus-mentionnée du pouvoir financier peut s'analyser ainsi : l'obligation pour les sujets, dans la conduite personnelle qui leur est imposée, n'est pas telle qu'elle doive être réalisée nécessairement ; le but est différent et plus important, et le châtiment infligé à raison du devoir violé sert encore mieux à atteindre ce but.

Pour le système de la contrainte de finance, cela veut dire que nous n'avons pas non plus ici de correspondant au droit général du pouvoir de police de procéder par contrainte directe pour empêcher des faits punissables. En effet, ce qui se fait ici n'est autre chose par sa nature que de la police judiciaire, dans le sens que nous avons fixé au § 18, III, n. 1 ci-dessus ; la doctrine du droit administratif n'a plus rien à y voir.

Il y a, en outre, dans la sphère de la police, la contrainte directe en dehors de ces grandes compétences préexistantes et en vertu d'*autorisations spéciales* que la loi accorde dans ce cas (comp. § 24 ci-dessus). Nous rencontrons des règles analogues dans la contrainte de finance. Pour garantir les intérêts financiers, différents pouvoirs sont donnés afin d'agir sur les personnes et sur les choses des sujets, ce qui, au cas de résistance, se réalisera par la force. Le titre spécial repose dans la loi ou dans les prescriptions des régulatifs.

Les mesures de force de cette espèce pourront servir à révéler en même temps la dette d'impôt née et le délit de finance commis ; elles pourront donc être communes avec la police judiciaire qui s'y rattache : par exemple, la perquisition pour rechercher des marchandises importées en fraude des droits, la visite domiciliaire faite dans le même but (4).

(4) *Le point de départ est encore dans les prescriptions de la loi sur*

Même sans qu'il y ait soupçon de délit, des marchandises et voitures pourront être arrêtées jusqu'à ce que la dette d'impôt soit réglée ou que les explications soient données. On met des plombs officiels aux véhicules et aux magasins, des appareils de contrôle aux vases par lesquels le produit imposé doit passer. On pénètre dans les ateliers, on prend connaissance des registres de contrôle qui doivent être tenus, tout cela de force, s'il en est besoin.

II. — *Le recouvrement par contrainte administrative* est une atteinte portée d'autorité à la liberté et à la propriété du sujet, dans le but d'obtenir le paiement effectif d'une dette pécuniaire (5).

les douanes §§ 126 et 127. L'autorisation de ces mesures de force peut aussi être donnée par des prescriptions administratives ; le régulatif des entrepôts § 1, al. 2 (Centr. Bl. 1888, p. 155) en fournit un exemple : « Quiconque veut entrer dans l'entrepôt ou en sortir doit se présenter au fonctionnaire de la douane surveillant. Les personnes qui sortent de l'entrepôt pourront aussi, conformément aux prescriptions du § 127 de la loi de l'union douanière, être soumises à une perquisition corporelle ». Le § 127 ne s'applique pas directement, il n'est rendu applicable que par le régulatif. C'est donc le régulatif qui autorise la mesure de force, sans fondement légal, de sa propre vertu, en se basant sur le rapport de sujétion particulière qui comprend toute personne se trouvant dans les locaux réservés. Comp. § 30, note 13 ci-dessus.

(5) Le caractère juridique du recouvrement administratif s'efface, quand on le fait rentrer dans la notion générale de « l'exécution administrative ». Ce sont alors les idées de l'exécution de police qui dominent. Ainsi *Gneist* dans Holtzendorf Rechtslexicon, III, 2 p. 1106 ss. Cette dépendance est encore plus éclatante chez *Bornhak*, Preuss. St. R., III, p. 519. Il dit : « Le recouvrement des impôts par contrainte s'effectue sur l'ordre de l'autorité compétente dans la procédure de la contrainte administrative. Comp. là-dessus le § 167 ». Mais ce § 167 est intitulé : « les formes d'administration de la police » et nous y trouvons p. 140 un résumé assez complet des moyens de la contrainte de police que nous connaissons. De recouvrement d'argent il n'en est question qu'incidemment dans le traité de la justice administrative (II, p. 453). *Seydel*, Bayr. St. R., III, distingue (p. 613 ss.) « le droit de contrainte de l'Etat dirigé contre la personne » et (p. 617 ss.) « le droit de contrainte de l'Etat dirigé contre la fortune ». Le dernier est représenté par l'expropriation pour cause d'utilité publique, qu'il ne savait placer autrement (comp. t. I, § 2, note 8 ci-dessus). Le premier doit comprendre aussi le recouvrement par contrainte : « La contrainte est dirigée contre la personne ou contre la fortune. Cependant dans ce dernier cas aussi la personne est l'objet de l'attaque. Le but de la contrainte n'est pas de maîtriser la chose, mais la personne ». Mais

De l'exécution de la procédure civile pour des créances pécuniaires, dont elle emprunte souvent les formes, elle diffère par sa nature de manifestation du pouvoir financier. L'Etat contraint au paiement non pas pour maintenir l'ordre juridique, mais « pour réaliser ses buts dans l'ordre juridique » ; il administre en contraignant (comp. t. I, § 1, II, n. 3 ci-dessus).

C'est considérer le recouvrement par contrainte administrative d'une manière tout extérieure et insuffisante, que de se la représenter tout simplement comme une exécution forcée, telle que l'exécution de la procédure civile, avec cette seule particularité qu'elle appartient à d'autres compétences, qu'elle est transférée dans la voie administrative. C'est une institution du droit administratif, établie sur des fondements qui lui sont propres.

1) Le recouvrement par contrainte administrative a lieu de plein droit toutes les fois que le *pouvoir financier* se trouve créancier d'une somme d'argent vis-à-vis du sujet.

On suppose donc qu'une obligation du sujet de payer à l'Etat a été créée d'une manière telle que l'on n'est pas sur le terrain du droit civil. Il faut qu'il s'agisse de *créances pécuniaires de droit public*.

La règle de droit public ou l'acte administratif, ayant déterminé le rapport juridique entre l'Etat et le sujet, lie le pouvoir exécutif en vue de procéder à l'exécution ; et l'exécution, c'est le recouvrement par contrainte administrative. Le pouvoir exécutif, l'Etat, est lui-même le créancier ; mais à ce créancier, sa créance même est un titre exécutoire suffisant. Il en est ici comme pour l'ordre de police, qui porte également en

dans le recouvrement d'une somme d'argent, cela ne sera guère l'opinion du créancier. On ne trouve la véritable distinction qu'en considérant le résultat vers lequel tend la contrainte : conduite personnelle ou prestation d'argent. Dans ce sens, *G. Meyer*, V. R., I, p. 66 ; *Loening*, V. R. p. 249 ss.

lui l'exécution par la contrainte correspondante ; quant à savoir ce qui devra être considéré comme moyen de contrainte correspondant, ce sera la seconde question à résoudre ici, comme pour la police (comp. n. 3 ci-dessous). Donc si des lois spéciales ont été émises pour cette procédure, ce n'est pas afin de la rendre possible, mais pour lui donner des règles constantes, peut-être aussi pour la pourvoir de moyens de contrainte qui ne s'entendraient pas d'eux-mêmes (6).

Ce qui est vrai de l'Etat s'applique également aux autres personnes morales du droit public, à l'administration elle-même, qui, vis-à-vis des sujets, sont mis à la place de l'Etat. En fait, il ne sera pas échafaudé pour ces personnes un appareil particulier de contrainte ; elles doivent se servir des moyens que l'Etat s'est préparés, pour recouvrer aussi leurs créances pécuniaires de droit public : les lois règlent la chose en ce sens, le plus souvent d'une manière expresse.

Faire valoir et recouvrer par la contrainte des créances pécuniaires de droit civil, même de l'Etat et des

(6) Donc même dans l'état constitutionnel, déjà avant la nouvelle organisation qui se faisait partout en 1879, les autorités financières exerçaient, sans fondement légal et sans contestation, un droit d'exécution étendu. L'article publié dans Bl. f adm., Pr. XXVIII, p. 253 ss. en fait la preuve par une série d'exemples. — On arrive donc à reconnaître le recouvrement par contrainte administrative comme une portion d'un droit d'exécution naturel qui appartiendrait aux autorités administratives d'une manière générale. *Oppenhoff*, Ressortverhältnisse. p. 130, note 353 ; *Gneist* dans Holtzondorff Rechtslexicon, III, 2, p. 1006 ss. ; *G Meyer*, V. R I, p. 66 : « l'exécution administrative a été réglée par des lois spéciales. Mais les pouvoirs d'exécution des autorités administratives ne doivent pas à ces lois leur origine ; ils n'ont reçu par elles qu'une détermination et une délimitation plus précise ». — Qu'il ne s'agisse ici que de créances de droit public, cela a été déclaré dans un certain nombre de lois d'une manière expresse : Württemb. loi sur l'exécution forcée de créances de droit public, 18 août 1879 ; Bade, loi sur l'exécution forcée des créances d'acquit dépendant du droit public, 20 février 1879 ; Saxe, loi sur l'exécution forcée pour prestation en argent en matière administrative, 7 mars 1879. — Pruss. ordonnance du 7 sept. 1879 et Bav. Ausf. G. zu C. Pr, O, art. 4 ss. supposent l'étendue dans laquelle cette procédure de recouvrement est possible comme constante.

corps d'administration propre, cela ressortit à la voie ordinaire de la procédure civile et de l'exécution forcée. En vertu de prescriptions expresses de la loi, le recouvrement par contrainte administrative est étendu aussi à des matières analogues : des créances civiles de l'Etat, des corps d'administration propre, peut-être même des sujets entre eux, peuvent être poursuivies dans ces formes. Cela repose toujours sur l'idée qu'il y a un intérêt public à recouvrer ces créances d'une manière rapide et décisive ; on laisse alors la puissance publique s'en charger directement.

Ces extensions doivent être considérées comme des mesures extraordinaires, et interprétées dans un sens restrictif (7).

2) Pour qu'il y ait recouvrement par contrainte administrative, il faut que la créance à recouvrer soit déterminée juridiquement d'une manière complète : la personne du débiteur comme celle du créancier et le montant de la somme à réclamer doivent être connus. Cela peut résulter d'un jugement ou acte administratif imposant ce paiement pour le cas individuel : condamnation à des amendes, fixation des frais d'une exécution par substitution. Mais la créance déterminée peut aussi résulter de la simple application d'une règle de droit au cas individuel : telles sont la dette d'impôt, la dette de rétribution. Il est conforme aux principes de l'Etat régi par le droit, que la dette soit, si possible, constatée spécialement pour le cas individuel et déterminée d'une manière obligatoire par jugement ou par acte administratif. Mais il n'y a pas là une condition indispensable pour que le recouvrement par contrainte administrative soit admissible. Il se fait aussi pour des créances de droit public, immédiatement en vertu de la loi.

(7) Des exemples dans l'ordonnance pruss. 26 déc. 1808 § 42 ; *Oppenhoff*, Ressortverhältnisse, p. 130 ss.

La règle de procédure civile exigeant un titre exécutoire « par lequel » l'exécution a lieu, ne trouve pas son application ici. Le titre exécutoire, dans la procédure civile, ne signifie autre chose que la puissance publique mise à la disposition du sujet, et par laquelle celui-ci pourra mettre en mouvement la procédure d'exécution. Dans le recouvrement par contrainte administrative, la puissance publique, en vertu de sa créance née par l'effet de la loi ou par acte administratif spécial, se met en mouvement elle-même pour procéder à la contrainte. Cela se présente sous la forme d'une commission de l'autorité dirigeante adressée à l'officier d'exécution dont l'activité dépend juridiquement de cette commission. Il sera convenable de marquer également ici la transition dans l'exécution par des signes extérieurs. On établira un état en due forme de la créance à exiger ; on prendra note dans les actes que l'exécution doit commencer ; peut-être la commission d'exécution a-t-elle encore besoin de l'approbation d'une autorité supérieure ou de contrôle ; le fonctionnaire commis sera muni d'une sorte de légitimation. L'essentiel sera toujours dans cette commission ; donc si nous voulons faire une comparaison, nous pouvons parler du mandat donné en procédure civile par le client à l'huissier (8).

(8) La commission atteste alors également l'existence de l'acte administratif qui pourra être exigé, de sorte qu'en définitive toute la procédure du recouvrement administratif repose sur cette commission. Ainsi d'après la loi bad. du 3 nov. 1879, § 1, il suffit de la « déclaration » de la part des caisses d'impôt de district, caisse douanière de district et caisses de bailliage, « que pour un certain montant de créance contre une personne déterminée l'exécution forcée devra avoir lieu ». Bav. Ausf. Ges. Z. C. Pr. O., 25 février 1879, art. 6, exige partout la clause formelle d'exécution que l'autorité ajoutera à l'état de la créance à poursuivre. Saxe, loi du 7 mars 1879, §§ 2 et 3. n'exige qu'une « commission à donner à l'huissier » et l'exécution forcée a lieu en vertu d'une expédition officielle de cette disposition. La loi postale du 24 oct. 1871 § 25 dit : « Les établissements postaux sont autorisés à faire exiger exécutoirement d'après les prescriptions existantes pour le recouvrement de droits publics les sommes restées impayées en prix de

3) Comme *moyens de contrainte* naturels nous avons constaté, pour l'ordre, l'exécution par substitution et le simple usage de la force (comp. § 23 ci-dessus). A cela correspond, pour le recouvrement d'un paiement d'argent, l'enlèvement d'autorité d'une valeur équivalente des biens du débiteur, en argent ou valeur d'argent, donc la *saisie* sous toutes ses formes. La saisie est la simple réalisation de la créance ; elle n'y ajoute rien ; elle ne fait qu'exécuter. Donc, dès qu'il s'agit de faire valoir une créance de droit public, la saisie du débiteur appartient d'elle-même à l'administration ; il n'est pas besoin d'un fondement légal particulier. Ne s'entendent pas d'eux-mêmes les moyens de contrainte qui n'arrivent au but que par des détours, en frappant le débiteur d'une autre façon, pour exercer une pression. Ainsi la peine coercitive n'est admise comme moyen de contrainte qu'autant qu'il y a un fondement légal. Une contrainte indirecte semblable était surtout employée dans le droit ancien pour le recouvrement administratif. Le militaire prêtait son concours pour le recouvrement des impôts. Différentes autres formes de la « garnison » se sont encore conservées plus longtemps, comme l'institution des « Presser » du droit du Württemberg, des *garnisaires* du droit français. Pour cela, il y aurait toujours besoin aujourd'hui d'un fondement légal particulier.

La législation moderne a réglé partout expressément la nature et la forme des moyens de contrainte

voyage, ports et rétributions ». *Damboch*, Ges. über das Postwesen, p 126, observe ici : « le § 25 apporte une exception à la règle de droit générale, que des créances ne peuvent être exigées par la voie d'exécution forcée que lorsqu'elles ont été fixées par un arrêt du juge ou par un autre titre exécutoire ». Mais cela n'est une exception que dans le cas où l'on se place ici avec *Damboch*, au point de vue des règles de l'exécution de la procédure civile, qui, il est vrai, exige un titre exécutoire. Nous n'admettons pas ce point de départ.

à employer, en suivant le modèle du code de procédure civile. Il ne faut cependant pas oublier que le fondement juridique réside dans le droit naturel et est capable de combler au besoin des lacunes.

4) La *procédure* du recouvrement par contrainte administrative, tout en étant organisée sur le modèle de celle de la procédure civile, a un caractère spécial à raison de la position particulière des intéressés.

La procédure civile met à la disposition de la partie poursuivante l'huissier et le tribunal d'exécution ; la partie pourra alors vider devant ce tribunal les différends qui pourront se produire avec la partie poursuivie.

Le recouvrement administratif met à la place de l'huissier des auxiliaires subalternes des autorités administratives ; ces fonctionnaires ne sont peut-être employés à ce but qu'à l'occasion et accessoirement ; mais il s'est formé aussi pour les branches plus importantes des finances un personnel spécial d'officiers d'exécution de finance. Dans tous les cas, ces fonctionnaires ne reçoivent pas leur mandat comme l'huissier par une réquisition de la partie, réquisition à laquelle ils seraient obligés de donner suite selon le devoir qui incombe à leur fonction et après un examen de la légalité de l'acte fonctionnel requis. Leur mandat est toujours pour eux un ordre du supérieur dont l'examen ne leur est permis que dans la mesure restreinte que le droit des fonctionnaires accorde en pareil cas (9).

(9) Circulaire du ministre des fin. pruss. 28 mai 1880 sur l'organisation de l'exécution forcée ; Bav. Ausf. Ges. Z. C. Pr. O. 23 février 1879, art. 7 ; Württemb., loi du 16 août 1879 art. 12 ; Saxe, loi du 7 mars 1879 § 1 ; Bade, ord. 3 nov. 1879, § 7. — *Oppenhoff*, Ressortverhältnisse, p. 268, note 229, formule l'opposition comme suit : « Tandis que, d'après les principes du droit prussien, le pouvoir d'exécuter de force est considéré comme conséquence naturelle, et même comme partie, intégrante du droit de décider et de disposer qui appartient à l'autorité tandis que l'autorité elle-même comme partie exécutante, les fonctionnai-

A la place du tribunal d'exécution apparaît l'autorité administrative qui dirige la contrainte. Etant le commettant de l'officier d'exécution et partie poursuivante, elle édicte en même temps les dispositions appartenant dans la procédure civile au tribunal d'exécution pour ordonner certaines mesures d'exécution et pour décider sur les oppositions de la partie poursuivie. Celui contre lequel la contrainte est dirigée se trouve ici constamment vis-à-vis de la puissance publique seule apparaissant dans des compétences diverses (10).

Pour donner plus de garantie, on prescrira, pour des incidents pareils, la forme de la justice administrative et la voie devant les tribunaux administratifs indépendants. La nature du rapport n'en sera pas changée.

5) Au lieu de ces traits caractéristiques de la procédure, des institutions divergentes peuvent être créées pour rapprocher la position de l'autorité administrative dirigeante de celle d'une *partie privée pour-*

---

res subalternes qui y concourent agissent sans aucune initiative propre, étant pour ainsi dire de simples instruments dont l'activité s'identifie avec celle de l'autorité ordonnante ; le droit français au contraire exige toujours un titre exécutoire qui se fait connaître comme tel déjà par sa forme et met l'exécution entre les mains de fonctionnaires spéciaux indépendants jusqu'à un certain point et agissant sous leur propre responsabilité, les huissiers ». Cette dernière organisation est maintenant aussi la forme de l'exécution forcée de la procédure civile d'après le droit allemand. La première fut la forme du recouvrement par contrainte administrative du droit français, au moins en tant que des officiers d'exécution spéciaux, *porteurs de contrainte*, trouvaient leur emploi. Le contraste, qu'Oppenhoff dessine si bien, est aujourd'hui, à vrai dire, non pas celui du droit prussien et français, mais celui du droit administratif et du droit civil. — Sur l'opposition des principes de l'exécution forcée comp les motifs de la loi württemb. du 18 août 1879 dans *Schmidlin*, Justizgesetze des deutschen Reiches, II, p. 354.

(10) Saxe, loi du 7 mars 1879, § 6 : « Les résolutions réservées au tribunal d'exécution dans le § 676, al. 3, 681, 698, 723, 724, 726 de la C. Pr. O. s'appliquent à cette dernière, quand l'exécution forcée a lieu par l'officier d'exécution d'une autorité administrative ». Württemb., loi du 18 août 1879 art. 6, art. 13 ; Pruss. ord. 7 sept. 1879, §§ 3, 4, 7, 38 ss. ; Bade, ord. 3 nov. 1879, § 2.

suivante, d'après le modèle de la procédure civile ; cet effet s'attache de lui-même à la délégation de certaines portions du recouvrement par contrainte administrative aux autorités et fonctionnaires de l'exécution forcée de la procédure civile.

La loi peut réserver aussi, pour le recouvrement administratif, certaines mesures d'exécution au tribunal d'exécution compétent d'après le code de procédure civile. Cela a été plusieurs fois prescrit pour ordonner la saisie et l'adjudication de créances ; notamment aussi pour la saisie immobilière (11). Le tribunal décide alors dans les formes et avec les effets déterminés par le code de procédure civile ; l'autorité administrative se présente devant lui comme un plaignant ordinaire, quoique le côté extérieur de la correspondance entre autorités soit observé. Mais les bases de la décision sont celles du recouvrement administratif : un acte administratif à exécuter ou une obligation de droit public de payer résultant directement de la loi. Dans ce dernier cas, il suffit qu'un état de la créance ait été établi, comme le ferait l'autorité pour ses propres officiers d'exécution pour les charger de la contrainte ; cela remplace le titre exécutoire. Par sa requête, elle certifie en même temps l'existence des conditions matérielles de l'exécution ; et cela étant fait dans sa compétence générale, le tribunal n'aura pas à en examiner les fondements.

D'un autre côté, des actes d'exécution pourront être effectués par le personnel d'exécution de la procédure civile, par les *huissiers*. Il ne va pas de soi

---

(11) Saxe, loi du 7 mars 1879, § 9 ; Bade, ord. 3 nov. 1879 §§ 31, 33. Pruss. l'ord. 7 sept. 1879 donne au tribunal civil la saisie des créances de l'autorité administrative qui fait exécuter (§ 42), la saisie immobilière (§ 5). De même Württemb., loi du 18 août 1879, art. 3 et 10. Bav. Ausf. Ges., 23 février 1879, art. 7, renvoie au tribunal civil pour toutes les décisions concernant l'exécution.

que les huissiers puissent être employés au recouvrement administratif ; car ces fonctionnaires ont leur sphère d'action délimitée par la loi, qui originairement ne concerne pas ces matières ; il faut donc qu'une loi les mette à la disposition de l'autorité administrative pour cette besogne. La loi permet à l'autorité administrative de se servir d'un huissier ou bien lui laisse le choix de faire procéder à l'exécution par ses propres agents ou par un huissier (12). En l'absence d'une autorisation pareille, l'huissier serait incompétent pour procéder au recouvrement administratif et son acte serait nul.

La réquisition de l'huissier, autorisée par la loi, amène encore l'autorité administrative dans la position d'une partie ordinaire. Les conditions matérielles de l'exécution forcée seront données à l'huissier de la même manière obligatoire qu'au tribunal d'exécution dans le cas que nous venons de mentionner. Mais pour tout ce qui concerne l'exécution de son mandat, l'huissier reste sous l'autorité exclusive de la justice ordinaire. Le mandat de l'autorité administrative n'est pas un ordre du supérieur ; il y ressemble aussi peu que la requête adressée au tribunal d'exécution ressemble à une commission rogatoire. C'est un simple mandat de partie qu'il aura à examiner et à exécuter selon son devoir (13).

Le tout reste, quand même, un recouvrement admi-

(12) Bav. Ausf. Ges , 23 février 1879, art. 7 : « Tant par les organes exécutifs qui sont à sa disposition que par huissiers ». De même Saxe, loi du 7 mars 1879, § 1. Bade, ord. 3 nov. 1879, §7 : régulièrement des surveillants de l'impôt ou des douanes, par exception des huissiers. Pruss. Ord., 7 sept. 1879, §5, al. 4 : « La réalisation d'une exécution forcée pourra être confiée à un huissier. Ce dernier aura à procéder d'après les prescriptions existantes pour des exécutions forcées judiciaires ».

(13) Sur les inconvénients qui, à cause de cela, pourraient résulter de l'emploi d'huissiers pour le recouvrement par contrainte administrative, voir les très intéressants motifs de la loi württemb. du 18 août 1879 dans *Schmidlin*, Justizgesetze des deutschen Reiches, II, p. 354 ss.

nistratif; mais l'acte spécial qui exige le concours du tribunal civil ou de l'huissier est fondé sur le pouvoir financier qui procède par contrainte; c'est seulement au point de vue de la forme qu'il est placé dans la sphère de la justice indépendante.

La différence entre cette hypothèse et le cas où le fisc veut faire exécuter un jugement obtenu dans une affaire contentieuse de droit civil se fait sentir encore assez distinctement.

TABLE DES MATIÈRES DU TOME II

PARTIE SPÉCIALE

LIVRE PREMIER

SECTION I

Le pouvoir de police

SECTION II

Le pouvoir financier

www.ingramcontent.com/pod-product-compliance
Ingram Content Group UK Ltd.
Pitfield, Milton Keynes, MK11 3LW, UK
UKHW022102120726
13694UKWH00001B/287